マーケティングの実際と考察

―― 商業力は分析の実践から培われる ――

小川純一著

五絃舎

はしがき

　本書は大学および短大における履修科目としてのマーケティングを学習する際の参考書として出版された書籍であり，マーケティングという教科の学習として，具体的な商品としてのアイテムを題材に据えることから消費における分析を図り商業に属する領域および経済に属する領域また会計に属する領域に基づき考察することで，取得した分析結果から導かれた成果を経営判断等に利用するという実際的なマーケティングを念頭に置いて企画を図り編集された出版物であるという位置付けのもとに，企業におけるマーケティングを扱う部門の担当者が，市場分析を行う場合等に，示唆を与える図書として出版された書籍である。

　大学・短大でのマーケティングにおける履修科目として整然として論理的に組み立てられた通説を学ぶ学習内容であるとか，精緻な論理による記述と解説を基調とした本文の内容からマーケティングに属する科目を学ぶことと，企業におけるマーケティングを取り扱う部門で行われる実務との間で差異が表出すると言われたりする。

　マーケティングに属する領域において，大学・短大でのマーケティングの学習者と，企業においてマーケティングに属する領域とつながりを備えた業務を担当するマーケッターという職業であるとか，マーケティングに属する領域において企画・販売促進などに関する業務の担当社員などを想定して比較すると，マーケティングに属する領域において大学・短大におけるマーケティングという教科内容と企業等で採用されるマーケティングに関する実務とでは，分析手法であるとか分析における方法論を取り上げることでも連続性を備えずとした批評がなされたりする。本書は，大学・短大におけるマーケティングに属する領域についての教科内容の学習と企業等で採用されるマーケティングに属する

領域を基礎とした実際の業務との比較から，教育機関における学校等での学習内容と実際としての業務が連続性を備えて考察されるという見解のもとで，履修を図る教科内容と実際の業務とがつらなりをもち連続することがマーケティングに属する領域であるとして捉え，大学・短大における学生および企業等においてマーケティングに属する領域においての部門の担当者であるとかリサーチャーなど，また職業と関係せずにマーケティングに属する領域にアプローチを試みる学習者などに向けて，出版企画を図り編集された書籍である。

　第1章は，商品における等級と商品価格が属する価格帯という枠組みにより分析を図り検討することで，需要と供給に基づき市場における調整過程を通して需給調整がなされることにより均衡が定まるという小売市場のなかで，消費者は合理的な経済行動をとることで消費財の購入を図り，購買する商品について品質等に関する情報を日常的に集め，消費市場における価格変動のなかで上昇・下降を繰り返す商品価格に注意を払うことから商品購買を行うとする仮説を基礎とした見解に論拠を置いて考察を図る。

　商品が属する等級および品質ならびに価格を本論として論じることにより，消費市場において食の領域に属する商品によりヘルシーを指向した食品，飲食の領域に属する喫茶に基づき顧客に提供されるメニュー，消費者選好により需要が低位の価格帯に移行したといわれる履物に属する商品，政府の政策に基づき地上波デジタル放送に切り替えが行われて，買換え需要が盛上りをみせ，そのあと需要が減少したとされる家電に属する商品，消費者にとり必需品とされる消耗雑貨に属する商品について，具体的にアイテムを取り上げることから分析を図り，消費者における商品需要について検討する。

　商品価格を理解する方法として，マーケティングに属する領域に原価計算における分析手法を付加することで，需要における用途また製品の製造原価と出荷価格とのつながりに注意を払い，工場で製造した製品の原価が上昇する要因について，例示を図り考察する。

　流通過程における卸・問屋，小売業などについて，販売価格の引上げなどに

より，価格を押し上げる要因として上げられる代表的な勘定を例として表すことで，財務における具体的勘定を抽き出して検討を図り，商品価格が上昇する要因について推敲を加える。

　第2章は，消費財に属する商品について最寄品・買回品として分類される各商品の分類表示についての特徴を明らかにしたあと，地域を基礎とした所得の分配をもとにして地域における消費はなりたち，地域ごとで分析され景況判断の材料となる雇用について労働者への雇用機会の創出は，地域経済を潤して地域の所得水準の押上げが図られ，地域経済を底上げすると解釈されることから，所得および消費に焦点を当てることで地域における特徴を明らかにする方法について検討を加える。

　地域を構成する空間的広がりを分析の枠組みに取り入れて，地域における与件として需要に影響するのは，気象および気候などの自然条件また地理的および地形的条件であると推測されることで，商業経済の領域に属する分析方法を基礎として書籍および資料等を参照することから，消費は地域的特徴と社会経済との絡みにおいて分析が図られ，地域経済は明らかにされるという仮定を設けて考察を図る。

　地域に立地する工場また農業をはじめとする各産業に基づき，地域経済は成り立つとすると，地域に立地する工場により製造された製品また地域の産業における完成品として仕上げられた生産物は域内で消費されると同時に，域外へ移出されることにより消費地へ配送され，流通過程を通して消費者に届けられることから，各経済行為における取引の規模が増加することで地域経済は経済規模を拡大すると解釈される。地域における産業は，第一次産業・第二次産業・第三次産業を基礎として分類されることで，地域経済は地域に定着した産業により底上げされると同時に，第一次産業・第二次産業・第三次産業として分類される各産業に基づき労働者が就業して受け取る所得は，地域に分配された所得と捉えられることから，可処分所得により地域市場における消費が行われると理解される。自然的条件としての気候また地形さらに歴史的沿革を備えた地

域のなかで，所得に基礎付けられた消費が行われると同時に，地域において設定された地理的区分としての商圏のなかで，流通過程に属する企業等により消費者に向けて財・サービスが供給されるとした図式が描かれる。

地域経済を構築する産業を検討することから，地域経済は第一次産業・第二次産業・第三次産業から構成されるとして捉え，各産業に属する代表的な産業を具体的産業として例示することにより，各産業の特徴を基礎として分析を図り，各産業における経済への寄与について概観した。第二次産業を述べる箇所では，日本における主な産業を取り上げて出版物および資料等を参照することから分析を図り，産業基盤の形成を基礎として中小企業が集積する地域に焦点をあわせることにより，地域における地場産業を取り上げて，各産業における特徴について概観を図り，地域経済を押し上げる経済効果等について考察した。

新聞社系列の出版社が出版するデータブックを参照することにより，東京都を基軸とする関東地方および関西地方における行政区画としての府県また各拠点都市に基づき，地域における特徴を，書籍・資料等を参照して概観すると同時に，地域的発展性として地域における社会的経済的豊かさを考察した。

地域市場のなかで顧客吸引力を発揮する商圏という考え方に基づき，商圏設定の方法と計算式について検討を図り概観した。商圏設定は，財に関する地域的な需要と供給に基づき描かれる地理的な広がりとして表せるのみならず，商圏内における需要の予測を行うのについて実際的な道具は地図であることから，商圏は地図上に描かれた区分であると解釈されることを捉えた。

地域における商圏また市場を記載内容とした複数の書籍および逐次刊行物であるデータブックを取り上げて，各書籍およびデーターブックにおける商圏の考え方と特徴を抽き出して分析を行い検討を図ることで商圏について概観した。

第3章は，行政統計に記載され公表された社会経済指標およびデータブックの利用方法について検討を図り考察した。行政統計を実施して調査報告書が刊行されることで，行政統計における調査方法の特徴を概観すると同時に，行政統計の実施により調査報告書として刊行され公表される各社会経済指標の取扱

いについて検討を図り，新聞社系列の出版社が編集するデータブックについて特徴を捉え，利用方法について考察した．

本編における具体的記述として各製品また商品に基づき市場規模を論じる際，製品また商品を量的に表す単位として，金額ベースまた数量ベースが基準とされることを書籍および資料等を参照することにより捉えた．

社会経済指標に基づき，商業施設等における地理的分布は，商業と地域開発との絡みにおいて分析が図られ，地域の特徴が明らかにされることを考察した．マーケティングに属する領域を基礎とした分析作業として自動車産業，家電産業，半導体の製造における産業，産業基盤を基礎的部分より支える中小企業についての序論的考察として，資料収集と収集した資料の使用方法を実践的方法により実際の見地から検討した．

経済に属する領域において，国内総生産における要素市場を基礎とした所得，財・サービス市場による支出としての消費市場，財・サービスを生産する生産物市場からなる各市場に基づき経済循環が行われることから，同様のシステムにより地域における各市場を繋げて地域経済は成り立つという仮説を設けた．

地域経済に備わる経済規模は，第一次産業・第二次産業・第三次産業として分類される各産業に属することで，例えば業種として表される領域ごと取引ごとに計上された付加価値を積み上げるという方法を基礎として金額ベースで計算されると捉えられる．地域を成り立たせる産業は第一次産業・第二次産業・第三次産業から構築されるとすると各産業に属してさらに細分化された産業の名称で表される具体的な産業また業種を取り上げることにより，地域に寄与する産業について概観した．

国内総生産の算定方法について概観を図り経済計算についての理解を図ることから，支出および消費・生産・分配からなる各領域においての各構成要素を捉え，構成要素について検討を行い，農業に属する領域を基礎とした統計に基づき農業に従事して野菜作りなどを行うことで収穫を図り出荷する農家においての所得を例として，収益と費用における計算方法ついて概観した．国内総生産における所得の計算から，会計学に属する領域に基づき分析を行うことで要

素費用表示について考察した。

　商業の領域に属する行政統計に拠り公表されたデータにおける利用方法および加工方法について例示を図り検討した。商品における販売方法として，店舗販売以外の販売方法として代表的な販売方法を取り上げることから，販売方式などにおいての特徴を概観した。

　資料編では，小売業に属する店舗を基軸に据えることで，地理上に描かれる商圏が設定されるとすると，商圏内における消費支出額の算定を基礎として，商品種類ごとの消費支出額と店舗が取り扱う商品種類を乗じた金額を基に商圏人口を乗算することで商圏内における消費支出額の算定が図られることについて，書籍における引用および参照を行い検討した。新聞社系列の出版社が社会経済指標に基づきデータ処理を図ることにより算出した各地域における民力指数等に焦点を当てて分析を図り，地域の特徴を捉えることについて，民力指数等の適合性を検討した。行政区画を基礎とした各地域における民力指数等を調整値として利用することから，計算処理を基礎として商圏における消費支出額を計算する算定式に民力指数等を調整値として組み入れるという方法について検討した。

　参照として，社会指標に基づきデータ処理を図ることをせずに分析を図る方法として，調査年ごとに公表されたデータに焦点を当てることにより，当期の調査データのみならず調査周期を基礎として直近データからさらにその前の直近データを集めることで，各データを調査年ごとに並べて比較を図り傾向線を分析する方法が上げられることについて概観した。

　誰もが消費者であり，マーケティングは予備知識を備えずであるとしても，アプローチするのに容易な領域であるとして捉えられる。

　マーケティングにおける研究者，またマーケティングを履修科目とする学生，購買予算を基礎として商品価格に注意を払うことで日常的に商品購買を図る消費者，実務としてマーケティングに属する領域での業務に携わる担当者であるとか，学校における教養科目としてのマーケティングを学ぶ学習者にとり，マー

ケティングに属する領域は，学際的な広がりを持ち，さらなる研究が図られるであろう。

2018年10月

小川　純一

目　　次

はしがき
第1章　等級ごとの製品と商品 ——————————————— 1
はじめに……………………………………………………………… 1
第1節　商品の等級・品質・価格……………………………… 3
（1）等級と商品価格 …………………………………………… 3
（2）商品における等級と購買 ………………………………… 4
（3）商品における上・中・下の分類 ………………………… 8
第2節　商品における等級・品質・価格……………………… 12
（1）食品が属する領域で取り扱われるお粥………………… 12
（2）飲食の領域に属して喫茶店が提供するコーヒー……… 16
　　　── 喫茶の等級ごとの価格帯・価格 ──
（3）履物に属するビジネスシューズ………………………… 20
（4）薄型テレビ………………………………………………… 27
（5）消耗雑貨に属するトイレロール………………………… 33
第3節　商品需要における用途 ………………………………… 36
第4節　製品の製造原価と販売価格 …………………………… 37
第5節　まとめ …………………………………………………… 41
（1）商品の等級………………………………………………… 41
（2）食の領域に属する商品…………………………………… 42
（3）飲食の領域に属するコーヒー…………………………… 43
（4）紳士用ビジネスシューズ………………………………… 43
（5）薄型テレビ………………………………………………… 45
（6）住の領域に属するトイレロール………………………… 46
（7）商品が備える用途………………………………………… 47

(8) 製造原価を形造る費用 …………………………………… 47
　　参照文献 …………………………………………………………… 48

第2章　商圏を捉える ─────────────────── 49
　はじめに ……………………………………………………………… 49
　第1節　商圏 ………………………………………………………… 49
　　(1) 地域と消費財 …………………………………………………… 49
　　(2) 地理的範囲と外的条件 ………………………………………… 58
　　(3) 地方名を冠したブロックと商圏 ……………………………… 60
　　(4) 地域的特徴と商圏 ……………………………………………… 67
　　(5) 地形および気象条件は与件である …………………………… 68
　第2節　歴史的に地域的発展性を備えた都市 …………………… 70
　　(1) 歴史的に地域的発展性を備えた都市 ………………………… 70
　　(2) 地域と人口密度 ………………………………………………… 72
　　(3) 首都東京 ………………………………………………………… 72
　第3節　地域的市場 ………………………………………………… 78
　　(1) 地域的市場を捉える …………………………………………… 78
　　(2) 商業集積 ………………………………………………………… 79
　　(3) 地域性 …………………………………………………………… 80
　第4節　地域経済を成り立たせる産業 …………………………… 80
　　(1) 第1次産業 ……………………………………………………… 80
　　(2) 第2次産業 ……………………………………………………… 84
　　(3) 第3次産業 ……………………………………………………… 91
　第5節　拠点となる都市と産業の発展 …………………………… 95
　　(1) 地域的特性に属する消費と消費支出額 ……………………… 95
　　(2) 商圏に基礎を置く考え方 ……………………………………… 95
　　(3) 商圏の設定 ……………………………………………………… 96
　　(4) 商圏と市場 ……………………………………………………… 97

第6節　地域と商圏 …………………………………………… 110
　（1）地域と商圏 ………………………………………………… 110
　（2）商圏の規模 ………………………………………………… 110
　（3）地域性を備えた商圏 ……………………………………… 112
　（4）商圏の解釈 ………………………………………………… 113
　（5）商圏は地域経済に基礎付けられた所得に裏付けられる ……… 115
　（6）商圏は地形的条件を与件とする ………………………… 116
　（7）自然的条件および地形的条件を備えた地域的拡がり ……… 117
　第7節　まとめ ………………………………………………… 118
　（1）商圏と消費支出額 ………………………………………… 119
　（2）地域における商圏 ………………………………………… 120
　（3）地域市場における商圏 …………………………………… 122
　（4）行政区画に基づき関東地方に属する各都県および関西地方
　　　に属する各府県を例とした，各行政区画の考察 ………… 123
　（5）地域における都市 ………………………………………… 124
　（6）地域的特徴と商圏 ………………………………………… 124
　（7）地形および気象条件 ……………………………………… 124
　（8）地域的発展性と都市 ……………………………………… 125
　（9）歴史的に顧みて政治的または商業的な中心性
　　　を備えた地域 ……………………………………………… 125
　（10）歴史的に地域的発展性を備えた都市 …………………… 126
　（11）消費と消費支出額 ………………………………………… 129
　（12）商圏を基礎として解説および分析する書籍 …………… 131
　（13）データブックの利用方法 ………………………………… 135
参照文献 …………………………………………………………… 135

第3章　行政統計と民力水準 ——————————————— 137

 はじめに ……………………………………………………………… 137
 第1節　総説 ………………………………………………………… 138
  (1) 市場規模を捉えるベース ……………………………………… 138
  (2) 需要額に基づく一人当たり消費支出額 ……………………… 139
  (3) 市場の地域的特徴 ……………………………………………… 140
  (4) 社会経済指標 …………………………………………………… 142
 第2節　行政統計と調査資料および調査方法 …………………… 144
  (1) 社会調査における調査データ ………………………………… 144
  (2) 行政統計 ………………………………………………………… 147
  (3) その他の行政統計 ……………………………………………… 184
 第3節　行政機関が実施する統計調査に基づき刊行された
    商業統計表の利用事例 ……………………………………… 192
  (1) 社会指標の加工 ………………………………………………… 192
  (2) 消費に関係した社会指標の作成 ……………………………… 195
  (3) 都市と購買吸引力 ……………………………………………… 196
  (4) カタログ販売による販売方式 ………………………………… 197
  (5) 店売りと呼ばれる店舗販売以外の事業 ……………………… 197
 第4節　新聞社系列の出版社が編集するデータブックの利用事例 …… 200
   —— 朝日新聞出版『民力』——
  (1) 都道府県の民力指数 …………………………………………… 200
  (2) 市区町村の民力指数 …………………………………………… 205
  (3) 都道府県と市区町村における各民力指数 …………………… 206
  (4) 市区町村の民力指数の取扱い ………………………………… 207
  (5) 地域における経済力としての民力水準 ……………………… 208
  (6) 『民力』が編集した都市圏の民力総合指数
    と1人当たり民力水準 ………………………………………… 209
  (7) 『民力』における1人当たり民力水準 ……………………… 209
  (8) 『民力』が設定する都市圏と1人当たり民力水準の算定 …… 210

第 5 節　社会指標および資料の加工	213
(1)　商業統計表と 1 人当たり民力水準	213
(2)　行政区画における小売業年間商品販売額	213
(3)　東京都および特別区とその周辺	214
第 6 節　マーケティングを基礎とした分析に採用される概括的な計算	215
── 1 人当たり民力水準を利用した計算 ──	
資料編	216
資料	216
研究と分析	217
1　考察	217
2　『民力』に記載する 1 人当たり民力水準を利用した商圏内消費支出額の算定	222
3　例題	223
第 7 節　まとめ	233
(1)　行政統計の概観	233
(2)　経済に属する領域においての代表的行政統計である国民経済計算年報	234
(3)　一般職業紹介状況（職業安定業務統計）	235
(4)　朝日新聞出版『民力』	235
(5)　会計学の領域に属する減価償却	235
(6)　農業所得における費用と収益	236
(7)　商業施設の売場面積・小売業における増床・コンビニエンスストアが属する業態	236
(8)　社会指標としての有効求人倍率	237
(9)　データの加工方法，マーケティングにおける分析手法，百貨店が運営する事業などにおける考察	240
(10)　地域性の考察	242
参照文献	242

第1章　等級ごとの製品と商品

> **キーワード**
> 需要，需要額，供給，供給額，商品の等級，価格帯，プライスライン，プライベートブランド，購買予算，用途

はじめに

　製品化における実際として，製品の設計・完成品の価格・製品を使用する対象等を描くことから試作品の製作を行い，市場において消費者が受容するかという調査がなされ，消費市場への導入および浸透が図れると経営判断がなされることによって，製品における市場投入が行われる。工場において材料の投入を図り各工程に基づき仕掛品を経て完成品が製造されることから庫入れを行うまでの製品は，製造原価で表される。商品は例えばメーカーの場合，メーカーの本社・支社が製品の受注を行うことで，工場の倉庫から製品の庫出しを図り発注先へ配送が行われる。製品の原価に本社・支社の人件費・広告宣伝費等が属する販売費および一般管理費に計上された各勘定と利益に相応する金額の上乗せを図ることで，おおよその出荷価格が設定される。製品が流通過程に基づき例えば問屋を経由して，小売店に供給する消費財であるとすると，メーカーから問屋，問屋から小売業，小売業から消費者へと消費財の流通が行われる。メーカー・問屋・小売業とした流通過程を経て商品の出荷と仕入が図られ，利益が取得されることから，消費財に基づき市場に投入を図る財は，商品と言う呼称に適合すると捉えられる。

メーカー段階に注意を払うと，メーカーは消費財に属する製品開発と製造を図り市場に製品を投入することが，すなわち問屋または小売業に消費財を供給することで事業領域が構築されると考えられる。製品は工場部門で製造を行い，本社・支社の例えば営業・販売促進等の部門で製品の販売が図られ，工場部門と本社・支社の部門は同じ企業組織内であることから，「当社の製品は」として広告宣伝を行い販売を図ると捉えられる。メーカーは製品出荷額また製品出荷台数を基準として製品ごとの売上額であるとか売上数量を表すことで，流通過程に属する問屋さらに小売業にたいして製品の供給を図る。例えば問屋・小売業は，売上原価を商品売上高から差し引いて企業の儲けを表す売上総利益としての粗利益を計上することから，消費財を消費者選好に基づき消費者市場に流通させることを事業領域とする企業と捉えられる。

　商品開発を題材とすることで例えば家電量販店は，メーカーが一定数量をパックして流通市場に出した電池を，さらに複数からなるパックについて包装を行うことから10個入り電池として商品企画を図り価格設定を行うことで販売する場合は，小売業における商品開発と捉えられ，同様の商品企画は電池以外の商品でも見受けられる。第3次産業に属する領域では，例えば市場リサーチを行う企業が，同社の契約件数を増加させ，企業の得意とする事業領域を拡げることから，取引相手に提案する市場リサーチに属した調査手法について，調査企画書を顧客である企業に提出するほどまでにリサーチの手法等を開発することは業容拡大を指向した商品開発と捉えられる。

　生産財に属する財である例えば工作機械を製作する企業は，取引先である企業も製品の製造を図る企業であることから，企業間取引に基づき，工作機械を製造して販売する企業は生産財に関する製品に基づき販売を行い，工作機械を購買する企業も生産財に関する製品の購買として捉えられると解釈される。（参照，コッペルマン著，岩下正弘監訳，片岡　寛，中村友保訳『製品化の理論と実際』東洋経済新報社，1984年。小倉行雄，佐藤善信編著『ケースで学ぶ現代経営学』放送大学教材，放送大学教育振興会，2012年。）

　商品が属するゾーンは等級ごとに価格帯として設定され，商品価格は価格帯

に属すること，必需品等にみられるように原材料となる資源の騰貴により価格上昇がなされても，需要の価格弾力性が低い商品であることから商品需要は変化せず，需要は同じ商品の括りのなかで低い価格帯に属する商品に移行すると捉えられる。価格が変動するなかで一時点の価格を捉えることから，商業の領域に属する分析を施すと，商品が属する等級を題材として考察が行える。

第1節　商品の等級・品質・価格

(1) 等級と商品価格

　本章では，価格を論じることにより，例えば消費財の市場規模が一人当たり消費支出額に算定して1,000円以上であることは一定の市場規模を備えると言った捉え方に基づき，消費財に属する市場は論じられると同時に一定の市場規模を備える商品の価格は，商業に属する領域に基づき品質・性能・素材・意匠・製造過程における工程の数・製造において熟練労働を要するか等により製作に要した費用が発生することで算定されるという仕組みのもとで，商品は等級ごとに分析が行われると推量される。商品価格が属する価格帯に基礎を置き分析内容を表せることから，必需品等にみられるように原材料となる資源の高騰により価格は上昇するとしても，時間と価格との絡みにおいて分析を図り，時間的経路に基づき価格の均衡点における収束・発散をテーマとした動学分析を図ることをせず，一時点の価格を捉えることにより静学分析を施すことで商業の領域に属する分析は行えると解釈する。

　価格と言うのは消費者による需要とメーカーによる供給との絡みにおいて決定され，メーカーが問屋等に向けて出荷した製品は，問屋から小売業に納入され，消費者は小売店で商品を購買する。他に，商品によってはメーカーからの資本系列下で設立された販社であるとか物流会社を通して，直接に小売業に向けて発送が行われる業種が挙げられ，メーカーからすると製品出荷また小売業からするとメーカーから商品の仕入れが図られると言う図式が描ける。

　消費者は，小売店へ買い物に出向く，また通信販売に属する小売業が作成し

たカタログをみて、カタログの制作を行い記載商品を販売することを業務とする小売業に連絡をして本・支店とかチェーン店へ電話をするとか、インターネットまたはFAX等を利用して消費者が企業に注文を行うことで商品を購入する、といった購買行動を採る。

例えば店舗販売を例にとると顧客が店舗に出向き、特定の商品を購入すると言う目的買いをすると仮定して、顧客は新聞の折込みチラシに掲載された9,800円の商品を買う意思を持って店舗に出かけるとする。顧客は店舗に買物出向して、チラシ掲載商品を販売員に提示しながらであるとか、直接に9,800円の商品により商品陳列棚まで移動して、目的買いを行う商品を手に取るとする。顧客が購買の意思決定をすると、例えば販売員に購買することを言って、レジカウンターへ行き商品の代価として10,000円を販売スタッフに支払い、商品を買い上げることから、お釣りの200円と同時にレシートを受け取り購買を行う。

顧客が商品における目的買いをするシーンを想定すると、顧客が購買決定をする過程で、はじめ購入を予定した9,800円の商品について、外観が備えるデザインと購買者が持つ商品イメージとの比較を行い、商品に投入された付加機能における情報を商品陳列棚および店頭在庫の商品等に設けられたPOP等から得て、顧客の需要に充分対応する商品かを購買客が検討する。顧客は操作方法であるとか性能を捉え、販売員の商品説明を聞くことから、購買過程におけるフィルターを通して商品情報および商品知識を取り入れ、価格設定が行われた商品と顧客の買物予算との絡みにおいて検討を図り、一定の等級と関係した価格帯に属する商品に基づき商品購買を行う。（なお、等級については表2を参照されたい。）

(2) 商品における等級と購買

顧客は購買時において、9,800円の商品を購買することで、安い価格帯に属する例えば7,800円、8,800円の商品と、買物予算に基づく予算帯と関係して10,000円を超える例えば13,800円とか14,800円の商品について比較を行いながら、当初予定した10,000円からなる予算帯で購買できる9,800円と値付けされた商品

を購入するという想定を図ることで，顧客は安い価格帯に属する商品と高い価格帯に属する商品を比較して，来店時に購買を予定した9,800円と値付けされた商品の購入を図ると解釈することができる。

　価格に基づき，7,800円・8,800円・9,800円・13,800円・14,800円の設定価格を，買物を想定して取り上げたが，7,800円・8,800円・9,800円の商品価格は，5,000円以上10,000円未満の価格帯に属する商品であり，一方で13,800円・14,800円とする値付けされた商品は，10,000円以上15,000円未満の価格帯に属する商品である。価格帯における需要を基礎として需要の取入れを図るのが各プライスラインであるとすると，該当する5,000円以上10,000円未満と言う価格帯は，区分価格帯と理解することができる。

　上記の9,800円と言う商品価格がいわゆる売れ筋と呼ばれる等級に属すると仮定すると，売れ筋は商品が属する等級に基づき上・中・下に分類を図ることで，中に属する等級として理解することができる。上・中・下に属する各等級は，等級ごとに設けられた価格帯により区分することができると同時に，各等級に相応する価格帯は，価格帯に属する商品に基づき，他の価格帯に属する商品と比較して商品の特徴的性格として差異性が表れると捉えられる。

　製（商）品に備わる素材であるとか，異種類の材料を投入した製造工程に基づきパーツの組入れを行い付加価値を投入することで企画・開発を図り，市場に投入することから消費者需要と価格との絡みにおいて分析が図られ，製品は市場に流通する。製（商）品の性能，製（商）品に付加機能が投入されることにより製（商）品価格が属する価格帯が押し上げられて，製（商）品の属する等級が形造られはじめる。市場に投入された製（商）品は，製造に要した費用と完成品との絡みにおいて分析が図られ，各価格帯を基礎として層ごとに表れると言う解釈が成り立つ。

　売れ筋と呼ばれる中の上に属する製（商）品は，最も消費者需要を取り入れる製（商）品であると同時に製（商）品の属する価格帯は，他の等級に属する価格帯と比較して一般的に狭い価格帯で表され，等級と価格帯との絡みにおいて分析が図られる。売れ筋に適合する製（商）品は商品品目に属するアイテム

のなかで代表的商品として具体的な商品名が容易に上げられ，ボリュームゾーンに属する製（商）品として取り扱われる。

　売れ筋に属する商品にたいして，販売による営業を行う企業が，例えば製（商）品の仕様書とか設計書等を制作することにより，外部企業に製（商）品の製造を委託することで，完成した製（商）品に自社のブランド名を付して販売すると言う自社企画の商品がプライベートブランド製（商）品であり，プライベートブランド（Private Brand）製（商）品は，自社が他社から仕入れを行わずに，自社が製（商）品の仕様書の制作・小売価格の設定を行い，多くは中小規模のメーカーに製（商）品の製造を委託することで，小売業は発注した数量に基づき製（商）品の受取りを図り品揃えに加えることができるので製造コストが安く抑えられる。

　PB（プライベートブランド）商品は，ボリュームゾーンと価格帯との絡みにおいて分析されることにより導かれた売れ筋商品が属する価格帯と比較して低位に格付けされた価格帯での販売が可能であり，自社が企画開発した製（商）品をボリュームゾーンと比較して直近の低位に位置する価格帯で販売を行う商品とされる。小売業は例えば問屋さらに問屋を介さずにメーカーから仕入れる製（商）品について問屋が取得した価格とかメーカーが製造した価格を基にして自社が商品仕入れを行うことから設けられた仕入価格を原価として値入れを行い，原価に自社が取得する粗利益を上乗せした金額で製（商）品販売を行う。

　商慣習に基づく掛仕入が行われることにより，代価は買掛金に属する金額として計算され，例えば当月の仕入れ商品につき代金は当月の月末とすることから，会計学が属する領域から分析すると，現金仕入れによる代価と異なり商品の仕入日の翌日から起算を行い支払日までの日数を計算して，買掛金は金利が上乗せされた金額であると言われる。消費者の購買態度により低価格指向が強まるなかで，企業にとって粗利益を多く計上する代表的商品としてのPB商品は小売業が主導して商品作りを行えることから，多くの企業はPB商品の開発に向かう。掛仕入れとは信用取引に属する商慣習であり，企業が商品仕入れを行う一方で，商品を売り上げる企業は，掛売上げに基づく売掛金と言う債権を

取得する。売掛金に基づく債権とは，商取引の相手方に掛売上の代金の支払いを行わせるという権利である。(参照，飯野利夫『財務会計論〔三訂版〕』同文舘。)

　中に属する商品にたいして，比較を行える等級に属する商品は，上・下からなる各等級のなかで優先順位を設けて区分するとすると，下の上および下の下に属する商品が上げられる。下の上の等級に属する商品は中の等級との比較の上で，中に属する等級と下に属する等級との間での架け橋となる商品であり，下の上に属する商品は商品本来の使用目的に適合する商品機能を持つと同時に，遊び心を備えた商品として注意が払われて使用が図られる。下の上が属する等級は儲け筋とも言われ，粗利益が多い商品とされる。(注，会計学が属する領域に基づき粗利益は売上総利益と呼ばれ，例えば流通業に属する問屋・小売業の場合，企業の売上高から売上原価を差し引いて算定される金額である。)

　下の下の等級に属する商品は，例えば販売促進商品として製造された商品であることから，品質的に劣り耐久性を備えずであるとか，キャリー商品と呼ばれる前年等のシーズンからの持越品であると言った事例が挙げられるが，他方，低価格帯に属する商品の開発に特化した製品開発を図る企業が開発した製品に基づき例えば通称「100均」と呼ばれる商品は，使用者の使用に耐える商品であり市場に投入が図られ販売が行われる。

　上の等級に属する商品は，上の上と上の下に分類され，各分類は中の等級に属する商品の上位に位置する。上の下に属する商品は，中の上の等級における商品との比較の上で顧客に購買を薦める商品であり，中の上と比較して素材が動物性の天然原料から採取された繊維でも，希少な動物性素材を使用することで中の上に属する商品の素材と異なり繊維を織るコストが高くなることに加え，商品本来の使用目的に適切に対応する機能，例えば風合いであるとか吸湿性を備える機能的な商品であるとか，同じ種類に属する天然素材であっても品質的に優れ，外観は光沢感を備えるとかシルエットを表すことで，他者に品質の良さによる強い印象を与えるとか，織物を構成する原糸が品質的に優れると同時に，高い密度で織物が織られることにより高品質な仕上がりにより完成される衣料品であると言った特徴が備わるとされ，いわゆる見せ筋に属する商品に該

当するであろう。

　上の下の等級に属する商品は，中の上の等級と比較して付加機能を備えることから，例えば商品の本来的機能としての薄型テレビのように，テレビ放送を高画質で鑑賞することが中の上の等級に属する商品であるとすると，上の下は薄型テレビに内蔵したブルーレイの搭載であるとかHDDの外付けを図れる商品であり，録画再生機能を備えた機能性を備える商品と解釈することができる。中の上の等級は，アパレルが属する領域において分析すると流行として表されるトレンドを取り入れた衣料品として理解される。

(3) 商品における上・中・下の分類

　上の上に分類された等級に属する商品は，最も品質の優れた動物性繊維を使い縫製されたアパレル商品であるとか，付加機能を備えることに加え性能が優れた商品であり，上質な品質・素材・意匠が投入された調度品であるとか多工程により多くの職人の技術・技能が投入された伝統工芸品であるとか，また熟練した職人による工程を経て製作された高級ブランドなどは，上の上に基づく等級に該当するであろう。例えば商品価格は上位に位置することで，価格は高価格で設定されると同時に，流行の影響を余り受けずと言う特徴を備えた商品であるという特徴的性格から構築された等級である。

　等級に基づく上・中・下の各分類について，各分類をさらに分類することで計6分類の等級を概観したけれども，需要額に占める構成比については，商品が属する業種により，各等級に属する商品需要の需要額総額に占める構成比が異なることは，消費者が経験的に取得した知識により明らかであろう。需要額構成比を論じる場合，上・中・下の等級により粗く捉えるのが，衣，食，住の各領域に属する需要の分析に適した方法であり，需要額構成比として中の等級に属する商品は，需要額の総額に占める割合が最も高く，次に下の等級に属する商品需要額が占める割合が続き，上の等級に属する商品需要額の需要額総額に占める割合は，下の等級に属する商品需要額の需要額総額に占める割合の次に位置するであろう。

例えば中の等級に属する商品需要額により，需要額総額に占める割合を40%以上50%未満とすると，下の等級に属する商品需要額は，需要額総額にたいして30%以上40%未満を占め，上の等級に属する需要額は，需要額総額にたいして20%以上30%未満を占めると言ったことによる仮定を設け，具体的な商品を取り上げて当て嵌めを行える。上記の数字に続く以上とか未満に基づき設定された価格帯に関する範囲はおおよその基準となる範囲であり，価格帯に関する範囲を超えておおよそとしての需要額における構成比の表示を図るとしても差支えはあらずである。需要額総額に占める構成比を等級ごとに積み上げたことから，需要額の総額に基づき各等級に需要額構成比を算定することにより，需要額の総額に占める上・中・下ごとに推定された構成比の適合性を調べ，需要額総額に占める等級ごとの割合を逐次当て嵌めるのが分析に適した方法であろう。

　商業の領域に属して慣習的に使用された等級に基づく用語から導き出された分類における内容は，企業内で慣習的用語を基礎にして自社の業務に適するように使用される用語と解釈されることから，下記表では各用語の呼び方に基づき例えば等級および細分類に属する用語は，概略的に例示を図る趣旨で記入を行う。企業等で下記表の呼び方とは異なる名称が使われる例もみられるであろう。等級に基づき各ゾーンにおける価格帯の区間を，以上・未満からなる税抜価格で表しても消費税を上乗せした税込価格で表示しても，各ゾーンにおける商品的特徴の分析は行えるとして表示する。

表1　商品の等級に基づく分類

等級分類	細分類	分　類	分　類
上	上の上	上限	上限
	上の下	見せ筋	ベターゾーン
中	中の上	売れ筋	ボリュームゾーン
	中の下	売り筋	売り筋
下	下の上	儲け筋	バジェットゾーン
	下の下	下限	下限

　注：上掲の分類に基づく表示のうちで，右欄の表示は，民間のコンサルティング会社が発行した書籍および資料等のなかでも記載される分類であり，実務の領域においては百貨店業界で右欄分類に基づく呼び名が使用されて価格帯と商品目に基づく需要額および需要額に占める等級ごとの需要額構成比という考え方が分類における各ゾーンに取り入れられる。左欄の表示から売れ筋および売り筋等の分類は，旧来よりの商業が属する領域で用いられる呼び名である。

表2 商品が属する等級に基づく分類と商品の特徴的性格

等級 分類	等級 細分類	商品の特徴的性格
上	上の上	商品が属する価格帯において上位に位置する商品であり，トレンドによる流行の影響を受けずという商品である。 付加機能を備えた上に，商品の本来的機能による性能が優れた商品である。 上質な品質・素材・意匠また多工程により多くの職人または熟練した職人による工程を経て製造された高級ブランド品に属する商品であるとか，多頻度の使用でも損耗せず，耐久性を備える商品などが挙げられる。 （例）最も優れた品質の天然素材を使う商品。
	上の下	上の下に属する商品は，中の中に属する商品と比較を図り，その比較の上で，顧客が購入する商品である。 中の上と比較して素材が動物性の原料から採取された材料でも，希少な動物性素材を使用することで中の上に属する商品の素材と異なり製糸を図るコストが高くなる上に，商品本来の使用目的に基づき適切に対応した機能が備わる商品であると言う事例が挙げられる。 例えば同じ種類に属する素材であっても品質的に優れ，外観は光沢感を備えることで，他者にたいして与える印象の程度が高いとか，素材を構成する原糸が品質的に優れると同時に，高い密度で織られた高品質な仕上げで縫製されたアパレル商品などが挙げられる。 商品が属する領域に基づき，流行として表されるトレンドを取り入れた商品として理解される。 また中の上に属する商品と比較して付加機能を備えることが商品における特徴である。 上の下に属する薄型テレビは，薄型テレビにブルーレイ内臓とかHDDの搭載また外付けが可能な外付けHDDを装備した商品であるなど，録画再生機能を備えることで機能性を投入した商品が挙げられる。

	上の下		商品の機能に注意を払うことから，テレビの技術革新に基づき製品開発を行うメーカーに重点を置くと，商品また製品と言い表して，製（商）品と表記しても差し支えあらずであろう。
中	中の上		需要額を最も多く取り入れるボリュームゾーンに基づき売れ筋と呼ばれる価格帯に属する商品である。他の等級に属する価格帯と比較して価格帯に基づき以上・未満で設定される価格域が狭く表される。消費者に共通して最も広く使われる商品のなかで，具体的な商品名が上げられることにより商品品目に属するアイテムのなかでは代表的な商品が挙げられる等級とされる。
	中の下		代表的商品としてプライベートブランドと呼ばれる商品が属する価格帯である。 自社の企画開発により，外部企業に委託して製造を図る商品であることから，流通業に属する小売業にとって高い粗利益の取得が図れる商品である。
下	下の上		下に属する商品と中に属する商品との間で架け橋となる商品である。下の上に属する商品は，商品本来の使用目的に適合する商品機能を持つ商品であり，商品本来の第1次的機能とされる使用目的に適した機能が備わることで商品における本来的機能の使用が可能な商品であり，遊び心を備えたアイテムとして注意が払われる商品が挙げられたりする。 下の上の等級に属する商品を販売する企業によっては，粗利益が多い商品と言われる。 低価格帯に属する商品の開発に特化して製造業者が製造する商品のなかには，素材として中の等級に属する商品と比較して劣位に位置するとしても使用に耐え実用性を備えた商品がある。
	下の下		キャリー商品と呼ばれる持越し品に属する商品であると言った例が挙げられたり，例えば販売促進商品として製造された商品であることから，品質的に劣り耐久性を備えずである商品などが挙げられる。

参照：車　公平『個客を摑め！』PHP出版，1986年。

第2節　商品における等級・品質・価格

(1) 食品が属する領域で取り扱われるお粥

　題材とする商品品目は，味の素株式会社NTKおよび株式会社ローソンが製造した調理済みとしてのパッケージ入りの「お粥」，イオンが製造した調理済みとしてのパッケージ入りの「お粥」のアイテムである。

　売れ筋と呼ばれるボリュームゾーンに位置した中の上の等級に属する商品と売り筋に相応した中の下に属する商品のなかからPB商品を取り上げて，売れ筋商品とPB商品により比較検討を行い商品の特徴的性格を捉える。商品が属する等級に基づき，まず市場に登場するのは売れ筋としてのボリュームゾーンに属する商品であり，次にボリュームゾーンに属する商品と比較して製造を図る売り筋に属する商品の開発が行われることで中の等級に属する商品の開発が図られたあと，上と下の各等級に属する商品に基づき商品開発が行われずであるのは，パッケージ入りの「お粥」の市場について，市場規模が膨らまずであることからと捉えられる。

　メタボの回避が言われ，深夜の食事をヘルシー志向とすることで，ローカロリーとされる「お粥」を題材として取り上げる。味の素株式会社の商品と，同商品の商品パッケージと類似したプライベートブランド商品を比較することで分析を図り，味の素株式会社が製造した商品は，小売業が企画開発したプライベートブランドの商品と比較して等級が直近上位に位置することから，プライベートブランド商品の上位に格付けされる売れ筋商品とプライベートブランド商品との比較対照として分析を図り，各等級に属する商品の特徴的性格を捉える。

　プライベートブランド商品は，店舗を運営する企業が商品企画を行うことで，中小規模に属するメーカーに商品の製造委託を行うことが多い商品であることから商品の製造により，例えば表3に記載したローソンの商品から判るように海外で生産を行いコスト削減を図ると推察される商品が上げられたりする。米

粒の大きさを基準に据えると，味の素株式会社NTKの商品は，大きいサイズに属する米粒であるのにたいして，ローソンによる商品は，味の素株式会社NTKの商品による米粒の大きさの約半分であり，イオンの商品は原材料にうるち米を使用したとして記載することから商品化を図る。

コメの原産国として味の素株式会社NTKの商品は国産コシヒカリ100％使用と商品パッケージに記載が図られるのにたいして，ローソンの商品は商品パッケージにコシヒカリ100％と言う記載のみである。ローソンの商品は，味の素株式会社NTKの商品を下敷きにして企画開発を図った商品として推察が図れるほど近似した商品であり，本節ではローソンの商品を，PB商品として取扱いを図り記述する。

味の素株式会社NTKの「味の素KK　白がゆ　国産コシヒカリ100％」と言う商品は，価格（税抜価格）が155円であることから，価格帯として150円以上200円の価格帯に属するのにたいして，株式会社ローソンの商品「VLバリューライン　白がゆ　国産コシヒカリを丁寧に炊き込みました」と記載したパッケージで表示する商品は，100円以上150円未満の価格帯に属する。味の素KKのパッケージを，商品の等級により中の上に属する売れ筋と試みに分類するとすれば，株式会社ローソンの「VLバリューライン」とイオン株式会社の「TOP VALUE」は，中の下に属する商品であり，売り筋に属する商品であると解釈することができる。本章で，記載した表はすべて消費税が5％当時の価格である。

イオンのお粥は，AJINOMOTO，ローソンのバリューラインに属するアイテムと並べて製品の差異を論じるとすると，PB商品であることから量販店（スーパーマーケット）を運営するイオン株式会社が自社のもとでTOP VALUEのブランド名を冠したラインアップを構築して販売を行う商品であり，税込価格は1個当たり容量につき250ｇであり価格は税抜で95円，税込価格は98円である。国内で製造が図られる製品であり，原料はコシヒカリ100％と表示されて，主食用のコメであるうるち米（富山県産と表示）を使用したとしてパッケージに記載する。

使用する原料の段階から価格軸に基づきAJINOMOTOが製造した製品が属

表3　味の素株式会社NTK・株式会社ローソン・イオン株式会社の商品比較　―(例)お粥―

	基本になったと推定される商品 AJINOMOTO	ローソン VALUE LINE	イオン TOP VALUE
メーカー名	味の素株式会社NTK	株式会社　ローソン	イオン株式会社
商品名 パッケージ (商品パッケージ表に記載)	85kcal 「味の素KK　白がゆ　国産コシヒカリ100％」	99kcal 「VL　バリューライン　白がゆ　国産コシヒカリを丁寧に炊き込みました」	90kcal 「白がゆ　富山県産コシヒカリ　100％使用」
商品表示法に基づき記載された商品表示の抜粋(商品パッケージの裏に記載)	品　名　米飯類(かゆ) 原材料名　精米(国産) 殺菌方法　気密性容器に密封し，加圧加熱殺菌 内容量　250ｇ	名　称　米飯類 原材料名　精白米(コシヒカリ100％) 設備方法　気密性容器に密封し，加圧加熱殺菌 内容量　260ｇ	品　名　米飯類(かゆ) 原材料名　うるち米(富山県) 殺菌方法　気密性容器に密封し，加圧過熱殺菌 内容量　250ｇ
内容となる米粒	コシヒカリとした表示に基づく米粒は，大粒のサイズに属する。	コシヒカリとの表示に基づく米粒は，味の素株式会社NTKの商品と比較して，約半分程度のサイズである。	うるち米
調理方法等の解説	商品パッケージにより向かって左側に熱湯による調理方法と右側に電子レンジの場合とに分け，イラスト入りで解説	商品の用途および調理方法を，文字で解説	上側に「お湯であたためる場合」と「電子レンジの場合」とにおける各場合の加熱方法を記載。「電子レンジの場合」は，「袋はアルミニウムの使用であることから，袋のまま電子レンジで加熱をしないこと。」(注，記載内容の要旨)と解説。
商品説明・解説	イラストおよび文章を織り交ぜて調理方法を解説	文章の記載で調理方法を解説	文章の記載で調理方法を解説
バーコードを読んで，製造した国を調べる。	日本で製造	韓国で製造	日本で製造
価格	155円	100円	95円
税込価格	163円	105円	98円

注：表は平成25年に販売された商品に基づき，商品パッケージに記載された商品解説および商品価格である。
　　平成22年頃，大阪芸術大学短期大学部通信教育部夏期スクーリングに出席した受講生からローソンの商品における商品パッケージに記載された商品コードをみて商品は韓国製ですと言う示唆が提示された。

する価格帯よりも，ローソンの「バリューライン」およびイオンの「トップバリュー」は，直近で1段階低位の価格帯に属する商品の製造が可能となるのであり，共通するのはPB商品であることから，ローソンおよびイオンの各企業が商品開発を図り商品仕様の作成を行うことで，小売業の主導のもとで食品製造会社に，商品の製造を委託することにより，企業におけるプライベートブランド名を冠して販売する商品の製造が図られ，問屋を介在させずに商品の製造から販売まで自社が取扱いを行える商品が流通すると捉えられる。但し，中小規模スーパーのなかには，味の素NTKが製造した商品を消費税が8％に上ったあとでも，本体価格は約101円，税込価格を110円でまたドラッグストアーのなかには他のメーカーのアイテムであるが本体価格を98円，税込価格を106円で販売する店舗がある。

　下に属する商品として下の上に該当する儲け筋と呼ばれるバジェットゾーンに属する等級および下の下に属する下限の等級さらに，上の分類に属する上の上に属する上限の等級および上の下に属するベターゾーンと呼ばれる等級ならびに中の上と中の下に位置する等級に基づき各等級に属するアイテムから品揃えが図られ，店舗販売がなされる商品かと言う疑問が差し挟まれるであろう。市場規模が年々減少するとは言え，国民の主食はコメであり，さらに和食の摂取による効用が再評価されるなかで，コメのように1,000億円単位の金額を積み重ねた市場規模を備える場合，上・中・下の分類によりコメは計6分類からなる各等級に属することで品質に基づき層ごとに分類される。本節で取り扱うパッケージに入れた調理済みのお粥の市場は市場規模として中小・零細規模に属する市場と解釈され，中の上と中の下が属する等級からなる中の分類としてなりたつ市場と解釈される。

　前述したように，プライベートブランド商品は店舗を運営する小売業が商品を取引先企業から仕入れる商品にあらずであり，小売業を元請企業，製品の製造を受託する会社を下請企業とすると，問屋からの商品仕入れを行わずに下請企業からの納品で商品供給が図れる商品であることから，当該企業にとっては粗利益を多く計上できる商品である。粗利益とは，販売価格から仕入価格を差

引いた利益を言うが，PB商品は自社が開発した銘柄に属する商品であることから，ナショナルブランドに属する商品の仕入値と比較して，仕入価格は低く抑えられるであろう。

(2) 飲食の領域に属して喫茶店が提供するコーヒー
―喫茶の等級ごとの価格帯・価格―

コーヒーチェーンは，スターバックスコーヒージャパン・ドトールコーヒーからなる各企業が上位に位置する市場として解説される。(日本産業新聞編『日経シェア調査2014〔年版〕』，日本経済新聞出版社，2013) 同書で取り扱われるのは，コーヒーおよびコーヒー以外のドリンクによるメニューを顧客に提供する店舗であり，喫茶としての営業を行う。

取り扱う商品は，飲食の領域に属するメニューとしてのコーヒーであることから，上・中・下の各等級および各等級を分類した細等級の分類名で各価格帯に属するメニューとしてのコーヒーを表す。

喫茶店が提供するコーヒーのメニューを価格帯と商品の特徴的性格との絡みにより分析を図ることから，例えば価格帯に基づき500円以上800円未満の価格帯に属するメニューは，コーヒー豆の原産国およびコーヒーの種類を顧客が選択できるように店舗がメニューを作成することで，顧客がオーダーしたコーヒーを賞味することができる。

スターバックスコーヒージャパンおよびドトールコーヒーのほか，例えば低価格路線に走らずと言った喫茶店を運営する企業に，ワールドコーヒー等を例に上げることができるのであり，同店は顧客の注文を聞くことで注文品を従業員がテーブルまで運ぶというサービス方式を採用する。

2012年度におけるコーヒーチェーンを運営する各企業が表した各売上高に基づき日本経済新聞社が推計したコーヒーチェーン店を運営する各企業を括りとした売上高合計により2012年度における国内売上高は，3,006億円と記載される。(日経産業新聞編『日経シェア調査2014〔年版〕』，日本経済新聞社，2013年) 参照書籍に記載されたコーヒーチェーン店を運営する企業の売上高を集計した総合

計額は，コーヒーチェーンを展開する企業が運営を行う店舗に基づき，コーヒーとコーヒー以外のメニューを顧客に提供することから，各企業の売上高を合計した総合計の金額は，コーヒーのみのメニューに基づき算定された金額にあらず，店舗が取り扱うすべてのメニューに基づき算定された売上高の合計額であると解釈される。

　国内売上高に占めるスターバックスコーヒージャパンの市場占有率は38.8％と言う記述であることから，売上高を算定すると約1,166億円と算定され，コーヒーチェーン店を運営する企業以外に，地域内で複数の店舗を出店するコーヒーチェーン店とか喫茶店に属する各店舗の売上高は，コーヒーチェーン店を運営する各企業が表した各売上高に基づき集計される総額に算入されずであると解釈される。スターバックスコーヒージャパンが全国展開を図ることから各店舗で提供するコーヒーをメインメニューとすると，メインメニューに基づき導かれる300円以上500円未満の価格帯に相応して，地域内で複数の喫茶店を運営する企業とか地区内で出店を行う喫茶店による売上額の合計額を加えると，価格帯における売上額は，1,166億円を超えると推定される。300円未満の価格帯によりコーヒー等を提供するドトールコーヒーの売上額は，コーヒーチェーン全体の売上額に占める市場占有率が29.5％を占め，上記の書籍に基づきドトールコーヒーの売上高は887億円と算定されることから，300円未満の価格帯に属する需要額を推定すると，スターバックスコーヒージャパンとドトールコーヒー以外で，コーヒーチェーンを運営する企業による売上額の合計は953億円と算出される。

　上の下の等級に属する商品は800円以上1,500円の価格帯に属するコーヒーであり，ビジネスホテル等の喫茶で提供される800円以上1,000円未満の価格帯に属するコーヒーと1,000円以上1,500円未満の価格帯に属するコーヒーに分類されると同時に，ビジネスホテルとシティホテルにおける喫茶は，商談の用途で使用するとか観光客が談話に利用する等の用途では共通する。ビジネスホテルとシティホテルとでは，喫茶で提供するコーヒー価格について属する価格帯が異なり，コーヒー豆の原産国・種類・品質をはじめとして店側の接客および投

表4 コーヒーの価格帯と商品の特徴的性格

コーヒーが属する等級ごとの価格帯及び商品の特徴的性格
商品品目　コーヒー（領域は飲食業に属する。）

等級		価格帯	商品の特徴的性格	
上	上の上	1,500円以上	内装が豪華・高い価格帯に属する洋陶を使い、高級感を備える場所でコーヒーを提供する。商談・談話に利用。同じ代金で（多数回にわたって）、自由に飲める喫茶もある。	
	上の下	1,500円未満～1,000円以上	会話・談笑，商談等に利用。コーヒーを丁寧に点てる。	施設の格付けはシティーホテルに適合。費用を投じた内装・滞留時間を充分使って利用できる。
		1,000円未満～800円以上		施設の格付けはビジネスホテルに適合。
中	中の上	800円未満～500円以上	コーヒーの種類を指定して，コーヒーの味を賞味する。提供するコーヒーのメニューが多い。エクアドル・ブラジルetc.により，コーヒー豆の原産国を指定，フレーバーコーヒーetc.により，コーヒーの種類を指定する。	
	中の下	500円未満～300円以上	最も需要額が多い価格帯　例，スターバックスコーヒージャパン 会話・談笑に利用，いわゆるセルフサービスを採用。店内はスペースと比較して席数が多く，利用客の話が隣の席を占める利用客にも聞こえる場合があるとされる。	
下	下の上・下の下	300円未満	例，ドトールコーヒー いわゆるセルフサービスを採用。短時間の会話・談笑に利用する。眠気を取るコーヒー。	

参照：車　公平『個客を摑め！』PHP出版，1986年。
　注：平成22年度8月に開催された，大阪芸術大学短期大学部通信教育部夏期スクーリングで本書の著者である授業担当者の講義進行の下，担当者とスクーリング出席者が協議して表の作成を図り，翌平成23年度8月に開催された通信教育部スクーリングで授業担当者の講義進行の下，授業担当者が平成22年度8月に作成した表を教材として使用することで，スクーリング受講生とコーヒーチェーン店等に関係した市場について意見の交換を図る。スクーリングで作成を図り教材として使用した表に関係した同じ表を一部改編の上，上記の表に記載。

資金額から支出されて設けられた内装等をはじめ，コーヒーを容れる洋陶の品質等で差異が表れるとされる。

　喫茶店は，オフィス街に立地する店舗を例に取ると判るように昼間部には男性客のリピート客が多いとされ，繁華街に立地する日曜日等の休日は喫茶店における客層が広がることで，顧客の滞留時間が平日よりも時間的に長いと捉えられる。

　中の上が属する等級に基づき500円以上800円未満の価格帯に属する喫茶で提供されるコーヒーは，コーヒー豆の原産国およびコーヒーの種類を顧客が選択できるように店舗がメニューを作成して，コーヒーを顧客が賞味することができる。

　下の等級は，下の上である儲け筋であるバジェットゾーンに属するドトールコーヒーと下の下である下限ゾーンは例えば市場では撤退したと解釈される店舗形式であり，カウンターを設けて飲むだけのコーナーに適した形式で顧客に提供するコーヒーとして理解を行い，下の上と下の下からなる各細等級を総合したゾーンと捉える。

　参照として同じ飲食に属する領域でもファーストフードによるメニューを顧客に提供する店舗で，ハンバーガーとコーヒーをオーダーすると言ったことによるコーヒーの代金は，上記書籍によると喫茶の市場規模には算入されずである。コーヒーに注意を払うと，オフィスが立ち並ぶ地域での喫茶店の顧客の客層は男性客では特定の店舗へのリピーターが多いとされる。オフィス街に立地する喫茶店は，オフィス街と付近に商業施設が立ち並ぶことでビジネスと商業を兼ね備えて賑わいが演出される地域を除き，例えば日曜日等の休日であると，平日との比較から，来店客数が減少して休日1日を取っても少ない売上金額となる。ビジネスと商業を兼ね備えて賑わいが演出される地域の喫茶店での例えば日曜日での入店客は，女性客が多くなり店舗における滞留時間は長いとされる。

　飲食に属するコーヒーのメニューにより，注意を払えるのは中の下の等級に基づきまた300円以上500円未満の価格帯ではスターバックスコーヒージャパン

が需要額に基づき高い比重を占めることであり，需要が多いと捉えられる300円未満および300円以上500円未満からなる各価格帯は，各等級に属する価格帯のなかで，下の上の等級である儲け筋としてのバジェットゾーンおよび中の下の等級である売り筋の各価格帯に属することから，価格軸に基づき低位に位置する価格帯が属するゾーンで商品需要を取り入れることに注意が払われる。

(3) 履物に属するビジネスシューズ

　商業統計表における百貨店の商品分類のなかで，身の回り品に属する紳士用靴を題材として取り上げ，商品の特徴的性格と価格帯との絡みにおいて分析を図る。上・中・下の等級に分類することから，本節では百貨店と言う業態における品揃えにより，商品品目に基づく紳士用靴を分析することで，商品構成について特徴を記述する。

　百貨店・専門店・量販店・ディスカウントストア・零細規模小売店・ショッピングセンター・ホームセンター・ドラッグストア・コンビニエンスストア・訪問販売・アウトレット・通信販売・インターネット販売等に基づき小売業が採用する業態と仕入先との絡みにおいて，商品仕入れを行うことにより小売店における品揃えの枠組みは特化すると捉えられる。消費者は商品における用途と商品価格が属する価格帯との絡みにおいて分析を図ることにより商品選択を行い小売店に出向くとか通信販売を利用することで商品を購入する。小売店がメーカーおよび問屋等からなる流通過程を経て商品の仕入れを図り，自店が企画した商品構成により構築した品揃えは，上の上・上の下・中の上・中の下，下の上・下の下に属して計6分類の等級からなると捉えることができる。

　紳士用ビジネスシューズは，百貨店が構築する品揃えに基づき中に属する価格帯をさらに分類した15,000円以上20,000円未満の細価格帯に属する商品であり，小売市場により売れ筋を基礎にしたボリュームゾーンに属する価格帯として位置付けられるであろう。売り筋は7,000円以上10,000円未満の価格帯に属する商品であり，低価格帯での商品開発に特化して製造業者が開発した下の上の等級である儲け筋に属した等級としての価格帯に相応するバジェットゾーン

は売り筋と下の下が属するゾーンとの架け橋となることで，5,000円以上7,000円未満の価格帯で表され，下の下に属する商品は5,000円未満に属する商品であると言う仮説をたてることができる。

　百貨店の品揃えにより注意を払えるのは，等級ごとに備わる商品の特徴的性格に相応して，中の下と下の下が属する各等級との架け橋となるゾーンとして下の上に属する商品が集客力を備えた価格帯として品揃えされることであり，それは専門店・ショッピングセンター内で店舗を構えるシューズショップの品揃えにも適合する商品であると解釈されることである。

　ショッピングセンター内に出店するシューズショップは，例えばシューズの製販を統合したことによりビジネスシューズを販売する企業がオープンした店舗がある。陳列商品における商品構成に注意を払うと，価格訴求に重点が置かれることから，品揃えにおける優先順位は等級ごとの品揃に基づくよりは商品価格に重点が置かれて，下方の価格帯に属する商品に基づき品揃えが図られ販売されると推察される。

　百貨店の品揃えにおける売れ筋・売り筋といった細等級に基づく分類を図ることにより，店頭在庫である陳列商品の数量合計に占める各細等級に属する商品が占める割合を検討することで，商品構成の枠組みは構築されるであろう。

　百貨店および他の業態に属する店舗をはじめとして，等級ごとの商品の特徴的性格とそれに相応する価格帯との絡みにおいて分析を図ると，中の下と下の下に分類される各細等級の間に挟まる下の上に属するゾーンは，各細等級にたいして架け橋となる等級が形造られ，価格帯が下方に位置するとしても，商品構成の構築を基点として取り扱う商品数量に基づき各等級に属する商品の割合から導かれたアイテムの数に注意を払うと言う方法で各等級に商品の数量を配分する方法であり，集客力を図り売上額の増加を指向する店舗政策に採用されると同時に，等級と等級に属するアイテムの分析を行うことで商品構成の構築がなされると解釈される。

　表5は紳士用ビジネスシューズを，商品の特徴的性格を備える等級と商品価格との絡みにおいて分析を図る表であるけれども，百貨店として固定客および

表5　紳士用ビジネスシューズの等級ごとの価格帯及び商品の特徴的性格

等級		価格帯		商品の特徴的性格
上	上の上		～ 150,000円以上	例，特別注文の靴（足の甲の底に特別注文による仕様を加える。） 例，300,000円
			150,000円未満 ～ 100,000円以上	なめし皮　例　150,000円 皮の柔らかさ 飼育6か月未満のベビーカーフである牛の皮を靴の材料に使用する。
			100,000円未満 ～ 50,000円以上	飼育6ヶ月未満のカーフを素材として使用。 素材は上級の皮に属する。
			50,000円未満 ～ 30,000円以上	飼育6ヶ月のカーフを素材として使用。 百貨店が売りたいとするゾーンに基づく価格帯に属するアイテムである。
		30,000円未満	30,000円未満 ～ 25,000円未満	牛革製品を素材として使用。 素材の皮は硬くなる。 牛革のほかにシープの皮を使用する。
	上の下	～ 20,000円以上	25,000円未満 ～ 20,000円以上	牛革製品を素材として使用。 靴の底と靴の本体を縫うことで靴を製造する。 機能として，防水・撥水機能を備える。
	中の上		20,000円未満 ～	靴の表は皮からなる。 素材は，牛革のほかにシープを使う。 一部の商品は，カンガルー素材である。 鹿皮は肉厚で足当たりが良い。靴の底に当たるライナーと呼ばれる部分にゴアテックスを使用した材料を貼り付けて，汗等の水分を吸収する。

第 1 章　等級ごとの製品と商品　23

				15,000円以上	鹿材を使用した靴は，防水・撥水機能を備え，同様にその他の材料を使用する靴も，防水，撥水機能を備える商品であり，中の上の価格帯に属する。
	中の下			15,000円未満 ～ 10,000円以上	成牛の皮を使用することで，利用する成牛の皮の部位は，靴に適合する。 プライスラインの例 10,000円，その他のプライスラインにおける例として価格が10,000円の商品は紐付き。
下	下の上		10,000円未満	10,000円未満 ～	商品例として，素材は合成皮革であり，靴の上部と底部を圧着する形式で製造する靴。 プライスラインの例 7,800円 百貨店等の店舗を運営する企業が製造業者に一定量の数量（ロット）を発注して，一定のロットの仕入れを行うことから，品質に比較して価格は安くなるアイテムであり，10,000円未満の価格帯に属する商品である。 今から約10年前，ウレタン底の使用を図り製造したが，雨等の天候で靴を履くと，加水分解で底が靴から分解した例が出たことから，今は底材にクッション材を使用する。 例　8,000円以下の価格帯に属する靴の表は合成皮革であり，靴と靴の底は接着剤による圧着方式で靴を製造する。 零細規模に属するメーカーが，下

				5,000円以上	の上の等級に属する価格帯に属する商品に特化して製造する商品は、実需に適合する商品である。
	下の下			5,000円未満	例 廃番商品，持越品

参照・引用：東京系を拠点として展開する百貨店に基づき関西に出店する店舗のなかで紳士用ビジネスシューズの売場を受け持つ担当者にヒアリングを図り取材を行うことで表を作成。

参照：革製品『革および革製品用語解説』編者　日本皮革技術協会，株式会社光生館，1987年，125頁を引用・参照することから，上記表におけるなめしとは，「準備工程の終わった皮を鞣し剤でコラーゲン繊維・組織を固定・安定化し，革としての基本的な性質を付与する作業である。」とされ，（詳しくは参照，同書，125頁～。）また，カーフは正式に「カーフ　スキン」であり，「カーフ　スキンとは，生後6か月以内の子牛の皮，原皮重量が9.5～15ポンド（4.3～6.8kg）範囲のものをベビーカーフ，9.5ポンド以下のものをカーフと分類する。成牛皮に比べて銀面は平滑できめ細かく，最高級の皮となる。」と記載され，「生産枚数は，以前に比べて減少」と記載される。（上掲書，31～32頁。）

　動物素材に属する材料から製造されたタンニンなめしは，仕上がりが柔らかく，カラーの出し方も容易にできるのにたいして，クロムなめしは，石油が原料となることから，製品は硬いとされる。（参照・引用，上掲書）

表6　百貨店における紳士用ビジネスシューズの需要額構成比

分　類	等　級 細分類	需要額構成比 金額ベース
上	上の上	10％程度
	上の下	25％～30％
中	中の上	45％程度
	中の下	10％未満
下	下の上	10％未満
	下の下	5％未満

注；東京系資本として関西に出店する百貨店のなかで紳士用シューズの売場を受け持つ担当者にヒアリングを図り取材を行うことで表を作成。

リピート客である顧客の商品購買に重点を置く店舗政策から導かれた品揃えに基づく等級と推定され，本節では上の下と位置付けた等級に属する商品は，20,000円以上30,000円未満に属するアイテムであると推定する。25,000円以上30,000円未満の価格帯および20,000円以上25,000円未満の価格帯は，上の下の等級に属する価格帯であり，等級ごとの売上額に基づき百貨店が需要額に占める自社売上額の増加を図り，売上額の押上げを図る上の等級に属した価格帯のなかで下方の価格帯であると解釈されると同時に，上の下の等級のなかで下方に位置した20,000円以上25,000円未満の価格帯に属する商品の需要は消費者の価格選好により直近下位である中の上の等級に位置した15,000円以上20,000円未満の価格帯に属する商品への移行として表される。百貨店が取り扱う紳士用靴について基軸となる等級に基づき上の下に属する等級のなかで下方に位置した20,000円以上25,000円未満からなる価格帯における下方移動に注意が払われ，需要額に基づき消費者が選好する商品価格が下方の価格帯に属する商品に移行することが消費者の価格選好として実際に表される。紳士用ビジネスシューズについては，各等級における需要額が商品品目全体の需要額に占める割合に基づきおおよその算定値としての表示を図る（参照，表6）。

　一般的に各等級における需要額に基づき商品品目全体の需要額に占める割合は，中の等級が40％であり，下の等級が35％，上の等級が20〜25％を占めると言われる。（参照，車　公平『顧客を摑め！』PHP出版，1986年。株式会社　船井総合研究所資料）

　百貨店が取り扱う紳士用ビジネスシューズの商品構成に基づき上の下の等級に属する商品は，消費者の需要を取り入れる価格帯に基づき，近年25,000円以上30,000円未満の価格帯に適合する商品需要が20,000円以上25,000円未満の価格帯に移り，20,000円以上25,000円未満の価格帯に対応する需要は，中の上の等級に基づく15,000円以上20,000円未満の価格帯へと，逐次的に下位の等級に需要が移行すると言われる。

　百貨店で取り扱われる等級に属する価格帯で需要を多く取り入れるとされる価格帯は中の上に属する等級とされることで，20,000円以上25,000円未満およ

び25,000円以上30,000円未満の価格帯に，近年15,000円以上20,000円未満の価格帯が加わり，消費者需要は等級に基づき細等級を下位に移して購買が図られると言われる。素材に鹿材を使用した靴は，15,000円以上20,000円の価格帯に属して，価格は19,000円程度であり，税込価格で20,000円を超える。各等級に属する商品のなかで消費者需要を取り入れるアイテムに設けられた商品価格が低下傾向にあるとされ，20,000円以上25,000円未満の価格帯に属する商品は，20,000円以上30,000円未満の価格帯のなかで，価格帯中央の25,000円また25,000円に近い価格を設定した商品が価格帯のなかでは需要を取り入れる商品であったが，近年需要を集める価格は価格低下の傾向にあり25,000円よりも2,000円下位に移ることで23,000円の商品に移行したとされる。

　百貨店のなかで例えば東京を本拠として，関西で出店する店舗スタッフからのヒアリングを基礎として，売上高に基づき各等級が占める需要額構成比は需要額全体が100%であることから，中の等級に基づき中の上に属する等級は40%を占めたが，近年45%に増加が図られると同時に中の下は10%未満を占め，上の等級に基づき，上の下は25%を占めたけれども需要は近年25～30%に増加がみられ，上の上の等級は10%程度を占め，下の等級に基づき下の上は10%未満であり，下の下は5%未満を占めるとされる。上の上の等級に属する商品は，商品の等級に基礎を置く固定客へDMを発送することで販売促進を行うとされる。（参照・引用，関西に出店する東京系資本の百貨店の店舗における紳士用靴の担当者からのヒアリング取材に基づく。）

　一般的に百貨店・ショッピングセンター・ディスカウントストア・専門店等からなる各業態を合計すると，シューズの需要額全体に占める各等級ごとの割合は，中の等級が約40%，下の等級は35%程度，上の等級が25%であるとされる。

　上・中・下からなる各等級に基づく品揃えと各等級の需要額が需要額全体に占める割合との絡みにおいて，売上高が多い等級から記入を図るとすると，百貨店は中・上・下の各等級の順であり，その他に属する業態は，中・下・上の各等級の順で売上額の構成が図られるとされ，等級に属する価格帯と商品の特

徴的性格との絡みにおいて紳士用ビジネスシューズの分析を図ることで本章では価格帯における需要額構成比を検討した。

(4) 薄型テレビ

　平成23年7月に地上波デジタル放送に移行することで，テレビの買替需要を行う購買客により家電量販店の小売店頭が賑わいをみせたが，下記の表は同年デジタル放送に移行する前の店頭価格に基づく分析である。

　上・中・下の各等級に商品価格が属する価格帯と商品の特徴的性格との絡みにおいて分析を図りテレビを分類することから，各等級を上と下に分類して計6分類の等級に細分類を図ることで，中の上の等級である売れ筋としてのボリュームゾーンに属する価格帯は，70,000円以上100,000円未満の価格帯であり，中の下の等級である売り筋に属する価格帯は，50,000円以上70,000円未満の価格帯に属すると解釈される。中の上の等級に属する売れ筋としてのボリュームゾーンは，フルハイビジョンからなる性能に基づき高画質の液晶による放送を鑑賞することができる32インチのサイズであり，6畳の部屋に置けるとしてキャッチコピーされる。LED搭載と言う省エネに寄与する性能を備えるのは，今やテレビとしての標準機能に属する装備である。当該の価格帯に属する20V型は，外付けHDDまたブルーレイレコーダー内臓により録画機能を備える商品である。中の下の等級である売り筋に属する価格帯は，液晶テレビによるインチ数にして32・36Ｖ型および26インチのハイビジョンからなる。

　中の等級に続き，需要が多いのは下の等級に属する下の上に基づき儲け筋としてのバジェットゾーン・下の下である下限に属する等級であり，パーソナルで使用するといった用途にも適合する。下の上に属する等級は，インチ数にして22インチのサイズであり，ハイビジョンでLEDを備える。下の下である下限に属する等級は19V型の商品であり，メーカー名として知名度では劣るいわゆる2流メーカーが製造した製（商）品である。

　中が属する等級は，リサーチを実施した時点において，中の上の等級により70,000円以上100,000円未満と中の下の等級である50,000円以上70,000円未満の

価格帯に属する商品からなるけれども，薄型テレビに基づき中の下の等級に属する商品のなかで，HDD内臓テレビまたHDDを外付けするテレビは録画再生機能を基礎とした付加価値を備える商品である。中の上の等級に属する商品のなかには，画像により採用するプライマリーカラーとして従来の3原色を基に彩色の配合をする形式から，4原色を採用した商品が開発されて店頭に並ぶ。上の下に属する等級として見せ筋であるベターゾーンは，店頭に並べた各商品における商品訴求の方法として売場で表される商品の配置場所，商品に備わるキャッチフレーズ・POP等から考察して店舗が購買者に商品購買を奨める優先順位に基づくと，中の上に属する等級と比較して後位に位置するけれども，フルハイビジョン・LEDの付加機能が投入された商品である。上・中・下に属する各等級のうち，店舗として顧客に商品の買い上げを望むのは，上の下の等級に属する商品であろう。

　上の上の等級に属する上限とされるゾーンは，価格帯により150,000円以上の商品価格からなり，3次元で番組を鑑賞する機能が備えられ，フルハイビジョ

表7　テレビの価格帯を基礎とした分析

等級			価格帯	商品の特徴的性格
上	上の上		～	(1) インチ数により，150,000円以上の価格帯に属する製品は，46インチ以上の製品が主流，価格帯として150,000円以上の価格帯に基づき，50,000円の刻みで，下記の計8段階に分類される。 　　500,000円以上～ 　　450,000円以上～500,000円未満 　　400,000円以上～450,000円未満 　　350,000円以上～400,000円未満 　　300,000円以上～350,000円未満 　　250,000円以上～300,000円未満 　　200,000円以上～250,000円未満 　　150,000円以上～200,000円未満

第 1 章　等級ごとの製品と商品　29

上	上の上	~		但し，46インチ以上の製品は，一般家庭の需要に基づくテレビとしては適合せず，法人需要・店頭におけるプレゼンテーション用のテレビと捉えられる。 （インチ数の例） ア．プラズマ方式のインチ数は，55インチ・65インチの2分類 イ．液晶方式のインチ数は，7分類のサイズからなる。 　　42インチ・46インチ・47インチ・50インチ・52インチ・55インチ・60インチ ウ．液晶方式で42インチはフルハイビジョンの機能を備え，個人需要に属する機能として訴求する商品である。 46インチは， （1）製品は単一の付加機能を備える。 　　　LEDのみの機能 （2）複数の付加機能の組合せ 　　　複数機能としてフルハイビジョン・LED，LED・外付けUSBによるHDDハードディスク対応と言った付加機能の組合せからなる。
		150,000円以上		
	上の下	150,000円未満 ~		（1）プラズマ方式・液晶方式の分類に注意を払わず，インチ数を取り上げて記載すると，インチ数は5分類からなる。 （インチ数） 　　52インチ・47インチ・46インチ・42インチ・37インチ （2）優先順位の高い付加機能から低い付加機能まで，複数の付加機能を製品に投入することより製品が企画され，アイテムが増加することで，多種類の製品が開発される。技術革新に基づき開発された製品であり，小売業では会計上は商品販売高として取り扱われることから，製（商）

				品と表すことは商品の特徴的性格における表記に適すると捉えられる。 複数の付加機能を組み合わせて製品に投入を図ることで，アイテム数は増加する。 フルハイビジョン機能を優先順位の先に置く方法 ア．フルハイビジョン・LED イ．フルハイビジョン・LED・3D対応 (3) ブルーレイレコーダー搭載また外付けHDDに基づき録画機能を消費者に強調する方法として， 付加機能は ①ブルーレイ外付けHDDの付加機能をPOP等で強調 ブルーレイレコーダー搭載を，機種が備える他の付加機能等に優先して強調，外付けHDDの装備が可能な機種としてのテレビを強調 ②ブルーレイレコーダー搭載・フルハイビジョンの機能をPOP等で強調 (4) 複数の付加機能の組合わせをPOP等で強調する方法 付加機能は、ブルーレイレコーダー・フルハイビジョン・LEDからなる。
			100,000円以上	
中	中の上		100,000円未満 〜	液晶テレビが主流 (1) 液晶テレビ 32インチ・40インチの各機種 (2) インチ数は，液晶テレビ・プラズマテレビを問わずとすると下記の5種類からなる。 26Vインチ・32インチ・32Vインチ・40インチ・42インチの各インチ数に属する商品 (3) 42インチプラズマ方式に属する製品の付加機能は，下記からなる。 ①フルハイビジョンを付加機能として強

第1章　等級ごとの製品と商品　31

				調する。 ②ハイビジョン・３Ｄ対応という付加機能を強調 (4) 液晶テレビによる40インチは，外付けＨＤＤ対応の録画機能を備える。 (5) 32Ｖインチは，ハイビジョン・LEDの各付加機能を強調 (6) 32インチは， 　①フルハイビジョンの機能を取り入れた製品， 　②ハイビジョン・LED・HDD内臓と言う複数の機能を備える。 (7) 26Ｖインチは， 　①録画機能であるブルーレイレコーダーを搭載した製品 　②フルハイビジョン・LED・３Ｄからなる付加機能
			70,000円以上	
	中の下		70,000円未満	32インチが価格帯の主流をなす。 (1) 32インチの付加機能また付加機能の組合わせ。 　①32インチはHDD内蔵商品， 　②ハイビジョン・LED・HDD内臓商品 (2) 40インチ・37インチ・32インチ・26Ｖインチ 　①40インチは，フルハイビジョンの安売りと捉えられる商品， 　②37インチは，HDD内蔵商品という単機能また，ハイビジョン・LED・HDD内臓商品と言った付加機能を組み合わせた商品であり，付加機能の組合わせを強調する商品 (3) インチ数ごとの付加機能， 　ア．40インチはフルハイビジョンの安売りと捉えられる商品， 　イ．37インチは通常の機能 　　(例) ハイビジョン，

			50,000円以上	ウ．32インチのサイズ ①HDD内蔵商品という単機能を備える。 ②ハイビジョン・LED・HDD内臓商品と言った複数の機能商品をセット化した商品を強調する。 ③26VはHDD外付けに基づく付加機能を備える。
下	下の上		50,000円未満 〜 20,000円以上	（1）液晶テレビからなるインチ数は下記の計6分類からなり，Vを入れた細分類に基づきインチ数を数えると8分類からなる。 32・26インチと26Vインチ，24Vインチ，22インチと22Vインチ，20Vインチ，19インチ付加機能。 （2）付加機能 ①32Vインチは，通常の機能， ②26インチにより，26VインチはHDD外付け　26インチはハイビジョンの付加機能を投入， ③24インチはハイビジョンの付加機能， ④19インチは商品種類がa・b・cの3種類程度に分類される。 　a．LED，ハイビジョン， 　b．ハイビジョン・LED・HDD対応可能ハードディスク付き商品であり， 　c．販売を誘引した商品と捉えられるハイビジョン・LEDである。（販売誘引商品は，現金払い・5,000円引き商品である。）
	下の下		20,000円未満	ア．20,000円未満の価格帯に液晶テレビが適合，インチ数は19インチのテレビ イ．付加機能は，ハイビジョン・液晶・LEDの付加機能の組合せを投入した商品。

注：地上波デジタル放送への切換えが行われた平成24年7月以前に実施した店頭調査に基づく。

ン・LEDに基づき，どの機能をも投入した商品であり，240,000円以上の価格帯に属すると同時に，3次元で番組を鑑賞すると言う機能は46インチ以上が主流であり，パナソニックは45インチ以上のテレビの方式としてプラズマ方式を採用する。但し，パナソニックは平成25年に，プラズマ方式を取り入れたテレビ生産事業から撤退した。各等級による需要額の構成として，本節では売場における商品の陳列方法およびインチ数ごとの各アイテムを考察することから中の等級に属する中の上と中の下の各ゾーンが備えた需要額の合計額は需要額総額にたいして約50％を占め，下の等級に属する下の上と下の下に属する各等級に配分された各需要額の合計額は需要額総額の約30％を占め，上の等級に属する分類として，上の上と上の下の等級に属する各需要額の合計額は，需要額総額において約20％を占めると推定される。

　家電製品はメーカーが製造を図り，製品はメーカー系列化の物流会社を経由して家電量販店が商品仕入れを行うことで，店舗の商品構成を構築する。

　表7は地上波デジタル放送に切替えが行われた平成24年7月以前に実施されたリサーチに基づき，薄型テレビの等級に属する価格帯と商品の特徴的性格との絡みにより，分析を図りまとめた表である。

(5) 消耗雑貨に属するトイレロール

　商品品目において，消耗雑貨の領域に属する必需品としてのトイレロールを取り上げて分析を行うと，顧客は12ロールのトイレロールを買い上げることが多いけれども，他に4ロール・8ロール・18ロールが商品化が図られて店頭に並ぶ。トイレロールは，新聞の折込チラシからも判るように，セール期間中に販促商品に関係した価格訴求を行う商品により量販店等のチラシに掲載することから，集客商品として取り扱われる。ユニット価格とは商品がトイレロールの場合，商品価格（税抜）を入数により除して1ロール当たりを算定した価格（税抜価格）であり，また参考として入数とはパッケージにより包装された商品の数を言う。

　各等級に属する商品を基礎として，価格帯と商品の特徴的性格との絡みにお

いて分析を図り1ロールあたりに換算したユニット価格を基に分析の基準とする。

中の等級に属する価格帯は，15円以上40円未満の価格帯に属する商品であることを本節で捉えると，中の上の等級として売れ筋であるボリュームゾーンに

表8　トイレロールの等級ごとの価格帯及び商品の特徴的性格

等級	等級の分類	価格帯 ユニット価格	商品の特徴的性格
上	上の上	～ 60円以上	すかし柄入り （例）シティーホテル等で備え付け コアレス
	上の下	60円未満 ～ 40円以上	ナショナルブランドに属する商品 　ネピア，スコッティ，エリエール，クリネックス 品質が上質に属する。 パルプ100%の商品 （例）KXソフティ 　　シャワートイレパルプ 100パーセント
中	中の上	40円未満 ～ 30円以上	市場では知名度を備えるメーカーが製造した製品 「エルモア」 12ロール 日清紡等が製造したトイレロール
	中の下	30円未満 ～ 15円以上	PB商品 　量販店が開発した商品，例えば，イオン株式会社が開発した商品に冠した銘柄に属するアイテム
下	下の上	15円未満 ～ 10円以上	入数18ロール 　セール等の企画で集客を図り値引販売を行うことに適した価格帯に属する商品
	下の下	10円未満	故紙物 　特売商品として販売するのに適する価格帯に属する商品

注：平成23年頃までに実施した小売店頭でのリサーチに基づく。

属する価格帯は30円以上40円未満の価格帯であり，小売市場では知名度を備えるメーカーが製造した商品アイテムが出回り，商品の本来的機能として拭き取りの用途における使い勝手も消費者の使用に適するアイテムである。中の上に属する等級にたいして，プライベートブランド商品は，中の下の等級である売り筋に属するアイテムからなり，小売業を業容とする企業が，独自の銘柄名を付して企画を行うことで中小・零細規模に属するメーカーに製造委託を図り，小売業が自社の商品構成に組み入れる商品である。下の上が属する等級として儲け筋であるバジェットゾーンに属する商品と下の下の等級である下限のゾーンに属する商品からなり，本節では下の上に属する等級はユニット価格にして10円以上15円未満からなる価格帯に属するとして考察を図り，下の下に属する等級はユニット価格で，10円未満からなる価格帯に属する商品として捉える。いわゆる業態に基づきホームセンター等で販売される商品として，例えば入数にして18ロールと言ったロール数からなるアイテムが挙げられ，低価格帯に属する商品として取り扱われる商品でもある。下の下の等級に属する商品は，故紙を基にして製造された商品であることから，品質的に劣る紙質であると同時に，低位に位置する価格帯としてユニット価格で10円未満の価格帯に属する商品として捉えられる。商品の本来的機能を基礎とした品質としては，中の等級に属する商品と比較して，下の等級に属する商品は劣位に位置するであろう。

　上に属する等級は，ユニット価格が40円以上の価格帯からなる商品であり，上の下に属する等級は40円以上60円未満からなる価格帯と上の上に属する価格帯に基づき60円以上の価格帯からなる。上の下に属する等級は，全国に共通して流通する銘柄が挙げられ，ネピア，クリネックス，エリエール，スコッティからなる各銘柄であり品質の良さを備えることを特徴とする商品であり，その他にKXソフティと言ったアイテムが上げられる。パルプ100％を商品包装に印刷訴求することで，上質な品質を備えることを打ち出して商品訴求するアイテムは，中の上の等級に属する。トイレロールの長さは約65m〜70mを基準として，上・中・下の各等級に共通してトイレロールの長さはほとんど同じと捉えられるが，上の上に属する等級はトイレロールに透かし柄が入ると言った商

品で，シティーホテル・喫茶店等のトイレに備え付けられるアイテムからなり，店頭では多数のアイテムを訴求せずと言った商品である。コアレスとするアイテムはトイレロールの長さが約100mからなる商品であり，付加価値を備えた上の上の等級に属する商品として捉えられる。

　トイレロールの取扱いとして，食品のように賞味期限を設ける商品に属さず，アパレルに属する商品のように季節的影響を受ける商品にも属さずであることから，例えばホームセンターのように，売場が季節的需要により商品の入替えが行われる時に，一時的にいわゆる売場により商品在庫量が減少して空白のスペースが多くなる端境期にトイレロールの野積みを図り，スペースを満たしてボリューム感を表すことに適する商品である。

第3節　商品需要における用途

商品需要における用途

　消費者による購買において，購買者は用途に基づき購入可能な商品を拾い上げて，複数のアイテムを買物候補のリストに載せたとする。複数の商品からなる買物候補のなかでアイテムの絞り込みを図るポイントとなるのは，購買における予算と用途との絡みにおいて，購買者がアイテムの選択を行うことを基礎としたアイテムに備わる機能である。仮に蛍光灯による直管・管球を例に取ると，購買を図る蛍光灯は，機能を備えることで用途が明瞭となり，購買者需要を満足させる用途であるかどうかで購買するアイテムの選択が行われる。

　昼光色は冷たい感じを受けるが，明るいことから商業施設の売場で使われ，昼白色は自然に近い感じを使用者が受けることにより，学習用としての需要に適合が図られることで学校・一般家庭等で使われる。赤みが強いと捉えられる機能は電球に近似することから，食品を販売する売場でオープン型の冷蔵保温のケースを利用して食材の陳列を図り，顧客においしさによる感じを与えようと利用されたが，今日では産地表示とか賞味期限の表示と言った食の領域に属する商品の安全に重点が置かれることにより，食品を陳列するケースには以前

表9　メーカーが発売する蛍光灯による直管の灯りの種類と用途

	昼　光	昼　白	電球に近似
機　能	冷たい感じを受ける。	自然に近い感じがする。	赤みが強い。
用途の例	例　売場で使われる。売場および売場で陳列する商品を明るくみせる。	例　学習机に置くスタンド。	例　食材（例，肉）が美味である感じを顧客に与える。例えばくつろぎを取るのに適応したスペースに利用される。

注：家電量販店における売場担当者の商品解説に拠る。

ほど利用されずである。また，例えばくつろぎを取るのに適応したスペースに利用される。

　商品における用途を，蛍光灯に基づき昼光・昼白・電球に基づく近似色と商品機能を分類することで，表の下段のように使用の用途に基づく分類を図ることができる。

第4節　製品の製造原価と販売価格

製品の製造原価と販売価格

　本節では，製品の名称を特定せずではあるが，簡潔化を図り要約化を行うことで，消費財に属する製品を取り上げたと言う想定に基づき論考する。工場で製品の製造が行われるとすると，減価償却費・電力使用料・水道使用料などを基礎として発生した費用は製造間接費に属することで，製品の原価は材料費・賃金が属する労務費・製造間接費が属する経費からなると捉えられ，概要として原材料の投入から投入金額の算定が行われ，各工程を担当する従業員の賃金の計算が図られ，建物・機械等における減価償却費および光熱費等が属する製造間接費に基づき，仕掛品を経て完成品の製造が行われることで製品の原価は計算される。製品として仕上げられた完成品は，工場における倉庫に保管され，受注に応じて庫出しを行い，本社を通して消費者に渡るまでの流通過程に乗せ

表10　製造原価における費用　工場部門における原価の組立

原価の要素	内　容
材料費	製品製造にあたり工程のはじめに投入される。価格が高い原料・良質な原料を使うと，基本的に製品は上質な品質に仕上がるが，高い製品原価となる。
労務費に属する賃金	工場の製造工程で従事する工場従業員の賃金である。作業工程が多く，工場における従業員の数とか延べ人数が多数になることで，賃金の総額が増加すると製品の原価に反映され，上質な製品を造れても，製品原価が上昇する。人手に頼る工程であると人件費が一定年数ごとに上昇することから，単位時間である1時間当たりの賃金が高くなり，賃金の高さが製品価格に反映される。ブランド品・工芸品などが属する領域で熟練労働など人手に頼る製品の製造は，製品の原価をさらに高く押し上げる。
経費に属する製造間接費	工場建設に基づき高い建設費であると，優れた建物と言う概観を備えても，減価償却に基づき償却期間内に高い減価償却費が発生することで，減価償却費が製品原価に反映され，製品原価を上昇させる。電力・ガスの各動力における使用料は動力費に属する製造間接費であり，他に工業用等からなる水道使用料も製造間接費に属することで，電力またガスを多く使うとか，電力料金，ガス料金また水道料金の値上げが行われるとか，工業用水道を多量に使い製造が行われる製品であるなどすると，製造原価に反映され，製品価格を上方の価格へ押し上げる。製品の製造に使用する機械が高額であると，高い減価償却費が償却期間内に毎年発生して製造原価に反映され，製品価格が高い価格で形造られる。

表11　工場における福利厚生・その他

費　用	内　容
工場部門における福利厚生費	工場が作成する製品原価報告書では，経費に属する。工場従業員の福利厚生費に属する費用が多額になると，工場部門における福利厚生費を押し上げる。工場従業員の定着率を良くするために，以前には体育館・プール等の建設も行われたが，費用的には福利厚生費を押し上げる要因を形造ったと推察される。

第1章　等級ごとの製品と商品　39

その他	工場における製品の製造は，品質管理が適正になされることを基礎にして優先順位の先に置かれるとされ，製品の品質が均質であること，製品の品質検査が行き届いていること，消費者の使用に適するように製品設計が行われて適切に製品が製造されること等が製品の製造に不可欠であるとされる。

表12　販売費及び一般管理費に属する費用

費用	内容
広告宣伝費	メディア等を通じて製品の宣伝に多額の金額を投入すると，製品価格に広告宣伝費が上乗せされることで，例えば出荷段階の価格を下げることにはつながらず，価格の押上げにつながる。新製品は多くの場合多額の広告宣伝費を投じるとされるが，市場における新製品を投入したあと市場への定着が図られて，市場導入を企図する段階では製品の販売に基づき損益計算が行われると，費用が収益を上回るといういわゆる赤字であることが多いとされる。
販売促進費	販売促進に属する方法に要する費用である。例えば社員が自社製品を販売する小売店に，報奨金における特典を付け，小売店に自社製品の販売を積極的に行わせることで，一定の数量また金額を売り上げた小売店業を営む企業に割戻しの金額を支払うと言う販売促進に属する仕組みが挙げられる。販売促進費を増加させることは，自社製品価格を下げるよりは，自社製品の価格を現状のまま据え置く方向に向かわせる。
人件費	大企業に属する社員の給料は，一般的には中小企業に比較して高いことから，社員に支払われる人件費総額の売上高に占める割合が高いと，製品価格は下がる傾向を表さず，現状維持か価格を押し上げる方向に向かうとされる。 大企業に属する企業を，自社と競合他社との絡みにおいて分析すると，他社に先駆けて製品価格を下げると言う例は余りみられずである。

福利厚生費	例えば社員が利用する施設として社員寮の建設，厚生施設として休暇時に利用される保養施設があるほか，フィットネスクラブを社員が利用可能なように，フィットネスクラブを運営する企業の法人会員となることで，会費を支払う。 例えば巨大企業では福利厚生費に当てられる費用総額が多額になり，豪華な福利厚生施設であるなどとして世間の注目を浴びる例があることから，製品価格を現状のままにするか押し上げる要因となる。 福利厚生施設は，従業員の使用に供せられる。
社屋	例えば，本社の社屋が建物の一部また全部を借りる賃借物件であることで，賃借料の支払は定期的に行われることとなるが，何時でも賃借する物件に基づきオフィスから他のオフィスに移ることが可能であり，他方自社が土地を取得してビルを建てるとすると，建物の減価償却費が一定期間内に発生するほか，固定資産税・管理費・修繕費等に属する費用が毎年発生する，仮に本社をオフィスビルにおけるテナントに移そうとしても，本社ビルおよび本社ビルを建てた土地の買い手がつくまでには一定期間が設けられることで，土地・建物の売却による資金を取得するまでに時間を要する。 賃借物件を利用すると，製品価格の上げ・下げにたいして柔軟に対応することができると解釈される。
その他	製品価格が下がらず，消費者市場でメーカーにより主導的に製品が販売されるのは，消費者にブランド力が浸透していること，製品の品質保証が行き届いていること，企業に研究開発力が備わり消費者の使用に適合する製品設計および仕様における開発が適切に行われることのほか，例えばメーカーにおける販社の従業員が消費者にたいして行う接客に基づき購買へとつなげるサービス内容においての品質の良さが捉えられる。 労働分配率は，例えば流通業に属する企業であると企業が計上する売上総利益としての粗利益に占める従業員の賃金総額の割合で表されるが，従業員の給与に注意を払うと，人件費は一度上昇すると下方硬直性を持つことから賃金が上昇すると，そのあとで下がる方向に向かわずであることが多いとされる。

ることから例えば問屋の求めに応じて納品を行うとか，小売業からの求めに応じて消費者に発送するなどで販売が図られる。

　製品における価格設定は，企業の本社に属する部門により工場から庫出しをした製品の原価に一定額の金額を上乗せして，価格設定を図り販売される。一定額の金額とは，給料，賞与などの人件費，広告宣伝費・販売費・工場以外の部門により減価償却費等の販売費および一般管理費に属する費用を上乗せしたあと，なおかつ経常利益に相当する利益を確保した金額を加えた金額であると捉えられる。粗利益は流通業における会計処理を例に取ると判りやすく，商品の売上高から仕入れに要した売上原価を控除した金額であり売上総利益とも言われる。

第5節　まとめ

　上・中・下の3個からなる商品の等級に基づき細等級を図ることで，上の上・上の下，中の上・中の下，下の上・下の下とした6個の等級に注意を払うと，各等級に基づき製（商）品が備える性能・機能・品質は異なり，各等級を基礎として製（商）品価格が属する価格帯が形造られることを捉えた。商品構成・店頭における商品価格および書籍・資料から検討を行い，各等級と商品の特徴的性格との絡みにおいて分析することから，価格構成を基礎として商品構成が図れることを考察した。

(1) 商品の等級

　中の上の等級に属する売れ筋であるボリュームゾーンは，各ゾーンの需要額に基づき需要額の総額に占める割合が高いゾーンであり，ゾーンに相応する価格帯に基礎を置き考察すると，直近上位また直近下位の価格帯とで挟まれて形造られるゾーンであり，価格域は狭いゾーンと捉えられる。中の下の等級である売り筋に属する価格帯は，PB商品に代表されるように，中の上が属する等級に比較して品質的に劣位に位置するゾーンとは解釈されず，例えば小売業が

主導的に製（商）品企画を行い，製（商）品仕様を作成することで，製造業者に製造委託を図り小売業が小売業のブランド名を冠して販売することから，小売業は高い粗利益を取得する商品であり，PB商品は売り筋が属するゾーンに適したアイテムと捉えられる。上の下の等級に属する見せ筋としてのベターゾーンに属する商品は，売れ筋とされるボリュームゾーンと比較して商品価格と品質・性能・付加機能等との絡みにおいて分析を図ると，価格帯は上位に位置する等級に相応して品質的には優れた商品であり，多くはトレンドを取り入れたアイテムからなる。上の上が属する等級は品質が上位に属するゾーンであり高い性能を備え，優れた機能を持つなどの商品が上げられる。下の上が属するゾーンは，儲け筋とされるバジェットゾーンであり，中の等級と下の等級について橋渡しをする価格帯に属するゾーンであると解釈される。下の等級が属する等級は品質・性能・機能に基づき他の等級と比較して劣位に属すると捉えられる。業種に属する商品品目のなかでは低価格帯に属する製（商）品の製造に特化することで低価格帯を得意領域とするメーカーが製造する製（商）品は，中の等級に属する製（商）品と比較して劣位に属する素材を使用した製（商）品であり，製造工程も多くは費用を低減する製造方式が採用されて製造されるけれども，実用性を備えて実需に適合する製（商）品として注意が集まり製造・販売される。等級を基礎として商品価格と商品の特徴的性格との絡みにおいて分析を図り，各等級における価格帯を基礎として，各等級に適合する需要額構成比を検討材料に加えることは，ゾーンという捉え方に相当する分析方法であると考察される。

(2) **食の領域に属する商品**

　商品の分析を図ることについて，お粥は食の領域に属する商品であり，題材として取り上げた。全国的規模で商品販売を行うナショナルブランドに属するアイテムにたいしてPB商品の開発を図る量販店（スーパーマーケット）を運営する企業が，海外生産を図り現地で生産すること，また原材料をNB（ナショナルブランド）と同じ商品種類に属する商品を採用しても，例えば安い価格帯

に属する原料として商品市況が安い価格を表す頃に原料を購入する，また大量に原料を購買することで通常価格よりも低い価格で原料の仕入れを図れ，NB商品よりも包装に印刷された商品解説を簡素にする，商品解説を補助することで用いるイラストを少なくする，イラストで使うカラーの数を少なくするなどで費用の削減を図るなどして，販売価格をNB商品よりも価格軸に基づき低位の価格帯に属する商品として企画開発する方法を分析した．

(3) 飲食の領域に属するコーヒー

飲食の領域に属するコーヒーチェーンはスターバックスコーヒージャパンおよびドトールコーヒーをはじめとする各企業が，顧客にコーヒーなどのメニューを提供する事業領域であり，各社の売上高合計がコーヒーチェーンにおける市場規模と捉えられる。需要額を多く取り入れる等級に基づき細等級に属する価格帯は，スターバックスコーヒージャパンがメニューとして提供するコーヒーは中の下が属する等級であり300円以上400円未満の価格帯からなり，ドトールコーヒーが下の上に属する等級である300円未満からなる価格帯に属するコーヒーと解釈される。コーヒーは価格と顧客の喫茶店を使用する用途との絡みにおいて分析が図られることで顧客による店舗選択が行われると解釈され，上の下の等級に属する価格帯に基づき上方に位置するゾーンは，内装を整備したシティホテルで設ける喫茶およびビジネスホテルが備える喫茶等であり，商談に利用することが可能であるとか談笑に利用することが可能である喫茶店と言った用途に適合することから，価格帯に基づきコーヒー店を層ごとに分析することが可能であると捉えられる。市場規模はコーヒーチェーンを運営する各企業が表した各売上高を基礎として各企業の売上高について集計することで算定された総額を市場規模として編集を図り出版したと解釈される日経産業新聞社編『日経シェア調査 2014〔年版〕』（日本経済出版社 2013）に基づく。

(4) 紳士用ビジネスシューズ

住の領域に属して，商業統計表における百貨店の商品分類で身の回り品に属

する商品品目を取り上げて百貨店の商品構成に基づき商品を分析することにより，需要額を最も多く取り入れる価格帯が下位に移行することを分析した。上の上・上の下，中の上・中の下，下の上・下の下からなる各等級に基づき，各等級に属する価格帯で取り扱われる商品特徴の分析から，百貨店の売上額に高く寄与する等級を基準として，紳士用ビジネスシューズを取り上げた。紳士用ビジネスシューズは，需要の取入れを図るゾーンは上の下が属する等級を基礎とした見せ筋としてのベターゾーンから中の上の等級である売れ筋としてのボリュームゾーンの価格帯に下方移動したこと，ボリュームゾーンである売れ筋に相応する価格帯が下方に移動したとみられること，また売れ筋の価格帯には材料として鹿材を使用するアイテムが加わったことを本文および作成した表に基づき分析した。材料に鹿革を使うアイテムが市場に登場して普及したこと，上の上が属する等級に基づき上限に対応した価格帯に属する商品は，例えば100,000円を超えるという価格軸に基づき他の業態と比較しても高い商品価格を設けたアイテムが属する価格帯であると考察されるが，一部顧客の底固い需要が形造られて品揃えがなされることを分析した。下の上が属する等級に基づく儲け筋としてのバジェットゾーンに属する商品は，百貨店が一定の数量を製造業者に発注して製造されるアイテムであること，百貨店の商品政策に基づく商品企画から，中小・零細規模の製造業者に製造を委託したアイテムであり，商品は，顧客として実用性を備えて良好に使用することができるアイテムであること，下の上の等級である儲け筋に対応した価格帯に基づきバジェットゾーンを基礎とした等級について企画開発を行う製造業者が事業を行うことで，中小・零細規模の製造業者が得意なゾーンとする等級が下の等級であることを踏まえ，実用性を備える商品仕様から使用に耐える商品としての価値が商品価格を上回ることで製（商）品の製造・販売が図られることにより百貨店の商品構成に組み入れられること，下の下に位置する等級としての下限商品は廃番商品，持越品からなることなどを分析した。

(5) 薄型テレビ

　薄型テレビは地上波デジタル放送に切換えが行われる前にリサーチを行い商品が属する等級に基づき商品構成の分析を図ることで，製（商）品開発は，インチ数と録画機能等が属する付加価値との絡みにおいて，層ごとに判りやすく捉えられる。地上波デジタル放送に切換えが行われるまえに実施した家電量販店の店頭におけるリサーチでは，等級に基づき各価格帯に属する各商品は複数の付加価値を備え，メーカーは製品企画に基づきメーカーごとの基準によりアイテムごとに付加価値の組合せを行うことで複数の機能を投入した製品の企画開発を図り，小売店頭で消費者は商品選択を行い商品を購入する。製（商）品販売の表示方法に基づき優先順位の高い機能から順にPOP等に記載を行うことで付加価値の組合せに基づき，同じ価格帯に属する商品のなかでも機種選択の範囲が広がり，同時に等級を基礎とした各価格帯は，上の上が属する等級から下の下の等級までの各区間に相応する価格域が広く設けられて製品の開発が行われると解釈される。メーカーで製品が組立てられ，メーカー系列下の物流会社が製（商）品を取り扱うことで家電量販店は物流会社から商品仕入れを行い品揃えを図り商品販売を行う。

　薄型テレビは技術革新に基づき開発された製（商）品であり，さらに地上波デジタル放送に切換えを図るという政府の電波政策のもとで，市場に導入され浸透した製品であると解釈される。薄型テレビのなかで32インチのテレビは需要額を多く取り入れるボリュームゾーンのなかでもさらに多くの需要額を受け入れる価格帯に属する商品であり，インチ数が増えると使用するパネル数も増加して商品価格を押し上げると同時に，ブルーレイレコーダー搭載，また外付けHDDの装備が可能と言う録画機能を備えるテレビに基づき商品が属する価格帯は上方に移行する。中の上が属する等級に基づき売れ筋であるボリュームゾーンとして70,000円以上100,000円未満の価格帯を設けた売れ筋と解釈されるボリュームゾーンにはプラズマテレビ・液晶テレビからなる分類基準を傍に置くとすると，インチ数として26Vインチ，32インチ・32Vインチ，40インチ，42インチからなり，付加機能に属するハイビジョン・フルハイビジョン，録画

機能として，ブルーレイレコーダー搭載，HDD内臓また外付けHDD，省電力であるLEDからなり，インチ数と映像機能および付加機能の組合せとの絡みにおいて製（商）品化が図られ各ゾーンが形造られると捉えられる。ボリュームゾーンに基づき売れ筋に相応した価格帯に属する商品は，インチ数として32インチのテレビであり薄型テレビ市場により需要を取り入れると解釈される。薄型テレビを例として分析することで市場を成り立たせる等級は，インチ数を基礎にした薄型テレビについて優先順位を付けた順に付加機能を投入することで，薄型テレビは価格軸に基づき高い価格帯に移行して製品開発が行われると捉えられる。録画機能を投入することおよびLED等の機能を備えることは，製（商）品が属する価格帯を高い価格帯を指向して製（商）品開発を図るメーカーの市場行動と捉えられる。

　薄型テレビの各等級のなかで中の上の等級に属する製（商）品は，フルハイビジョンを備えた高画質の液晶による放送を鑑賞することができる32インチのサイズであり，日本の住宅構造に基づき6畳の部屋に置けるとしてキャッチコピーされる。LED搭載と言う省エネに寄与する性能を備えるのは，今やテレビとしての装備には標準機能であるとされる。

(6) 住の領域に属するトイレロール

　消耗雑貨に属するトイレロールは，ユニット価格の算定を図ることで1ロール当りの価格を基準として価格と商品の特徴的性格との絡みにより分析を行い，中の上が属する等級に基づき売れ筋としてのボリュームゾーンに対応した価格帯に属する商品は一定の知名度を備えた商品からなり，各価格帯のなかで最も多くの需要量を取り入れる価格帯に属するアイテムであることが分析され，中の下が属する等級により売れ筋に属する商品は流通業に属する小売業各社が開発したPB商品を基にして，小売業が冠した銘柄で販売される商品が代表的事例であり，上の下が属する等級に基づき見せ筋に対応したベターゾーンは，全国的規模を備えるメーカーにより製造されたナショナルブランドに属するアイテム，またパルプ100%の原料から製造を図る品質的に優れた商品などからな

り，上の上の等級に属する商品は　トイレロールが約100メートルというコアレスであるとか，トイレロールに透かし柄を入れた商品などであり，下の上が属する等級により儲け筋に対応したバジェットゾーンに属する商品は入数が18ロールで販売されるアイテムが挙げられ，中の下および中の上の各等級に属する商品と比較して品質的には劣位に位置するが，実用性を備える商品であり，下の下が属する等級における商品は再生紙また故紙に基づくアイテムからなり，店頭では低価格帯に属する商品として販売される。

(7) 商品が備える用途

商品が備える用途について蛍光灯が発するカラーを例として分析を図った。昼光色は冷たい感じを受けるが，明るいことから売場で使われること，昼白色は自然に近い感じを使用者が受けることにより，学習用として学校・一般家庭で使われること，赤みが強いと捉えられる蛍光機能は電球に近似することで，食品の売場でオープン型の冷蔵保温のケースを利用して食材の陳列を図り，顧客においしさによる感じを与えようと利用されたこと，またくつろぎを取るのに適応したスペースに利用されることを調べた。但し，赤みが強いとされる機能は，今日では産地表示とか賞味期限の表示と言った食の安全に重点を置くことにより，以前ほど利用されずであることを捉えた。

(8) 製造原価を形造る費用

製造原価を形造る費用は，工場部門における各工程に基づき算定される各費用からなる原価であり，原材料が属する材料費・賃金が属する労務費・製造間接費が属する経費に基づくことを捉え，各費用の特徴的内容を概観した。

参考として，製造原価は工場における福利厚生費また品質管理を図ることで算定される費用であり経費に属することを書籍の参照を図り調べた。

工場の製造工程に基づき完成品の製作までに要する原価からは製品原価報告書が作成され，完成品は工場に設けられた倉庫に庫入れして保管を行い，本社・支社における営業部門に基づき販売が行われて，売上げた製品ごとの数量につ

いて本社が工場へ連絡して製品の庫出しを行い、製（商）品の発注者に発送・配送を行うと言う流れからなる。

　本社・支社で発生する費用は、広告宣伝費・販売促進費・人件費・福利厚生費・減価償却費・その他の勘定科目を括りにした販売費および一般管理費に属する費用であり、各費用の特徴的内容を探り明らかにした。工場が作成する製造原価報告書に記載された当期製品製造原価を基礎として算出された売上原価を売上高から控除することにより、売上総利益（粗利益）が算定され、販売費および一般管理費に属する各勘定の合計額を差引きした金額が営業利益であると概観した。

参照文献

岡本　清『原価計算〔六訂版〕』国元書房，2000年。
小川純一「費用と利益に関する考察」『浪速短期大学紀要』第22号，1998年，115-147頁。
井上ひさし『井上ひさしのコメ講座』岩波ブックレット，岩波書店，1989年。
池尾恭一・青木幸弘編，田嶋規雄「第1章　家電流通の動態とマーケティング革新　シャープの薄型テレビ　アクオスのマーケティングを事例として」『日本型マーケティングの新展開』有斐閣，2010年，4頁〜25頁。
吉森　賢『企業戦略と企業文化』放送大学教材，放送大学教育振興会，2008年。
亀山　渉、花村　剛［監修］出葉義治「第6章　デジタル放送とマルチメディア符号化規格［BML］」『IPTV時代のデジタル放送教科書』インプレスR&D，2010年，201頁〜238頁。
江田三喜男ほか『マーケティング入門　第8刷』実教出版株式会社，2009年。
原田俊夫・雲英道夫『例解　マーケティング』一橋書店，1987年。
経済産業省編『新流通ビジョン　生活づくり産業へと進化する我が国小売業』財団法人経済産業調査会発行，2007年。
川辺信雄『新版　セブン－イレブンの経営史』有斐閣，2003年。
安土　敏『日本スーパーマーケット創論』商業界，2006年。
宮野力哉『絵とき　百貨店「文化誌」』日本経済新聞出版社，2002年。
日経産業新聞編『日経シェア調査195 2012年版』日本経済新聞出版社，2011年。
ジョエル・プリンクリー著，浜野保樹・服部桂訳『デジタルテレビ日米戦争』アスキー，2001年。
日本経済新聞社『日経業界地図　2016年版』日本経済新聞出版社，2015年。

第2章　商圏を捉える

> キーワード
> 商圏，最寄品・買回品，自然的条件，拠点都市，消費支出額，社会資本，社会経済指標，商圏内需要額，第1次産業・第2次産業・第3次産業，地域経済

はじめに

　本章では商圏について概括的な解説を試み，消費者にとり購買が可能な行政区画・交通機関の整備による移動および物的移送が可能な範囲・地形等の自然的条件等を与件として，地域と都市および都市の周辺地域に立地する商業施設の規模と取り扱われる商品との絡みにおいて分析を図ることで，顧客吸引力が発揮されることを踏まえ，地図上に描かれる地域的広がりを商圏であると捉えて考察する。

第1節　商　圏

(1) 地域と消費財
①　消費財に属する商品

　消費財は，需要と供給からなりたち，需要が供給よりも過多であると供給を増加させ，需要が供給よりも過少である場合，店舗により商品の仕入れ・販売が適正に行われず，メーカーの倉庫に製品が滞留して，製造企業は製造を手控

え，需要が供給を上回るほど好景気である場合は，メーカーは工場における操業に基づき高い稼働率により生産を行うことで，庫入れが行われてすぐに出荷され，在庫は増加せず回転する。

市場へ企業が参入するのに障壁が設けられずと言う条件下で，メーカー・問屋・小売店から成り立つ図式で描かれる流通過程の採用を図るとすると，需要量と供給量が均衡する数量は均衡価格で表される。全国的規模の市場について分析を図り地域ごとの市場を捉えるとすると，供給が需要に追い付かずと言った好影響が全国的市場において想定されるとしても，地域ごとの分析では需要量と供給量との絡みにおいて捉えられる不均衡に基づき地域差が表れて，需給が逼迫する度合いに差がみられる。地域に居住する消費者を基礎として構築される消費需要にたいして，メーカー・問屋・小売業から形造られる流通過程を消費財の供給を行う図式と捉えると，メーカーは問屋・小売業を経由して小売市場に製（商）品を供給することから，流通過程により基点となるメーカーは製（商）品の需要予測に基づき生産を図ることで，小売市場に商品配分を行う機能を持つと捉えられる。

例えばアパレルの領域に属するメーカーの本社を供給者とすると，百貨店のなかでブランドに属する商品を販売する各コーナーは，メーカー系列下の店舗として取り扱われることから，メーカーは各店舗に一定数量であるロットを単位として商品の配分を行い，各店舗は小売市場における各アイテムの売行きに基づき，商品が店舗に届けられて好調な売上となる商品は供給者であるメーカーに追加注文を行い，他方本社に返品を行うなどの商品は，メーカーが備える倉庫で保管される。消費財が市場に流通して，メーカーと店舗との間で輸送を行うのに提供される利便性は，商品輸送を行う道路網・鉄道網からなり，例えば関東地方・関西地方と言ったブロックにおいて道路網・鉄道網におけるネットワークの構築が図られることで地域間における物資の移送が可能になると解釈される。

製品の製造を行う工場で，本社の指示に基づき完成品を保管する倉庫から庫出しが行われ，卸売業に製品が納入されることにより，卸売業と言う流通ルー

トを経て小売業に商品が届けられることから，それらメーカーおよび卸売業を簡略化のため仮に供給者と呼ぶことにすれば，供給者は地域市場にたいして，季節調整を取り入れた需要予測のもとに生産を行うと同時に完成品を倉庫に保管するのがメーカーであり，卸売業は需給調整を図り在庫を持つことで，小売業に製（商）品を供給する役割を担当すると解釈される。流通過程を機能的に捉える趣旨から，ここでは卸売業として表記を行う。

② 地域における消費者

商品の需要者に相応する消費者のなかで勤労者は事業所等で労働の提供を行うことによりその対価として稼得収入を得る。勤労者は所得から税金・社会保険料を源泉徴収に基づき控除した金額について可処分所得として受け取り，電気使用量・ガス使用量・水道使用量等からなる公共料金の支払いを優先的に行い，差引きした後の金額を消費に振り向けることで小売店に出向き，商品購買を行うとか飲食業の領域に属する店舗で飲食を行うなどから消費を図り，さらに所得が増加すると教養娯楽・貯蓄等の各領域において支出を図る。

表1　勤労者の所得

所得	内容
勤労者所得	勤労者の所得は，多くの場合，月収と夏期・冬期の賞与からなる。勤労者を企業における従業員として表すと，月収は月ごとに勤労者の労働で得る生活給的な賃金であり，賞与は企業の業績に応じて従業員に支払われる報奨金として表される賃金である。 他に企業業績への寄与度に応じて，企業が従業員に支払う給与・賞与などを決定する成果給が上げられる。 従業員の今年度における企業業績への寄度度を査定して次年度の年収を決定する制度を導入する企業があるが，年ごとに年収が増減することがあり，従業員の企業にたいする忠誠心が一般的には薄れるとされる。
源泉徴収	事業所は，従業員に支払う給料から所得税・地方税などの税金および社会保険料を控除することを基礎として，控除後の金額は従業員に可処分所得として支給される。

可処分所得	勤労者は，所得を受け取ると，住居費・光熱費・教養娯楽費などからなる費目および衣・食・住の各領域に属する各費目に可処分所得を充てることにより消費を行う。 収入が高くなるにつれ，収入額に占める食費の割合は低下するのにたいして，例えば衣の領域に属する費目に使う金額であるとか，住の領域に属する費目に使う金額について収入額に占める割合が高く表されるとか，非物販に属する費目への支出は上昇すると同時に貯蓄に回す金額は増加して文化・教養の領域に使う金額が増える。

③ 購買客における吸引力

地域における主要産業が第1次産業に属する農林漁業であると，農産物の収穫物は生産者団体また農協に集められるなどして，消費地に出荷を図ることで収穫物の輸送が行われ，また漁業は出漁して漁獲を行い，水揚の後セリにかけられて仲買人により競り落とされたあと消費地に魚介類の輸送が行われる。第1次産業に属する漁業における従事者は，漁獲物を市場で売買することで現金の稼得を行い，農業従事者は農作物の栽培を図り収穫して農産物を売買することで現金を得る。給与所得者は，居住する地区から事業所へ反復的に通勤をして，学生は学校への通学等を行うことで空間的広がりが形造られ，具体的には就業空間とか就学空間による生活圏の構築に基づき地域的広がりが形成され，労働者が受け取る所得および通学課程にある学生・生徒が家計から受け取る金額を基礎とした支出は消費に振り向けられる。

消費支出額を集計した地域における消費者需要と，小売業および飲食業を通して供給される消費財・その他飲食メニューからなる供給量との絡みにおいて分析が行われ調整が図られることで地域における需給に基づき消費経済が成り立つと捉えられる。

製造業に属する企業が工場部門をローカルに属する地域で設けるとすると，工場で製造された製品は物流・配送施設に納められたあと物流に適する道路網を利用して製品が配送され，例えば工場に据え付けられた機械であると地方税

に属する税金として償却資産税が課税されて納税が図られ，事業所は会計年度における損益計算に基づき地元自治体に地方税の納税を行い，地方自治体は企業の納税額を歳入額に算入することで，歳入額は自治体における財源として社会資本整備・社会保障・教育・産業振興・文化施設における建設等の歳出に充てられる。

都市の規模ごと例えば大都市と衛星都市と言った，都市の規模に応じて出店される店舗は売場面積・店舗が属する業態および各商業施設の規模が異なることから，例えば価格軸に基づき高い価格帯に属する商品の購買を図る場合，購買客は都市に立地する小売店に買物出向を行う。買回品等が属する消費財は，複数の店舗を回ることで，消費者が支出する予算と商品に備わる品質・仕様・性能等との絡みにおいて分析を図り検討することにより購買が行われる。

④　最寄品と買回品

最寄品に属する業種は定期的に一定量の商品を使い切ることから，消費者は一定の頻度で商品購買を行う商品であり，例えば消耗雑貨に属する業種としてコンパクト洗剤またトイレロール等は店舗で値引き販売を図り集客につなげる販売促進の用途にも利用され，徒歩で10分程度を要する買物行動を基礎として店舗から購入者との距離が1～2キロメートルであることから，垂直軸を価格軸として分析すると最寄品における商品価格は買回品と比較して低い価格帯に属する商品であるとされる。

買回品は，購買者から店舗までの距離が時速40キロメートルの自動車で約30分程度乗車することで換算されるとすると，約20キロメートル程度の距離と捉えられ，価格軸に基づき高い価格帯に属する商品であるとされる。（参照・引用：木地節郎『流通業マーケティング』中央経済社，平成2年）業種のなかで家具・家電が買回品とされても，家具に属する市場は縮少が図られ，家具業界は例えばマンションであるとクローゼットなどの家具・調度品は分譲当初から据付けが行われ，新築における分譲住宅または分譲マンションは，家具が住宅の構成部分として取り付けられて建設されたりする。

家電商品を取り扱う店舗のなかで，カメラ業界出身の家電量販店は，駅周辺の集客が図れる地区に出店を行い，家電を取り扱う店舗出身で企業規模の成長が図られた家電量販店は多店舗展開を行い，家電量販店は共通して顧客の要請があれば表示価格よりもさらに値引販売の交渉に応じて商品販売を行う。宝石・貴金属に属する商品であるとか，ブランドに属するバッグ・時計は買回品であり，家具・家電が買回品に属する業種と捉えると，複数の店舗を回り商品をみることで，用途に適合する商品に基づき購買予算と性能・品質等との絡みにおいて分析が図られ，購買が行われるという解釈がなされ，価格軸に基づき高い価格帯に属するアイテムであることから，新規購買における需要また買換需要により購買を図るまで検討するのに時間的スパンを要する商品であると捉えられる。価格軸に基づき上方の価格帯に属する衣料品は，各店舗で取り扱うブランドであるとかまた品揃えにおける商品種類のなかから銘柄に基づき購買商品を選好することで買回品と捉えられる。最寄品・買回品のほかに宝石・貴金属が属する各業種を，それらの分類と並立して挙げる方法が採用されたりするが，本章では簡潔化を指向して宝石・貴金属が属する各業種で取り扱われる商品は買回品であると捉えることにより，最寄品・買回品に属する各業種に基づき価格帯を基礎にして，最寄品・買回品を検討する。

表2　最寄品と買回品

	最寄品	買回品
特定の店舗を基軸として購買者による居住地と店舗との距離	最寄品により購買者が居住する地区と店舗との距離は，700メートル〜1,000メートル前後とされるが，大規模な量販店（スーパーマーケット）である場合は，1,000〜2,000メートルにまで延びるとされる。買物を行う所要時間が徒歩にして15〜20分程度の範囲にまで延びると，最寄品の購買に基づく地理的範囲として広い商圏と言える。	買回品における地理的範囲は10キロメートル〜20キロメートルにまで延びるとされ，時速40キロメートルの自動車で約30分の所要時間と換算され，道路および公共交通機関の整備状況に影響されるとされる。

商品	最寄品の業種 （例）消耗雑貨 　　　トイレロール・コンパクト 　　　洗剤・ラップ （例）ペット用品 　　　ドッグフード 　　　キャットフード等	デザイナーズブランド・キャラクターブランドに属する商品および高級ブランドに属する衣料品・バッグ・宝石・時計・貴金属 家具・家電
商品の特徴的性格	使い切る商品であることから，多頻度で定期的に購入を図る商品である。	購買収集を図る商品であるとか，新規購入のあとは買替需要に基づき購入が行われたりするが，買換えは例えば年単位の時間的スパン（巾）を置いて行われる。
商品価格が属する価格帯	価格軸を基に，低い価格帯に属する商品であり，価格軸の刻みにおいて，100円とか1,000円を単位とする商品価格に属する。	価格軸を基に高い価格帯に属する商品であり価格帯の刻みにおいて，例えば10,000円から上方に位置する10,000円以上の価格帯，また30,000円以上の価格帯に位置する商品であるとか，50,000円以上の価格帯に属する商品が挙げられる。

参照・引用：木地節郎『流通業マーケティング』中央経済社，平成2年。車　公平『個客を摑め！』PHP出版，1986年。日本商工会議所『1級販売士検定試験テキスト』平成20年。

⑤　最寄品を取り扱う店舗が備える商圏と買回品を取り扱う店舗における商圏

最寄品・買回品が属する業種を基準として，店舗で取り扱う業種が最寄品に属するか買回品に属するかで商圏の広がりは異なると捉えられ，最寄品は買回品と比較して，多くは価格軸に基づき低い価格帯に属するアイテムからなり，消費者が日常的に使用を図り消耗する商品であることから，多頻度でかつ，定期的に商品購買が行われる。

例えば消耗雑貨に属するアイテムとして例えば衣料用合成洗剤等は，一定期間内に一定量を使い切ることが多いアイテムであると同時に価格軸に基づき下

方の価格帯に属し、セール時の集客商品に採用すると値引販売が行われることで集客に適する商品である。顧客は通例、居住地に所在する店舗があると居住地における近隣の店舗で買物をすることから、店舗に出向き買物をする地理的範囲は狭いとされ、購買者が居住する住所から店舗までの距離が1キロメートル程度であり、大規模売場を備える量販店であると2キロメートル程度にまで延びるとされる。(参照、木地節郎『流通業マーケティング』中央経済社、平成2年。車　公平『個客を摑め！』PHP出版、1986年。)

　店舗がセールを行うに当たり、例えばチラシ掲載商品に適する商品の選択を図ることで同一の商品品目に属する各アイテムから容量とか形状に注意を払い、チラシ掲載に適した商品のなかからセールに適した商品抽出を図り、特定の商品を通常価格よりも安くすること、またセールに適した販売促進用の商品を仕入れることでチラシ掲載商品としての用途にも適合した商品が抽き出されることで商材と呼ばれて集客力を備える商品とされ、顧客の購買意欲を喚起して店舗に出向を促す機能を備えた商品である。消耗雑貨等が属する業種は最寄品と呼ばれ、購買客は居住する住所から徒歩で約10分程度の距離を歩き、購買店を訪れるのにたいして、大規模な店舗は約15分〜20分程度の範囲に位置する店舗にまで購買のために購買客が出向くとされる。

　買回品が属する領域は、価格軸に基づき高い価格帯に属するアイテムが取り扱われることにより、複数の店舗を回ることで消費者は購買予算と品揃えとの絡みにおいて比較検討を図り、買い求める商品と店舗を選択する。上述のように、消費者は、消費者が買物に出向くのに当たり買物等に設ける予算と商品の品質・性能・意匠等との絡みにおいて分析を図り、買物を行うアイテムを選好する。買回品は、例えば新規購入のあと買替を図るまでには時間的スパンが置かれ、家電に属する商品の場合は、買替に要するのに約8年と言われたけれども、近時は約10年また約10年以上とも言われるスパンが置かれることで、家電に属する商品種類の多くは買替需要に基づき商品購買が行われることに対応する。買回品に属する商品を購入する地理的範囲は、時速40kmの自動車に乗車して約15分の距離であるとすると店舗までの距離は10kmであり、約30分の乗

車時間は距離に換算して約20kmと算定されることから買回品に属する商品を購買する地理的範囲は10km～20kmであるとされる。（参照，木地節郎『流通業マーケティング』中央経済社，平成2年。）

　買回品は，例えばカジュアルに属する衣料品以外で価格軸を垂直軸で表して価格の刻みを入れることで高い価格帯に属するアパレルに関したアイテムは，都市に立地する百貨店・ブランドに属する商品を取り扱う専門店などで販売が行われる。買回品に基づきアパレルを取り扱う店舗は，多くの場合近時，駅を建替えなどして構内に設けられた商業施設に入居するとか，賑わいをみせる地域に立地する百貨店およびその周辺に軒を並べてブランド品を取り扱う店舗が立地する地区で営業を行う。衣料品以外の例えば食・住の領域に属する商品を販売する店舗は衣料品を販売する店舗が出店するのと同じ地域で営業を行うことから，各店舗の売場面積を合計して，地区における売場面積の総合計として表される総売場面積の規模は購買客について吸引力を発揮する源泉となる。

⑥　地域における需要と気候との関係

　製造者である例えばアパレルメーカーが地域ごとの商業施設に設けたインショップにたいして季節的需要に基づく来シーズンにおける商品の配分を行うに当たり，具体例として北陸地方・関西地方等を一括して担当する部署が，商品供給を行うと想定すると，百貨店における自社ブランドのコーナーに商品供給を行うメーカーの担当部署は，地域における当季の気温と言う外的環境の枠組みに基づき需要の予測を行うことで，地域における気温と需要との絡みにおいて検討を図り，気温の上昇・下降と連動して売場における当季商品の裁上り（たちあがり）をテーマとすることで需要予測を行い，各ブロックに立地した百貨店にたいして自社ブランドを取り扱うコーナーに逐次的に自社ブランド品の供給を行うと考えられる。

　例えば春物衣料であるとすると，気温が上昇して暖かくなり桜前線が北上するように，消費者は気候の変化に相応して春物衣料を購入することから，消費者の購買動向を先取りする形で，ブロックごとに時間差を設けながら各売場に

表3　最寄品と買回品のまとめ

	最寄品	買回品
分類	最寄品に属する商品のなかで多数の商品は使い切り商品であり，使い切りをすることにより月単位・週単位で定期的に購買がなされる。	買回品に属する商品は，高い価格帯に属するアイテムからなるが，買い集める商品・買増しを図る商品（例　宝石・貴金属，ブランド商品）が属し，また購入したあと，買替えまでに期間を要する商品がある。
垂直軸を価格軸として，商品品目に基づき各価格の刻みを入れる。	低い価格帯に属する。（例，100円また1,000円単位の刻みによる商品価格）	高い価格帯に属する。（例，10,000円また100,000円の各価格を基にして各価格よりも上方に位置する価格帯）

参照・引用：車　公平『顧客を摑め！』PHP出版，1986年，日本商工会議所『1級販売士検定試験テキスト』平成20年。

春物衣料の導入が図られる。

(2) 地理的範囲と外的条件

① 需要と消費支出

　本章では商圏について概括的な解説を試みることから，消費者の消費および貯蓄が可処分所得に占める各割合などに基づき，一般的に可処分所得が高いと消費に使う金額が多くなり，他方可処分所得から消費支出額を差し引いた残りの金額を貯蓄に回すという家計の行動にたいしては貯蓄の高さに注意が払われる。日米を比較して特に日本人は受け取る収入にたいして貯蓄額が多いとされるのは，日本の国民が将来の生活に不安を持つからであると言われる。収入が平均水準であるとか平均水準を下回る家計であると，消費支出を抑えると同時に借入れを行うと言った行動が取られる。可処分所得に占める食費の割合に基づきエンゲル係数が計算されることで，食費に回す金額が多くなることにより可処分所得に占める食費の割合が高く算出され，反対に可処分所得が増加する

ことで，エンゲル係数は低く表されると言われる。

　エンゲル係数は可処分所得に占める食費の割合で表され，所得水準を例えば100万円ごとと言った金額の刻みに基づき一定水準ごとに区間を設けて表される所得の増加を図表に描くとすると，一定水準ごとを基礎として所得が増加すると食費に振り向けられる金額は所得の増加ほどには増えず，所得の上昇により所得に占める食費の割合は低下傾向を表すとされる。

　公共料金は水道・電気・ガス料金などからなり日常の生活に必要かつ不可欠な支出金額であると捉えられ，公共料金・住居費等の支出が行われることは生活の維持が確保されることであり，概括的に表すと可処分所得から，公共料金等が支出されたあとの残りの金額は食費および消費財に振り向けられ，それに続きレジャー・教養娯楽費の使途で可処分所得により支払いが行われると捉えられる。

　② 購買における地理的範囲
　消費者が，道路網また鉄道網を利用して購買に出向する地理的な範囲は，例えば市区町村と言った行政区画のなかに収まるかなど地図上の広がりを題材とすると，地形による山脈のつらなり，河川，内陸部・海岸地帯，平野部・半島部・盆地等に基づく自然的条件を与件とすることで，地域と消費支出額との絡みにおいて分析を図るとすると，顧客吸引力として表れる商圏の広狭が形造られると捉えられ，例えば魚肉の摂取量が多いのは漁港を備える海岸地帯であるとか，訪れる観光客が多い都市であると，宿泊施設またその他施設を利用する顧客が夏にはビール系飲料を摂取すると推測されることで，食の領域に属する商品品目のなかで夏にはビール系飲料の消費量が多く表されると推量されることから，摂取される食品と金額には地域的な特徴が表されると捉えられる。

　③ 都市の規模
　店舗を新規開店または改装することで整備を図り，エンドユーザーである消費者に商品を販売するには流通過程をメーカー，卸・問屋，小売業からなると

捉える図式において，製造者であるメーカーおよび卸・問屋は小売業からの発注に基づき店舗に商品供給を行う機能を持つと解釈される。

小売業に属する店舗は商品を介して購買者の消費行動とつながることで，商品販売を行う店舗また店舗が集積した商業地区は，市区町村に基づく行政区画であるとか行政区画のみならず周辺地域からも購買客を吸引すると解釈され，顧客吸引力の及ぶ範囲を商圏として捉えることができる。

(3) 地方名を冠したブロックと商圏
① 地域と商圏

消費者が居住する地域は，地理的自然的条件を備えた区画であり，例えば行政区画・行政区画のなかでも風土・慣習に質的共通性を持つ地区に焦点を当てるとすると，歴史的沿革に基づき地域住民の間で形造られた消費行動であるとか所得に基づき導き出される消費性向，食の領域に属する食習慣が地域の特徴として描き出されることから，地域性の分析は商圏研究に不可欠であると考察される。

歴史的には徳川幕府の全国統一により，幕府の権力安定化を指向して幕府における各藩への領地指定が行われることで各藩は領地が定まり，藩における領民を支配することと同時にコメ作りの奨励を図り，コメの石高で表される財政基盤に裏付けられて藩政が執り行われたと解釈される。

明治時代になると，廃藩置県が行われて各藩の領地は明治政府の直接統治となり，明治政府は各都道府県の地方行政組織を置き，他方，江戸時代における藩が支配した領地のなかで被支配者層の間で形造られた消費に基づく行動は，行政区画に属する都道府県および市区町村・その他市区町村を跨いだ各地域に継承され，地域における例えば食生活における習慣，風習・行事が維持されて来たと捉えられる。各住民は稼得収入を受け取ることで，衣・食・住の各領域に属する消費行動に基づき，地域ごとに共通した消費様式が表されて，地域における同質的な消費性向また購買傾向が築き上げられたと推測される。

例えば調味料を地域と味覚との絡みにおいて考察すると大豆を原料として製

造される醬油は，江戸時代から醬油を製造する産地における製造方法に基づき関東の濃口，関西の薄口が定着したとされ，今日に継承される。

② 行政区画と就労等の空間的広がり

行政区画を跨いで平野部に位置する大都市での就労機会の増加は，インフラに属する交通の利便性・道路網の整備により，通勤が容易となることから，消費者の買回品に属する業種に基づき商品の購買を日常的に行うことが可能となり，消費行動における消費支出の変化は就業空間の広がりと行政区画との絡みにおいて分析することが必須であると捉えられる。

地域経済の動向を表す経済指標は，数量ベースにおける工場出荷高・金額ベースにおける工場出荷額であるとか，企業における求人数を求職者数で割ることで算出する有効求人倍率等で表される。地域経済の動向は社会・経済指標に属する指標として表され，各県における行政区画を跨いだ地域として甲信越であるとか北陸と言うエリアを単位として，景況を分析した景気判断がなされる。

第1次産業に属する例えば野菜の作付けと収穫したあとの出荷における農家収入は地域における現金収入の増加として表され，地域の富裕度に寄与が図れると同時に，販路の開拓で消費地へ収穫物の輸送が行われることは，生産者と多数の消費者が控えた消費地をつなぐネットワークの構築につながる。事業所の立地と雇用機会の創出は就業者の通勤における空間的広がりとなって表れ，工場で製造した完成品は，受注生産方式を採用した仕組みに基づく配送方法である場合などを除き，庫入れが行われて保管すると言う会計処理を図るなどして，要衝に設けられた物流施設の利用により配送が行われることから，発注を受けたあと届け先への製（商）品の配達が行われる。顧客への配達に要する日数が短縮されて利便性が備わると考察されることから，経済と商業の各領域に属する自律的経済圏のなりたちは広域であると捉えられる。

例えば首都機能を備える東京都を拠点とするのは関東地方であり，東京に次ぐ行政区画である大阪府が位置するのは関西地方であることから各ブロックを下記に表示して，各行政区画を概観する。

表4　地方名を冠したブロックと都府県名における例

	都　府　県
関東地方	東京都・茨城県・栃木県・群馬県・埼玉県・千葉県・神奈川県
関西地方	大阪府・京都府・滋賀県・兵庫県・奈良県・和歌山県・三重県

参照・引用：朝日新聞出版『民力』逐次刊行書籍．

③　関東ブロックに属する行政区画

　関東地方に属する行政区画は，広域に平野が広がる東京都を基点とした地域からなるとすると，東京都の近県に属する埼玉県・千葉県・神奈川県に居住する消費者は，価格軸に基づき高い価格帯に属する買回品について商品の購買を東京における例えば特別区を所在地とした商業施設の集まりである商業集積に出向き購買を行うことが可能な地域である。公共交通機関の整備により，茨城県および群馬県・栃木県さらに山梨県などからも購買客が訪れることから，東京を基軸とした商圏の拡大が図られることで，流通に基づく広域なネットワークが構築される地域と解釈される。経済活動を地域的に捉える手法を採用することで各県についてグループごとに分類を図るとすると，県ごとまた複数の県からなる各ブロックの特徴を抽き出すことで，例えば平野部が広域な空間を占める関東ブロックは，東京を基点として道路網・鉄道網のインフラ整備により居住者の移動に利便性が備わり，東京に多くの事業所が設立されることから雇用機会が提供されて，地理的条件による就業空間の広がりは就業機会に恵まれた地域を形造ることと解釈され，地域経済においては稼得収入の増加が導かれる。可処分所得の増加は同時に，消費者の消費行動に基づき移動手段の整備が図られて地理的空間的広がりが構築されることにより情報発信といった名称でトレンドを取り入れた商品を取り扱う店舗が集積して話題性を備えることなど，東京都区部への購買行動が容易となり商圏が拡大すると捉えられる。

④　関西地方に属する県

　都市規模を基準として人口が100万人以上の京阪神に基づく3都市が立地す

る関西地方であると，大阪府などに代表される行政区画により平野部は広域であることから物資および消費者の移動は容易に行われると推察され，域内に消費者を吸引する大都市が位置して，大阪府に接する奈良県などは大阪府下の事業所へ通勤する勤労者が多く居住する県であることで消費行動が大阪府下の商業地に向かい，消費が行われることから，奈良県は大阪府が形造る空間的広がりに組み入れられた地理的区分と解釈され，盆地が織り成す地域に注意を払うと京都においては商業の領域に属する業務に携わる従業者は域内で形造られた商慣習等に基づき商業の領域に属する行動，例えば継続的に商取引を行う取引関係の構築に手間取ることが上げられると同時に，地元における事業所への就業・学校への就学がなされる，例えば行政区画により大阪府をはじめとする地域を指向して平野部に立地する事業所へ日常的に通勤を行い，学校への通学が行われることから，行政区画を跨いだ就業空間・就学空間に基づく広がりの拡張が図られた地域と解釈される。

　関西地方に属する行政区画としての大阪府は，物流に基づく生産財・消費財の流通が広域に行われることで平野部により地理的広がりをみせるなかで，インフラの整備に基づき鉄道輸送・道路網の整備から自動車での配送が容易に行われる地域であり，消費者および通勤・通学者の移動が行政区画を跨いでも円滑に行われ，企業の本社・支社等が立地すると同時に，遡れば江戸時代には各藩で生産されたコメが集散地とされる大阪へ集められたことでも知られるように，大阪は江戸時代以降も大都市としての機能を発揮する。大阪市は港湾を備える都市であり外国との交易が古くから行われて，海外からの輸入物資の陸揚げおよび輸出物質の船積みが行われると同時に，港湾整備に基づき投資が行われ，地域経済への波及効果がもたらされることで地域的発展に寄与した。特に海外の文化の移入が図られると同時に，消費需要を吸引する商業施設が立地するのは兵庫県における神戸市を基軸とする地域であり，他方日本海側に位置して鞄などの袋物の商品開発および製造を図ることで地場産業を備える豊岡市（参照，日本経済新聞2013年（平成25年）9月15日 27「地場産業　市場を創る　豊岡かばん　柔軟な革と発想　曲線自在」）が日本海側で独自の産業を備える地域として

知られ，観光資源として町おこしを図ることから城の復原施設の建設が有名化するのと前後して，地域における蕎麦を観光客に提供する出石（いずし）は，駅の観光用ポスターでも宣伝されたりする地域であり，出石そばは，「主に豊岡市で製造」と参照書籍に記載された加工食品である。（参照，『事典 日本の地域ブランド 名産品』日本アソシエーツ株式会社，2009年。）明治時代まで朝廷が御所を構え，幕府が直轄地として政治的安定化を図ることを任務とすることで京都所司代を設けた京都は，多数の歴史的建造物が所在して，日本の伝統である茶道，華道における流派のなかで複数の家元が所在する地域であり，文化という付加価値を，訪れる観光客が鑑賞するなどで有名であると同時に，京都市は京都から事業を起こして大企業に発展した企業を市内に持つ地域であり，盆地で地形が形造られる京都市は独特の気質が地域住民に備わると同時に，商業が属する領域で独特の商慣習例えば掛け取引に基づき取引関係に入るまでに時間を要する地域であるとされ，京都市を府庁所在地とする京都府は，日本海側に自衛隊の艦船等が寄港する港を備えることで知られる舞鶴港を容する舞鶴市をはじめとして人口密度は京都市と比較すると希薄である市町村が所在する。

奈良県は，奈良時代に我が国における宗教勢力のなかで南都六宗に属する東大寺をはじめとする伝統的仏教寺院が所在する県であり，観光宣伝を行わずとも観光客が訪れるということで大仏商法と呼ばれる商業の領域に属する呼び方で知られる県であり，他方奈良県は大阪に通勤する給与所得者が多数居住する地域でもあることから，大阪府の通勤圏をなす地域である。

滋賀県は県庁所在地が大津市であり，大津市は京都市と隣接することから価格軸に基づき高い価格帯に属する買回品については，京都へ出向くなどの購買行動を消費者が取る地域であることは書籍などでも記載され，近年は勤労者が企業等を退職後，滋賀県に移り住むという傾向がみられる地域であると同時に，江戸時代における東海道・中山道の分岐点で知られる草津市は今日，物流に適する地域として企業における工場が立地する地域であり，京都・大阪への通勤・通学圏としても利便性を備え，県下には経済界で活躍する多数の人物を輩出した近江商人の出身地として知られる地区のうち五個荘（ごかのそう）と呼ばれ

る地区などは知名度が備わり，徳川幕府における譜代大名の筆頭に上げられ，徳川家が愛知県下における三河地域の豪族であった当時から，徳川家に仕えた家臣である井伊家が藩政を執った彦根藩は，現在の彦根城を構えることで，広い領地を所領とした藩であり，長浜は戦国時代の武将浅井長政が拠点として城を構えた地域であり，今日では町おこしを基礎として長浜市内に定めた区画において飲食の領域に属する店舗・ガラス細工の製造および販売を行う店舗・その他の施設が立地して地方自治体である長浜市および長浜市内で観光振興を図る関係各団体が観光資源とすることにより，観光で集客を図る町おこしに成功した事例として有名であり，他の地方公共団体および地方公共団体の関連団体からも見学者が訪れる。（参照著作の例，江角良三『近江商人列伝』サンライズ出版，平成15年。末永國紀著『CSRの源流「三方よし」近江商人学入門』サンライズ出版，2004年。日本経済新聞2013年（平成25年）2月13日夕刊「武将の足音　聞こえる湖畔　滋賀・長浜市」。）

　和歌山県は，紀伊半島を占める行政区画として太平洋側に位置する県であり，鉄道を利用すると大阪府まで交通に要する時間は長時間は要せずとされる和歌山市を基軸とする地域，また大阪府までの交通を利用しての移動に和歌山市とその周辺からなる地域以上に時間を要する田辺市を基軸とする地域および新宮市を基軸とする地域からなる行政区画であるとされ，漁業・林業・農業の各領域が属する第1次産業が盛んな地域であり，有田みかんなど地域名を冠したみかんであるとか生産高日本一の梅の生産地として広く知られる。（日本経済新聞2013年（平成25年）9月11日夕刊「私が調べます　和歌山では鶏や魚も梅を食べるの？　餌に梅酢，肉おいしく」）三重県は，経済圏として中部ブロックと交流が深いとされる三重県の北側に位置する四日市市を基軸とした地域と三重県中部・南部に位置する津市・伊勢市を基軸とする区分からなるとされて，関西ブロックに属すると捉えられ，江戸時代には伊勢神宮に詣でる伊勢参りが，江戸時代における庶民階級においてのレジャーに属する宿泊を備えた旅であることから今日の旅行にあたり，伊勢は門前町として栄えた地理的区分として挙げられ，神社の立地に基づき今日にも都市機能が継承され，伊勢湾に接する三重県は伊勢

志摩などの名称で知られる漁業資源に恵まれた地域である。

⑤　地域における都市
　マーケティングが属する領域において小売業が備える顧客吸引力を基礎として消費者が買回品・最寄品の購買を図る地域を単位とすることで地理上に描かれた商業経済に属する領域について俯瞰すると，各ブロックに共通して消費者を広汎に吸引する都市が形造られると同時に，消費支出額の基礎となる可処分所得を労働者が得ること，主要産業として農業・林業・漁業などにおける産業が成り立つこと，また雇用の提供を図る事業所が立地すること，寒冷地域・温暖な地域・温度差が激しいなどの気象条件を特徴として自然的条件が与件として備わり，経済活動に基づき生産額・消費支出額・稼得収入額等における指標で経済水準が測れることから一定の経済水準を備える地域は消費者における所得を基礎として消費支出が行われると同時に，域内経済が成り立つには，商業が属する領域において商品ごとの需要・供給が円滑に行われることが不可欠であると捉えられる。消費行動は，所得水準と貯蓄および消費支出額における内訳との絡みにおいて分析が図られ，上記の例えば関東地方であると各都県のもとで，また都県を跨いで消費者人口の算出に基礎を置きながら宝飾品などの高額品・買回品，最寄品といった各分類に属する商品であるとか，また食の領域に属する各商品に基づき需要額の算定を図ることにより地理上の区分のなかで消費の動向が推定せられて描き出されると考えられる。
　消費財に属する商品を購買客が買物を行うことについて消費者が商品選択を図り購入するまでに時間を要するのは，例えば複数の店舗を買回ることで店舗間の距離を厭わずに購買を行うという商品品目であるからとか，日常使う消費財として消費者が需要する量がほぼ一定であるとする最寄品は，消費者が毎回ほぼ同程度の品質・銘柄の商品を同程度の価格で買うと言う特徴を備えたアイテムであることから，商品選択において検討の時間が費されず，容易に商品購買が行われると推測される。
　上記の商圏は，メーカー・卸売業・小売業と言った流通経路に基づき，また

家電製品を取り扱い販売する領域ではメーカーおよびメーカー系列下の物流会社・家電量販店等からなるとされる流通過程との絡みにおいて論じられる。流通過程を通して，小売業に属する各店舗等からエンドユーザーである消費者に販売が行われ，商品は消費者に行き渡る。但し，購買客の購買を行う商品を決めるまでに採られた購買態度には，商品を選好するについて新聞の折込みチラシおよび新聞紙上での広告，インターネット上で宣伝される商品などと商品に設けられた価格を基礎として商品情報が消費者に提供され，既述のように消費者の商品購買における購買過程での例えば用途・買物予算・品質・性能・意匠等からなるフィルターを通して，商品の購買がなされると捉えることができる。

(4) 地域的特徴と商圏

　国土は地形・気象等の自然的条件を基礎として，各ブロックという枠組みが設けられることにより，ブロックに属する各都道府県に焦点が絞られて複数の行政区画に跨る広域な商圏であるとか，高地に位置することで比較的狭域な商圏が設定されたりする。歴史的経済的に顧みて公共部門に基づき社会資本が継続的に投下されることにより，例えば経済的に重要な拠点となる港湾都市を容することから，大都市に発展する基礎的条件を備えた地域として投資における波及効果が地域経済に表れ，消費に振り向ける金額が増加して一定の購買者数が見込めるという予想のもとで，そうした地域に商品を販売する商業施設が建設されたりする。

　消費財に属する買回品・最寄品等に基づき購買客を吸引する施設が立地することで価格軸を基にして高い価格帯に属する消費財，例えばアパレルに属する商品であるとか高級ブランドに属する商品を販売する商業施設が集積したエリアを容する都市は多くは大都市であり，大都市およびその周辺の中小都市，さらに中小都市の周辺地域に購買力を備えた消費者が居住する地区が地理的に控えるという構図が描ける。小売業に属する店舗であるとかショッピングセンターまた，ターミナルとか消費者が多く集まるという条件を備えたエリアに構築される商業集積等に注意が払われることで，商圏の設定を図り商圏人口を論じ

という捉え方が提起される。

　本章における仮説に基づき上記の地理的ブロックを前提として捉えると，地理的ブロックを構築するのは行政区画である各県であることに注意を払い，各行政区画を跨いでまたは各行政区画のなかに大規模小売店舗とか専門店が立地することにおいては集客が容易に行える地理的商業的条件の整備が要請される。大都市の周辺に各市町村が行政区画を構え，大都市と周辺に位置する市町村との間に事業所への通勤者・学校への通学者の移動が図られ，物資の輸送が継続的に行われることにより空間的広がりが形造られて商圏は描けると解釈されると同時に，各市町村に注意を払うことから，市町村また各市町村を跨ぐ形式で各市町村を包含して商圏は描けるとすると，通勤圏とか通学圏といった定住者による空間的広がりが構築されて反復的な移動により生活圏は形造られるとして考察される。特定の店舗を基点として商圏を設けるとする商圏設定の方法によれば，商圏は特定の店舗に来店して購買する購買客の地理的範囲であると定義される。（引用・参照，木地節郎『流通業マーケティング』中央経済社，平成2年。）

(5) 地形および気象条件は与件である

① 地形および気象条件は与件である

　経済の領域に属する社会的経済的活動を主要産業として成り立つ地域を考察の対象とすることは域内における経済の仕組みに基づき，社会と経済との絡みにおける分析方法として位置付けられ，地形および気象条件は外部から与えられた条件であり与件と捉えられる。平野部は，移動者・物資の行き来が円滑に行われるのにたいして，標高が平野部よりも高くに位置することで，高地および高地よりもさらに高い山岳地域は，平野部と比較しても明らかなように広い面積が備わらずであり，狭域な商圏が形造られると捉えられる。平野部と標高が高い区域とをつなぐ傾斜が間断を置かずに続くエリアは，都邑の連続からして，邑に属するエリアのなかでも傾斜地であることから，人口密度が希薄である場合が多く，例えば兵庫県は，日本海に近い側と瀬戸内に近い側との中間に，日本列島を基礎として南から北の方向へ連なりをみせるような中国山脈を備え

る条件のもとで，山口県の東端から兵庫県の西端まで東西の方向を指向して山陽地方へ近付くにつれ，若干北東に向きをかえるという地形をなして，ほぼ同じ形状で比例的に東西を走る中国山脈が連なるという地形的条件に基づき，日本海側と瀬戸内海側との各地域が分断されることから南北をつなぐ道路の敷設およびトンネルが建設されて交通の利便性が提供されることにより移動は容易になるけれども，相互に独立性を備えた地域的特質は，瀬戸内海側と日本海側で形造られると捉えられる。

本章では，域内経済に基づき構築された地域住民による行動空間と商圏が重なるとか，地域住民における行動空間は複数の商圏に跨るとする仮説の採用に基づき考察を図ることで，商圏と商圏の距離は，各商圏に基づき中心部となる商圏の基点からもう一方の商圏における基点までの地図上の直線的距離で測られると仮定した上で，資料が提供される場合には，道路または公共交通機関による乗車時間を勘案することにより各商圏の規模は論じられるとして考察を図る。

② 消費者行動に重点を置くことで捉える商圏

消費支出額が備える規模に重点を置くことから考察すると，商圏の広がりは各地域で基軸となる都市を中心に据え，居住者の需要を基礎とした消費にたいして，例えば衣・食・住の各領域に属する商品に基づき消費を充足する消費行動を消費者が取ることで，購買者が最寄品・買回品に属する各商品を購買すると言う消費者行動の構図が成り立ち，各地における消費を基礎とした消費支出額の増減にたいして時間的経過によりタイムラグを設けながら需要量と供給量に基づき需給調整が図られることで価格は均衡点に基づき収束すると解釈され，流通の各段階で描かれるメーカー・卸売業・小売業の図式を採用するなら，小売業が消費市場と密接に関係する需要量に基づき消費者に商品を供給するという枠組みが成り立つと捉えられる。

行政区画に基づき，例えば同じ県という行政区画内でも複数の商圏が設定される場合は，都市およびその周辺地域と他の都市およびその周辺地域との間で

測られる距離が遠隔であること，また各商圏は各地域に備わる地理的条件・地形・気象条件・風土という要素のうちで，その全部または一部が異なると推定される。自然的条件が異なることを前提とすると，同じ自然的条件に基づき共通して与件を受け入れる地域として地理上に輪郭が描かれることから，商圏にたいして富裕度と言った指標を取り上げて分析を図るとすると，富裕度に影響を与えると推定される例えば県民所得は，都道府県における産業政策および経済政策また市町村における産業振興に基づく施策と密接に関係すると捉えられる。

③　行政区画に基づき隣り合う都市

行政区画に属する各都市が，隣接する位置関係に基づき境界を接する場合，何れかの都市が他方の都市から購買客を吸引する図式となり，買回品に属する商品は，商業施設を多く備える都市が他の都市から購買客を集める事例として理解されることから，例えば京都府京都市は，京都市内のみならず滋賀県の大津市とその周辺地域からも購買客を吸引することが代表的例として上げられる。

第2節　歴史的に地域的発展性を備えた都市

(1) 歴史的に地域的発展性を備えた都市

例えば明治時代またはそれ以前の江戸時代より港湾を備える都市として発展した神戸市・大阪市・横浜市等は，歴史的に港湾等の整備に社会資本が投下されて，政府および自治体等の公的部門による社会資本整備がなされた都市であると解釈される。港湾事業として浚渫などを始めとする整備事業は社会資本整備に属する事業であることから地域経済への波及効果が多大であり，各業種にも広がりをみせながら経済を押し上げる効果が表れる。

整備された港湾が利用されることで貨物の積み卸しとか客船について乗客の乗降が行われ，電力供給とそれに基づく通信網および通信設備の整備が図られることにより輸送手段を基礎とした車両の配備が行われて駐車場の確保と整備

に関する事業，また物資を収納する倉庫の建設から基幹道路に通じる道路建設等が行われることにより鉄鋼・建設資材の需要を始めとした投資に基づき経済効果が波及的に表れる。ベイエリアに立地する飲食施設・宿泊施設は利用客数に応じて建設されることにより各施設における雇用者数の増加が図られる。港湾を備える地域は，周辺地域にも波及的な経済効果を及ぼすことで，言ってみれば地域を丸抱えして消費が喚起される。雇用者数の増加による所得の増加は，増加した所得のうちで，限界消費性向に基礎を置くことにより，一定割合は消費に振り向けられる。大規模な港は，貿易による物資の輸入と同時に海外の文化を取り入れる窓口ともなり，例えば神戸市と神戸市を基軸とした周辺地域および，横浜港を容する横浜市と横浜市を基軸とした周辺地域は，外国文化を取り入れる窓口である。(参照，国土交通省海事局編「平成20年版海事レポート」財団法人 日本海時広報協会，平成20年，日本港湾経済学会編「海と空の港大事典」成山堂書店，平成23年)

　歴史的に顧みて，幕末に幕府に属する勢力と倒幕に属する勢力が対峙した京都を例とすると，京都は政治的に表舞台に躍り出た地域であり，また明治時代に輸出産業である生糸の輸出が主として横浜港で行われたこととから，屈指の貿易都市として栄えた横浜など，各政治的経済的領域で求心力を備えた地域は，現在でも経済的規模を整えることで人口密度は稠密な地域が多い。

参照　貯蓄性向に注意を払うと，所得が増加するにつれ消費の増加が図られるが，消費が一定割合に達するとそのあとは所得の増加につれ，貯蓄等に振り向けられる割合が高くなる。経済計算に基づき国民所得をYとすることで，モデル式は表記される。

$$Y = C + I + G + (X - M)$$

　Yは国民所得，Cは消費　Iは民間投資，Gは公共投資，Xは輸出，Mは輸入を表す。
　所得は所得の増加分ごとに，消費が増えることで，一般的に言うと，所得に占める消費の割合を消費性向と言う。貯蓄は金融機関に預け入れられることで，金融機関から企業等に貸し出しが行われ，企業は金融機関から借り入れた資金を，企業における投資に振り向けると同時に，公的部門からの投資は租税を源泉とすることで公共投資に属する社会資本整備等に支出が図られ，外国との輸出入に基づき，財およびサービスにおける

輸出は資金の流入として，輸入は資金の流出として表記される。（参照，賀川昭夫『現代経済学』放送大学教材，財団法人 放送大学教育振興会，2009年。中谷　巌『入門マクロ経済学　第4版』日本評論社，2000年。）

(2) 地域と人口密度

　都市機能を備えることと同時に，往時の街道が設けられた地域は交通の要衝として物流に便利であることから，工場が建設されたりする。

　徳川幕府が開府された江戸は，政治の中心地であるのみならず，各大名は江戸屋敷を設けて敷地内に藩士が居住を行う建物を設け，参勤交代により1年ごとに各藩の藩主が江戸屋敷に住所を設けることから各藩の石高に相応した消費がなされた。当時は武家屋敷に住まう藩士と多くの町人が居住する江戸は都市の規模として世界において多数の人口を容した大規模都市に数えられることから消費が盛んな地域であり，全国における消費の一大中心地であった。

　明治時代になり政権は交代するが，江戸に代わる名称としての東京は今日，首都機能が設けられる都市であると同時に，上場企業の本社または実質的本社が置かれ，需要に適合する消費が活発に行われる地域である。

　江戸時代に全国のコメが集積したのは大阪であり，商業が属する領域において注意を払うべき活躍をしたのは当時の豪商であること，コメの先物相場が行われたのは大阪であることなどから判るように，商業が盛んであり，大阪は明治時代以降も商業に属する領域で勢力を持ち，戦後も官公庁の出先機関や企業の本社・支社等の事業所が設けられ，大阪府下では工場が設けられることで府下などの地域から雇用される労働力人口が多数にのぼる。

(3) 首都東京

　政権が交代した明治時代以降，江戸に代わり東京は，首都機能が設けられる都市であると同時に，昭和になると日本経済の高度経済成長以後は，東海道新幹線と山陽新幹線が設けられることで，大阪以西の例えば福岡までの各都市から東京まで日帰りの出張が行えるまでに交通が便利になり，上場企業の本社または登記簿上の本社は東京以外の都市であるとしても，実質的本社機能を東京

に置く企業も所在する。東京は，首都機能に基づき官公庁が所在する都市であり，企業・店舗などからなる多数の事業所等が設立されて雇用機会が求職者に提供されることから就業の増加が図られて，労働者が労働力の提供に基づき受け取る稼得収入は，消費支出額の押し上げに寄与する。

① 府県庁所在地の都市

　府県庁所在地の都市が，隣り合う位置関係に基づき境界を接する場合，何れの都市が他方の都市から購買客を吸引するかと言うテーマが設けられる。買回品に属する商品は，商業施設を多く備える都市が他の都市から購買客を集め，商業施設を多く容する地域は売場面積の合計として売場を基礎とした床面積が増加して，人口が多い都市は商業施設の整備拡充と売場における床面積の合計が広さにおいて増加する。参照として京都市は京都市内のみならず，滋賀県に属する大津市とその周辺地域から購買客の吸引が図られ，鉄道網の整備から鉄道を利用しての移動が容易となり，滋賀県において概ねとして南半分に居住する消費者が京都をはじめとして大阪・神戸へ購買に出向く事例が見受けられる。

② 社会資本を整備した都市

　戦後の経済復興期は，政策予算により傾斜配分方式の採用が図られることから，発電所の建設などに予算が重点的に配分されて電力の安定的供給がなされ，例えば製鉄の領域においては高炉の稼働が行われることから，鉄鉱の精錬が図られて銑鉄が製造される。銑鉄を基に鋼材の製造が図られ，橋梁・機械・車両・軌道・鉄筋など産業発展に不可欠な材料の製造が行われる。

　鉄道の敷設と鉄道網の整備，道路の建設と道路網の整備，空港建設・港湾整備，通信設備の拡充・下水道の建設・整備などを基礎として産業基盤の整備が行われ，産業発展の各段階に応じて社会資本は拡充されることにより，経済成長が図られる。

　公共工事を実施する国・地方自治体において公共工事が完成することにより工事における予算を使い切り，そのあと地域における公共工事の予算について

配分がなされずであり，注意を払うほどまでの地域における産業が構築されずであるとすると，地域経済は冷え込むとされる。

③　地形

地形が半島部であると，陸続きである部分と半島部の付け根となる部分が交わるエリアおよび海に突き出たエリアは海浜に接することから，半島部特有の気象条件が備わり地域における地質・土壌・栽培される農作物の種類および農作物の栽培方法等にたいして，気象条件は影響するとされる。陸続きである部分と半島部の付け根となる際（きわ）の部分とが交わるエリアは，物資の輸送を行う道路が縦横に設けられるとしても，半島部に入ると鉄道・道路を利用した消費者における買物時の移動は，平野部と比較して広範囲で行われるとは考えられずであり，地形とも関係して半島部の外縁部を周回することが事例として多いとされる鉄道・道路等を利用した交通輸送は，半島部における地形的条件を与件とすることで消費者の気質・消費性向・買物行動に影響を与えると解釈される。

地形的に分析すると半島部は海浜に位置することで，気象条件は半島部として固有の特徴を備え，最高気温・最低気温の温度差に基づき大きな開きがあるとか，海風が吹くなどして，単位を一日としても時雨など気象の変化が多く，海浜部のなかには防風林を植えて海からの風を防ぐ地区がある。

半島部に立地する都市およびその周辺部に商品を流通させる場合，半島部の奥に位置する地区まで，店舗等の規模を問わずに，自社製（商）品を取り扱うことにより各店舗にたいして，メーカーが網羅的に営業を行い，店舗が自社製（商）品を自店の商品構成に組み入れたとすると，そのあとメーカーが各店舗における得意先回りをこまめに行うなどにより，頻回に店舗を訪問してアフターサービスを行えるかが，半島部における自社製（商）品の優位性を築く上で重要な営業政策であるとされる。（参照，田岡信夫『ランチェスター　地域別市場攻防法　東日本編』ビジネス社，1979年。『ランチェスター　地域別市場攻防法　西日本編』ビジネス社，1979年。）

④　地域性

　地形が盆地であることは，一般的に冬の寒さと夏の蒸し暑さが地域における特徴であり，住民の政治意識・消費性向・生活習慣に影響を与えると解釈され，独特の文化が形造られると捉えられる。

　盆地は基本的に周囲を山で囲まれた地域であることから，最高気温と最低気温との温度差が著しく表れるとされ，地域住民の間では冬は例えば底冷えがするとか，山から吹き降ろす風を特定の山の名を冠して，「・・・・・下ろし」として地域における山の名を冠して言われたりする。盆地の地形をなすエリアは，広域な平地と比較して，メーカー間での地域市場におけるシェアに基づき一番手・二番手と言う優劣を問うと，広域商圏により劣位に位置するメーカーが，盆地で形造られた商圏の内では優位に立つ事例が上げられたりする。市場に基づきメーカーが占める市場占拠率で表された順位付けは，マーケティングと営業戦略との絡みにおいて分析されて捉えられる。

　消費をテーマとすると，地域を絞って考察することにより，盆地とされる地域で居住する住民は，狭い都市という地域のなかで，盆地という土地柄から，独特の文化と風土が築かれることにより，それら気象・風土などに代表される地域的特性を媒介項として，地域住民の気質が醸成されて来たと解釈され，地域の歴史的自然的条件が消費者行動に影響を与えると考えられる。

　例えば，商業が属する領域において分析を図ると，所謂掛売り・掛買いに代表される買掛金・売掛金という会計処理の手法に基づき自社の営業を行うことから，継続的な取引関係に入り，月末に一括して商品仕入れによる代金を支払い，また売上による代金を受け取ると言う取引は，商取引における信頼関係の構築の上に成り立つとされるが，他の例えば平野部が広がることで，人口および物流の出入りが多頻度である地域の多くは取引関係に円滑に入れるのにたいして，盆地である一部の地域は時間を要するとされる。

　明治期・大正期における女性労働者の過酷な就労状態を描いた作品の著者である山本茂美が1968年に出版した『あゝ野麦峠』は，高山に居住する女性が長野県の製糸工場で，劣悪な労働条件下において労働すると言うドキュメントに

基づく物語であり，高山と長野の境界における高山の高地が作品の舞台に登場する。(参照，山本茂美『あゝ野麦峠　ある製糸女工哀史』新版　朝日新聞社，1972年。山本茂美『あゝ野麦峠　ある製糸女工哀史』角川書店，1990年。) 参考として野麦峠の標高は1,672mであるとされる。高山市は市町村合併に基づき，広域な面積で表されるが，市町村合併以前の高山市およびその周辺地域は価格軸に基づき価格の刻みを入れることで価格帯を基準とすると，低い価格帯と高い価格帯に属する各商品は，高山市に立地する商業施設で購買が図られたと推量される。高山市および同市の周辺地域から買回品に属する商品に基づき購買客が訪れて買物が行われたと推測され，「平成19年　商業統計表」に基づき算定される一人当たり小売業年間商品販売額を基準とすると高山市における小売業年間商品販売額は全国平均よりも高く表された。

　高山市は，市町村合併により東京都と同程度の面積を占め，全国の行政区画における市のなかで面積の広さはトップであり，2010年国勢調査人口の確定値は約93,000人，平成19年（2007年）小売業年間商品販売額は120,506（百万）円であることから，一人当たり小売業年間商品販売額は約130万円と算定され，高山市における平均的な一人当たり小売業年間商品販売額と全国規模に基づく平均的な一人当たり小売業年間商品販売額を算出して比較を図り，一人当たり小売業年間商品販売額に基づき分析を行うと，高山市は全国平均をかなり超える。観光客が高山市を訪問して土産物品に属する商品の購買を行い，小売業年間商品販売額を

参照表：国勢調査人口と小売業年間商品販売額に基づき導き出された一人当たり小売業年間商品販売額を基準とした全国平均と高山市との比較

	国勢調査人口（A）2010年確定値	小売業年間販売額（B）平成10年（2007年）（百万）円	一人当たり小売業年間販売額（約）（万円）（B）／（A）
全国	128,057,352	136,047,254	（約）106万円
高山市	92,515	120,506	（約）130万円

参照，経済産業省『平成19年　商業統計表』財団法人　経済産業調査会，平成21年。
室井鉄衛『商圏の知識』日経文庫，日本経済新聞社，1979年。

嵩上げすることを勘案するとしても金額的に高い一人当たり小売業年間商品販売額であり，高山市の周辺に位置して地名に飛騨の名称を冠して呼ばれる地区を基軸とする地域および下呂の名称を冠して呼ばれる地区を基軸とする地域からの購買客にたいして顧客吸引力を発揮して購買における高山市への買物出向者数を確保し続けたことから高い一人当たり小売業年間販売額が表されたと推量される。ちなみに2010年国勢調査における確定値に基づく日本の人口は128,057,352人であり，平成19年（2007年）商業統計調査に基づき算定された小売業年間商品販売額は136兆472億5,400万円であることから全国規模に基づき導き出された一人当たり小売業年間商品販売額は約106万円と算出される。但し，下表の小売業年間商品販売額は商業統計調査に記載する卸売業が小売販売を行うことで計上された金額を小売業年間販売額に算入することにより，算出された金額である。

⑤　利便性を備えた地帯

　河川の流域における肥沃な地域などを取り上げると，河川の下流地域においては上流から運ばれて来る腐葉土，その他で肥えた土地が広がりをみせながら造られるデルタ状の地帯が形造られ，他の地域との交流に基づき結節点となる地域が多いとされ，通勤，通学，買物行動に基づき移動を行う各層からなる人々が集まり，交通の要衝である駅と駅周辺および駅周辺に設けられた商業施設では往来客と買物客等で賑わう。同様に大規模な溜池の構築・整備は，農業に適した肥沃な土壌が造られて土地が醸成され灌漑が行われたりする。江戸時代には，幕府が印旛沼・手賀沼の干拓を行うなど，農地の増加を図る政策が採られ，沼沢池は水利が行われることで，沼沢池周辺は肥沃な土地が形造られたとされる。

　例えば，利便性を備えた交通の要衝として知られる行政区画として，さいたま市が上げられるのは多数の沼沢地による干拓と水利が行われて開発された地域であるとされることと同時に，鉄道等の公共交通機関を利用すると，大宮駅から新宿まで移動するのに30分以内の時間を要する程度であり，道路網が整備され物流にも適した地域であるからであろう。（参照，田岡信夫『ランチェスター
　　地域別市場攻防法　東日本編』ビジネス社，1979年。）

第3節　地域的市場

(1) 地域的市場を捉える

　地域的市場を捉える方法は，地域的特徴と消費者における消費支出額との絡みにおいて分析を行うことから導き出される材料を基にして，市場規模の算定を図り，市場への取組を具体的事例により提示することであると解釈される。

　市場が広く県境を跨ることで描かれ，通勤・通学も府県と言った行政区画を越えて行われるとか，消費者は行政区画を越えて購買行動を行うとすると，交通網，通信網の整備により消費者の流れは，商圏の広域化として表される。例えば東京都下における特別区のなかの新宿区・千代田区・港区・中央区・渋谷区など商業地を備える各特別区において多数の商業施設が立ち並ぶ地区が形造られ，新規に出店したファーストファッションと呼ばれる衣料品に注意を払うと，価格軸に基づき，低位の価格帯に属する商品であると同時にトレンドを取り入れた意匠をファッションとして打ち出したアパレルを取り扱う販売店は話題性を備えて，広域からの集客を図る。ファーストファッションに属する製品としての企画開発を図ることで製造を行い，外国資本による企業が販売する新規性を備えた商品を購買者が購入することで東京へ買物に出向くと言う話題も，メディアによって取り上げられた。他に，例えば優れた素材等を基にして著名なデザイナーが制作したとされるブランド品は高い価格帯に属する商品であり，価格軸に基づき高い価格帯および低い価格帯を基準に据え，例えばボリュームゾーンに属する商品に相応する価格帯など，すべてのゾーンと各ゾーンに属する商品に基づき地域における商品構成が構築されることで地域的需要にたいして商品供給が図られるとすると，地域内では地域的特徴を抽き出すフィルターを通してゾーンごとに消費者の支持を集めた各商品が導き出されると言う仮説がなりたつ。商品における等級とゾーンから導かれる価格帯に基づき，どのゾーン・どの価格帯に属する商品を地域に供給するかは，地域的特徴と業態との絡みにおいて分析が行われて導入する商品が定まると解釈される。本章における

業態は，百貨店・ショッピングセンター・専門店・量販店・ホームセンター・ディスカウントストア・コンビニエンスストア等からなる。（参照，朝日新聞出版『民力　2013』2013年。公益財団法人　矢野恒太記念会『日本国勢図会　2013/2014』2013年（平成25年）。船井幸雄『船井流経営101の法則』ビジネス社，昭和62年。）

(2) 商業集積

　県境を越えた購買者の流れは，商業施設の集積による顧客吸引力に基づき商勢圏が形造られることから，例えば県境を跨ぐ都市間で何れか一方の都市における商業集積が，他方の都市に備わる商業集積の商勢圏に勝ることで，購買者の流れが県外に流出すると言った形式で捉えられる。

　甲信越に属する新潟県と南東北に属する福島県とを結ぶ道路が整備されたことで，（参照，JH日本道路公団『年報－平成20年－事業の概要と道路統計』平成20年。），福島県から新潟県へ購買者が流出するかどうかで，福島県下の商業の領域における従事者は，購買者の県外流出を想定して対策を練ったが，道路開通後は福島県から新潟県へ購買に出向する顧客が流出して，福島県下の商業資本は退歩したとされる。実際に影響が出たとしてもどの程度であるかは，論議される余地は残されるが，岐阜県高山市と長野県とを結ぶ長野自動車道が整備されたことで，整備される以前と比較して高山市を始めとする飛騨地区に属する地域から長野県へ購買力が流出するか否かが論題に上った。

　ランチェスター戦略における市場占拠率を基準とすることで，市場において強者と弱者を分類するにより，平野部は市場における強者が地盤とするのに適する地域であるのと対照的に盆地や半島部，標高の高い地域等で表される狭域な区分をなす地域は，市場における弱者がマーケティングと営業戦略との絡みにおいて分析を行うことで経営判断を図り，経営資源に属するヒト・モノ・カネを集中的に投入することで市場における強者と一騎打ちを行い，弱者が強者を凌駕して強者と弱者の優劣が一転することにより弱者が狭域な市場において市場占拠率を上昇させ，地域における一番手企業に躍り出ることが可能な市場であるとされる。

(3) 地域性

　複数の商圏を一括して広域に捉えると，食の領域に属する味覚に絡み，例として関東の味の濃さと関西の薄味を上げることができること，中部地域に属する地域辺りが，関東と関西の各食物に基づき食物ごとに味覚，食物の種類，味の濃さ・薄さに関係した境界が引けるといわれる。複数の食品に基づき食味等ごとに，関東と関西を区切る凡そとして設けられる地域名が上げられたりする。

　歴史的に地域住民において伝統的に宗教的結束が固く備わることで例えば特定の宗派への帰依が強いとされる地域は，域外からの商業資本が容易には進出し難いとされ，全国的に店舗展開するチェーン組織が地域に店舗の出店を図り運営するとしても，出店する地域ではチェーン組織が採用する看板においては異なる名称を付けた店舗名で出店が行われたりする。

第4節　地域経済を成り立たせる産業

　都市および周辺町村部が属する地域に基づき富裕度を測ることで豊かさを表す指標の作成が図られ，消費は地域経済を成り立たせるシステムに基づき分配所得に依存することが分析されるとすると，地域経済を構築するのは，第1次産業・第2次産業・第3次産業に属する各産業からなるとする仮説が立てられる。各産業の概要を表記すると，次のように記述される。
（参照，総務省統計局『家計調査年報＜1家計収支編＞　平成28年』一般社団法人　日本統計協会，2017年。松原　宏『産業立地と地域経済』放送大学大学院教材，放送大学教育振興会，2012年。）

(1) 第1次産業

　第1次産業には農業・林業・漁業等が属することから農産物価格および漁獲物に基づき，市場価格は需要と供給を調整する過程を通して均衡価格が求められると同時に，コメ作りは農業政策に基づき保護政策が図られることで，コメの価格は大幅に下降せずであると捉えられる。

表5　第1次産業の例

①	農作物の栽培	農作物の栽培に共通して要請されるのは，連作の適否，適する土壌，有機肥料・無機肥料の使用，温度管理，田畑に導水するとか，また散水する等による水の管理，日当たり等を基礎とした農業知識に基づく栽培技術である。 価格の安い輸入農作物に押されたりすることで，例えば大豆等を始めとした農作物に基づき，食料の自給率は低下した。
②	コメ作り	コメは消費量が年々減少することにより，生産調整が図られてコメを作る田が休耕地となるなど，休耕田が増加する傾向をみせる。農家のなかには，味が良く，品質の良いコメを作り，海外に輸出するなどという方針のもとに，コメ作りをする農家が多数表れた。
③	穀物 （コメ以外）	大豆・小麦等の穀物は，国内で低い自給率を表すことで，穀物の国内消費量に占める輸入依存率が高く表される。コメ以外における多数の穀物について我が国の作付面積が狭いのは，安い価格に基づく輸入品によるものであり，自給率は低く表わされる。
④	野菜，果物の栽培	野菜，果物を栽培する農家は，野菜・果物等は生産地における生産者団体で集められたあと，消費地に向けて出荷することにより，多くは消費地における都市部等で設けられた卸売市場で取引されることで，需要と供給に基づく均衡価格が定まる。
⑤	花卉	花卉を栽培する農家が作物を収穫したあと，収穫物は生産地における生産者団体で集荷が行われ，道路輸送等の交通手段を利用して，消費地へ収穫物の移送を行い，消費地における卸売市場での取引を経て，小売業が商品仕入れを行うことから，消費者に行き渡る。
⑥	酪農	JAなどの同業者団体または乳業メーカーに生乳を販売する酪農は酪農家によって行われる産業であり，第1次産業に属する。同業者団体また酪農家から集乳を行うことにより，乳業メーカーは牛乳の販売や生乳を原料として加工乳・乳製品の製造を行うことで製品の販売を行う。2013年（平成25年）における乳用牛の飼育戸数は19,400戸であり，飼養頭数は1,423千頭である。
⑦	食肉	地域の名称に基づき銘柄名を冠した高い等級に属する牛肉，一般に流通する食肉，豚肉および鶏肉を消費者に提供する畜産を営む事業である。肉用牛の飼養戸数は1956年（昭和31年）をピークとして以後は減少傾向を表して，1993年（平成5年）には20

		万戸を割る戸数である。2013年（平成25年）における肉用牛の飼育戸数は61,300戸であり，飼養頭数は2,642千頭である。
⑧	養鶏	食肉用の養鶏は各地で行われる事業であり，ブロイラーと呼ばれる食肉用の養鶏を飼養する飼養戸数は1996年（平成8年）には約36,000戸とされ，減少傾向であるとされる。 養鶏場で採取した鶏卵を販売する養鶏農家としての飼養戸数は，2013年（平成25年）において2,650戸であり，飼養羽数は172,238千羽である。
⑨	養豚	食肉用の養豚を営む事業であり，豚肉における飼養戸数は，1962年（昭和37年）をピークに1996年で約16,000戸に減少する傾向を表わす。2013年（平成25年）における豚の飼養戸数は5,570戸であり，飼養頭数は9,685千頭である。
⑩	林業(ア)	木造建築に使われる木材の生産および紙製品の原料となる木の伐採などは，林業に属する。林業は近年，安い価格の輸入木材に押され，国内材では建物の柱として利用される高級木材等を除き，低迷する。間伐材（かんばつざい）を利用して木製品を製造する事業等が表れる。
⑪	林業(イ)	以前には，価格の安い輸入材により国内の林業が下火となったが，付加価値の高い建材に利用する木材を生産する地域，また同様に付加価値を備えるファーニチャーとか地場産業に結びつく木材といった特産品を生産・加工する地域産業に重点が置かれることで，林業は再評価が行われた。
⑫	漁業	漁業は，重量が軽い漁船から重量を備える漁船までに分類が図られ，湖・河川等では淡水における魚貝類を漁獲する漁業が淡水漁業として行われる。海に漁船が出漁して漁業を行うことで，沖合漁業，沿岸漁業，近海漁業，遠洋漁業等が挙げられる。漁業として甲殻類に属する蝦・蟹等は水産資源であることから，漁獲が行われる。漁師は漁業権の取得に基づき漁業協同組合に属して漁業を行う。おおまかにいうと各漁業資源には，漁業を行うに当たり漁業資源の保護を目的として，魚の種類ごとに出漁の期間が設けられる。
⑬	市場 （漁獲物）	漁業資源である魚貝類等は，多くは漁港を備える地域に設けられた生産地による産地市場で漁獲物は売り手と買い手によりセリに掛けられ，価格が決定して売買が成立したあと，消費地へ

		移送が行われて，消費地における卸売市場で仲買人を経て小売業が購買することにより消費者へ商品が行渡る。 他に生産地における卸売市場からセリに掛けられたあと仲介業者を経て消費地における料理店に販売される販売方法が挙げられる。
	漁港	地域的な特徴を捉えることで，例えば，漁港を備えることにより漁業の盛んな地域は，地元の産地市場で漁獲物はセリにかけられたあと，整備された道路網を利用して自動車で消費地へ輸送される。漁業を産業とする地元は，家計の消費支出額にたいして魚の費目が占める割合が高いとされる。
⑭	海産物	海産物として，海洋・海岸で採取する海草・わかめが挙げられる。
⑮	養殖	養殖としては，ホヤ・うなぎ・魚介類・ほたてを始めとして養殖事業に適する魚介類・海産物が挙げられる。但し，うなぎは完全養殖はなされず，しらすうなぎを捕獲して養殖する。
⑯	漁業資源	漁業資源は，果物・野菜と同様に旬に注意を払い，店頭に並ぶ食材であるが，冷凍技術の発達により，消費者は一年を通して，多種類の魚を摂取することができる。
⑰	養蚕業	養蚕業は斜陽産業に属する。 養蚕業を営み養蚕業で栄えた地域における製糸工場の建物は，ユネスコによる世界文化遺産に登録された。
⑱	気候	気候により温暖な地域であるとか，寒暖の差がはげしい地域が上げられて地域的特徴が形造られることから，例えば農産物として寒暖の差が激しい地域に適する産物である蕎麦は栽培に適する。参照として，日本列島に位置する南の地域などは，長い日照時間であり，1年を通して気温が高い日が多く記録され，遅くまで戸外で行動するのに適した気候である。あくせくせずに働くなどの言葉で表される住民の気質にも気候は影響を与える。

参照・引用：産業分類は，総務省が実施する国勢調査に基づく。
　　　　　公益財団法人　矢野恒太記念会『日本国勢図会　2013/14』公益財団法人　矢野恒太記念会，2013年（平成25年）。
　　　　　小宮山鐵朗・鈴木愼二郎・菱沼　毅・森地敏樹編『畜産総合事典』朝倉書店，1997年。
　　　　　川島利兵衛・田中昌一・塚原　博・野村　稔・隆島史夫・豊水正道・浅田陽治『改訂版　新水産ハンドブック』講談社，1998年。
　　　　　総務省統計局『日本の統計　2015年版』一般財団法人　日本統計協会，平成27年。

(2) 第2次産業

(ア) 第2次産業の分類

①第2次産業の例

　第2次産業を概観するについて，自動車産業また弱電に属する家電産業，ITの領域に属する半導体の製造を基礎とした産業を若干であるが例に挙げ，自動車産業の特徴を捉えて，自動車産業が地域経済にもたらす効果について列挙を図り，第2次産業は産業基盤を下支えする下請企業から成り立つことについて分析を行う。中小企業に属する企業および中小企業における集積等について分析を図り，書籍等の資料に基づき検討を行う。

②第2次産業における分類

　第2次産業は鉱業・建設業・製造業に分類され，産業における各業種は，経済が発展するにつれ，第1次産業から第2次産業，さらに第3次産業へと，就業者数全体において各産業における就業者数が占める割合は逐次的に移行するとされ，第1次産業が土地・山林・海などを基礎として栽培・漁獲・植林して収穫物また資源を獲得する産業であるとすると，第2次産業は地下資源を採掘する鉱業，社会基盤整備等のインフラの整備，建物の建設などに基づき開発に重点が置かれて論じられる。住宅リフォーム事業は，第2次産業における建設業に属するか，第3次産業によるサービスの領域に属するかは解釈上の違いで

表6　第2次産業の例

分類	内容
鉱業	石炭産業は，国のエネルギー政策に基づくエネルギー資源が石油に移行されたことから斜陽化したが，近時環境負荷を減らす技術の進歩と原子力発電所の定期検査に基づく運転休止等で，石炭・その他の資源が使用され，石炭の需要に注意が向けられる。石炭の種類としては輸入石炭を利用して火力発電が行われる。 貴金属に属する金・銀は，地下資源を江戸時代に採掘したことで銀は枯渇，金は若干量の採掘が行われる。

建設	道路網・鉄道網の建設，港湾の整備は社会資本整備事業に属し，下水道建設などは民生用の社会資本整備事業に属する。建物の建設などにより，建設事業に投下される資本に基づき表される波及効果は，消費を刺激して景気を浮揚させる効果があるとされる。
製造業	第2次産業に属する企業は，地域において工場の立地を行い工業生産物の製造に基づく工場の操業と製品の出荷を図ることで，例えば自動車産業などは，産業に属する各領域により鋼鉄・計器類・タイヤ・ブレーキ・燃料噴射装置・駆動装置・バッテリーなどに袴かることで裾野が広い産業であるとされ，景気に波及的効果をもたらす産業であり，工場が立地する地域の労働者に雇用の機会を提供して，地域経済の底上げに寄与する産業とされる。労働者が労働の対価として受け取る報酬の多くは，消費に回ることで消費に多大な寄与を行い，地域において消費財を販売する企業に基づき運営される店舗では従業員を増員することは，地元における求人数の増加として表され，雇用の機会が増えることで地域における所得の増加がもたらされる。 （例）鉄鋼，造船，窯業，繊維，パルプ・紙，食品，ゴム製品，工作機械・産業用ロボット，化学，石油・石油製品，電気機器，半導体，情報通信機器
地場産業	地場産業で町おこしを企画して政策の実行に移す地方自治体がある。 伝統的地場産業に属する例として，陶器・陶磁器，漆器などが挙げられる。 伝統的地場産業のなかには，材料投入から製品の製作まで各工程に特化した各担当者が域内で製造工程に従事することから，付加価値の取得が図られて，地域が潤うと言う例が上げられる。消費地までの販路を開拓することにより，製品は販売される。 伝統的地場産業は労働集約型産業であり，多数の人的資源に資本が投入されることから，人手に頼り生産を行う産業である。 その他に属する地場産業の例として花火産業・鞄・焼酎などが挙げられる。

参照・引用：産業分類は，総務省が実施する国勢調査に基づく産業3部門を参照。
　　　　　総務省『日本標準産業分類（平成25年10月改定）』公益財団法人　統計情報研究開発センター。

あり，各解釈から標記を行うと異なる分類として表されるが，国勢調査に基づくと建築リフォーム工事業の分類に属して第2次産業に属するとして取り扱われる。

（イ）自動車産業における好・不況と下請制
　①自動車産業の立地　自動車産業は，完成車メーカーを頂点として第1次下請，第2次下請，第3次下請，第4次下請などからなりたつと同時に，産業分類に基づき各領域に属する企業で製造された自動車の各構成要素である部品，内装品，外装品が完成車メーカーに持ち込まれ，組立てが行われて自動車が完成することから，裾野が広い産業と捉えられる。
　第1次下請は，自動車の構成要素として例えば，車のボディとなる鋼材による車体，駆動装置，ブレーキ，タイヤ，ギア，ミラー，ランプ，計器類，バッテリー，シート等からなり，第1次下請企業から完成車メーカーに納入される。

　②第1次下請企業が製造する各パーツは，幾つかの部品からなることで，第2次下請企業で製造された2次部品は，第1次下請企業に持ち込まれ，第1次下請企業で製作された製造品に組み入れられたり，また部品のなかには2次部品を基にしてサブ組立てを行い，1次部品を製造することで完成車メーカーに納入される。第2次下請企業で製造する2次部品は，第2次下請企業で製作した製造品に第3次下請企業で製造した3次部品を組み入れて2次部品の製造が図られる。第4次下請は，例えば第3次下請企業から持ち込まれた部品について塗装を行うことにより第3次下請に納入して収益を取得すると言った事業内容なども挙げられる。自動車産業は，景気の谷間となる不況のときには，自動車の販売台数が落ち込み，それと連動して，例えば残業時間が減少することで，自動車産業における労働者の収入は減少する。（参照，総務省『家計調査年報』遂次刊行物）。

③各産業分野にわたることで裾野が広いとされる自動車産業であるが，不況になると自動車の販売台数が減少することにより，第4次下請企業から，第3次下請企業，第2次下請企業，第1次下請企業，完成車メーカーまでという順で，例えば工場における操業時間の短縮といった工場の稼動時間の変更がなされると労働者における残業時間が減少して，労働者の賃金の減少として表されることから，企業の業績として売上高に基づく前年度比のマイナスは，労働者の賞与の減少として表れる。第4次下請，第3次下請，第2次下請，第1次下請，完成車メーカーのようにタイムラグを設けながら順次，下請企業から元請企業に影響が表れることで，不況が長引くと完成車メーカーの業績に不況の影響が表れ，完成車メーカーの従業員の年間所得の減少が出たりする。

　④完成車メーカーの業績により利益が計上されることで，国および地方自治体に例えば国に納付される税金として法人税に属する高額の税金が納付されること，地元自治体には多額の地方税が納税されることで，自動車産業における市場規模は巨大であり，地方自治体の歳入を押し上げる。完成車メーカーが所在する地域は，好況であると，多数の従業員が自動車の車種ごとに自動車組立を昼夜行うことで，月々の給料に残業代を加えた賃金が従業員に支払われることにより，企業が従業員に支払う賃金総額は増加する。従業員の可処分所得の増加が図られて地元の小売業に振り向けられる消費支出額は増加が図られることで，完成車メーカーおよび下請企業が立地する地域は経済的に活況が呈せられ，雇用の確保と拡大，消費支出の増加，地元自治体における歳入増と言った，労働・消費・公共部門からなる各領域を基礎として，経済的波及効果が表れる。所得水準の増加が図られることで，自動車産業は地域経済を牽引する産業であると択えられる。

　⑤自動車産業と景気　自動車メーカーが所在する地域は完成車メーカーと多数の下請企業が立地する企業城下町であり，好況・不況による変化について時間的差異（タイムラグ）が表れて完成車メーカーは最も後に影響が出るとされ，

始めは下請企業に属する企業のなかでも下位に位置する企業から順次，好・不況の影響が出ると表現される。例えば，第4次下請企業，第3次下請企業，第2次下請企業，第1次下請企業と言った順に，下位に位置する下請企業から仕事量とか従業員の残業時間などについての減少により，従業員に支払われる報酬が減少する。好況から不況に転じても，有効求人倍率などの社会指標で表される雇用環境が変化するのに時間的差異（タイムラグ）が備わると指摘され，完成車メーカーである巨大企業は多数の下請企業を系列下に組み入れることから，元請企業と元請企業に属する下請企業との絡みにおいて分析が図られ，下請制は不況から受ける衝撃を吸収する装置としての機能を備え衝撃の緩和に寄与すると言われる。

　巨大企業が立地する企業城下町は，下請企業が元請企業の周辺地域に立地することで，元請企業に納入する部品・コンポーネントなどを適宜納入することが可能であるように，少なくとも物流施設は物流システムを利用して部品を元請企業に短時間に納入できる地区に建設される。雇用が属する領域に基づき仮に下請企業が経営方針として打ち出した求人数の増加は地域における求人数と求職者数との絡みにおいて分析が図られ，求人数を求職者数で除すことにより算出された有効求人倍率を押し上げることに繋がる。

　（ウ）弱電に属する家電産業・半導体製造における産業
　①弱電に属する家電産業　弱電に属する家電産業は元請企業を頂点とするものの，家電メーカーは家電製品の各パーツを下請企業に発注することから下請企業で製造が図られ，完成されたパーツは下請企業から元請企業に持ち込まれ，元請企業が各パーツを組み立てて完成品の製造が図られることで，家電製品は元請企業と下請企業を基礎として成り立つと同時に，製品の製造は多くが電機と言う業種の枠内にとどまり，多額の資本を投じた製造装置や多数からなる労働力を要せずに製品の生産が行われることから，家電製品が立地する地域は自動車産業における地域経済への波及効果ほどには経済効果は備わらずであるとされる。

②半導体製造における企業

　半導体製造工場は，需要の増加・減少により半導体の市況が変動するのと同時に製造工場の維持・運営に基づき半導体の製造に巨額の資金を要するとされる。例えば複数の大規模メーカーが出資して設立された国内半導体メーカーのなかには，資金繰りの悪化から経営困難になる企業が表われ，政府の公的支援に基づき政府系金融機関から資金を借り入れて経済的支援が行われたりした。国内における各民間企業が出資して設立された半導体メーカーは国際的競争力を持つか否かが問われる厳しい経営環境下にあり，国内企業による半導体製造が国の産業施策とされることで，製造と供給に基づき経営環境に即応した事業の継続的運営が，企業経営の上から要請される。半導体工場の設立により従業員の多くは工場が立地した地域で雇用されることから，地域の雇用環境が明るさを増し，消費支出額が増加することにより地域経済に寄与する。(参照，公益財団法人　矢野恒太朗記念会『データでみる県勢2014年版』2013年。)

(エ) 製造業に属する中小企業

　製造業に属する中小企業は，業務内容に基づき板金，金型，塗装，精密部品，プレス，切削，試作品の製作等を行う各中小企業に分類されることで例えば切削においては旋盤を備えるのに加え，企業によってはNC工作機を導入する。中小企業のなかには，NC工作機のほかMC工作機を導入する企業も見受けられるが，本章ではNC工作機に注意を払うことで機械装置と熟練による技術・技能との比較について触れ，中小企業の活路を考察する。

　①旋盤は熟練を要する技能であり，NC工作機により数値制御を行う切削機械を使用して金属の切削を行うことから，金属の表にはカプスと言われる凹凸ができるのにたいして，熟練労働を備える旋盤工により金属を旋盤で切削する作業を行うと，切削した金属の表面は滑らかに仕上がるとされる。

　例えば業界では金属を微妙に湾曲させるように曲げることをなめると言うように表現されることとして金属を微妙に曲げる技術・技能は，熟練を要する高

度な技術・技能に属する。中小企業が駆使する技術・技能はものづくりに不可欠であり，工業製品を製造するのみならず技術開発を進める上で，技術発展を下支えする基礎的部分であるとされる。

②元請企業からの受注を図り下請業務を行う中小企業が各中小企業間でチームを組むことにより，各中小企業が自社の得意とする工程を担当して，例えばメーカーが企画開発した新製品に基づき試作品を製作するなどの場合により各中小企業に備わる得意分野を基礎として企業連携を行う場合もある。地域経済を特徴付ける多数の中小企業の立地は，雇用の安定的な創出のみならず，メーカーの研究開発部門からの下請業務として高い技術による部品作りなどが要求されることで業務の受注を行うとか，最新の機械を導入することで元請企業の技術的要請に対応する中小企業が表れることなどは地域経済の活性化に寄与するであろう。

③特定企業の系列に属さずである中小企業が，プレス・切削・金型・精密部品・鋳物・試作品などの各業務に広汎に対応することにより，元請企業から業務を受注して，下請企業は仕上げた部品等を元請企業に納品することにより収益の取得を図りものづくりを行うという例もみられる。下請企業が集積する地域は，東京都の大田区，大阪府下の東大阪市等が挙げられる。

④労働力の確保とか地域の賃金水準に注意を払い，水・電力の安定的供給などを基礎として工場建設に適した地域で，製造物を移送するのに便利な道路網の整備が図られる等の条件が地域に備わると，各企業にとって例えば用地取得などにより工場の建設および機械の導入が図られ，生産設備の稼働が行われて従業員が雇用されることから，製品の製造を業務とする工場は第2次産業に属するとして捉えられる。

（オ）地場産業

　伝統的地場産業に属する産業は，その地域における専門職としての職人による工程を基礎として分担が行われ，多工程により製品の製造が図られて販路開拓が行われ，製品が域外へ移出されることを特徴とする産業であり，例えば陶器・陶磁器の製造，漆器の製造などが上げられる。地場産業には，上記のほか，鞄・花火・食品の領域に属する焼酎等を製造する産業が挙げられる。

(3) 第3次産業

　第3次産業は商業の領域に属する卸売業・小売業，飲食店，電気・ガス・熱供給・水道業，社会的ネットワークの構築を図る運輸・通信業，国における金融政策と関係する金融・保険業，土地取引を業務とする不動産業および貸オフィス・個人入居からなる不動産に関係する貸借業，文化・スポーツ施設の利用を提供するフィットネスクラブなどの事業，宿泊施設等が属するサービス業，国および地方自治体等の政策を遂行する行政機関に基づく公務などに分類される。

　第3次産業に属する産業のなかで観光事業を取り上げると，レジャーに属する領域で論じられることが多い観光事業は，消費者における消費性向と地域経済との絡みにおいて分析されることから所得に基づき導き出される消費支出と関係して捉えられ，観光資源を誘い水として，観光客をどの程度まで呼び込めるかがテーマとなる。

　①観光は第3次産業に属する領域　観光資源として，自然，歴史的風土や建物，季節ごとに地域利用者に施設を提供するスキー場であるとか水遊び等の海水浴場が挙げられ，トレッキング・山登りなどは高地または山岳に位置する地域に適したスポーツであり，避暑・避寒に適する地域の宣伝であるとか，例えば南の沖縄（但し，沖縄の桜は本州の桜とは品種が異なり，暖地に適する緋寒桜と言う品種である。）から北の弘前市まで，桜の観賞をキャッチフレーズとして，桜前線の北上に従い観光客を呼び寄せることなど四季折々の企画が作られ，ツアーを催すなどで，観光は観光資源と訪れる観光客の数との絡みにおいて分析され検討が図られて論じられる。

②観光施設　観光地に立地するホテル・旅館，観光客を対象とする飲食店・土産物店など，観光客が訪れることにより観光客が観光地で消費する金額は，観光産業が地域産業として成り立ち，観光客を呼び込む各施設で消費が行われる。観光施設が立地する地域において各施設が地域における労働者を採用することにより雇用の創出が図られ，労働者は就業することで稼得収入を得る。企業が支払う給与に基づき直接税・社会保険料による控除が行われることで就業者が受け取る可処分所得は，貯蓄・消費・その他支出に振り向けられる。観光業に属する領域に基づき宿泊等のサービスを提供する業務および物販に属する業務等を営む自営業者は，売上高の申告を図り所得税および住民税・法人税等からなる直接税を税務署に納付する。観光客が移動して観光地とされる地域内に入り，滞在することで消費される金額は，宿泊施設の収益となり，物販に属する店舗の売上高に寄与が図られ，電車・タクシー・バス等への乗車が行われて，観光客は地元に設けられた交通手段の利用を図ることから，鉄道会社・タクシー会社・バス等を運行する会社について，経営に基づく業績は売上高の増加として表われる。観光地を訪れる観光客は観光の領域に属する業務に基づき観光施設におけるサービスの提供を受け，商品の購買を図り，地元交通機関の利用を行い，飲食の領域に属する店舗でメニューを注文して飲食を行い，美術館・博物館に入館して企画展等の展覧会を鑑賞するとか歴史的建造物を拝観する，またアミューズメント施設を利用したりすることで消費を行い，消費行動に基づく消費支出額は，地元の観光地で費消される。

③観光客における消費支出　観光客が予算と余暇利用との絡みにおいて検討を図り消費を行うことで，支出金額に基づく価格帯が定まる。消費支出額の受け皿となるのは，観光地における各施設・店舗・歴史的建造物・各種交通機関・アミューズメント施設・その他などであり，観光地を訪れた観光客が観光に属する領域で支出した金額は，観光地において事業を行う企業および自営業などに基づき経営における成績として損益計算により，付加価値としての粗利益の増加が計上されると同時に，経済領域においては生産の領域に属する付加価値

を増加させて地域経済を押し上げるのみならず，地元自治体における観光施策の成果として歳入増が図られる。雇用に属する領域において例えば観光が属する領域においての施設・事業に基づき地元から優先的に従業員を採用することで雇用における安定化が図られ，地域経済は潤される。観光業に関係する企業として，旅行の企画を作る旅行会社・観光が属する領域で宣伝事業を行う広告代理店などが挙げられることから，観光産業とつながることで収益の確保が図られて，各企業における売上高の柱が構築される。

表7　第3次産業の例

分類	内容
電気・ガス・熱供給・水道業	電気・ガスを供給する企業は，都市ガス・電気の供給について県を跨ぐ各ブロックの供給地域に独占的に供給する事業を営む。但し，平成26年度から電気を供給する事業は一部で自由化が行われたことから，例えば関西における行政区画に基づき需要家に電気を供給する電力供給会社が東京に進出を行い，東京における行政区画に基づく需要家に電気を供給することができるとされる。熱供給とは，蒸気・温水・冷水等を媒介とした熱エネルギー・蒸気・温水を供給する事業である。 上水道は，地方公営企業また地方公営企業法における一部事務組合が事業を行い，行政区画内に浄水場を設けて上水道の供給地域に独占的に供給を行う。
運輸・通信業	鉄道網・道路網の整備事業に基づき大量の乗客・物資の輸送，航空機の各飛行場への離発着・船舶による海上輸送に基づき，乗客・郵便・貨物の長距離輸送が可能となる。 情報の伝達・通信システムの整備で，社会的ネットワークの構築が図られる。 インターネット接続業は，通信業の分類に属する。
卸売業・小売業	卸売業・小売業は，流通業の領域に属すると同時に，物販の領域に属する。卸売業は，小売業また他の卸売業に商品を販売する事業であり，小売業は消費者に商品を販売する事業である。
金融・保険業	金融は銀行業・郵貯等からなり，一般大衆から受け取る預金に基づき，企業・個人への貸し出しを行い貸付金の利息を受け取り収益とする，郵便貯金は，一般大衆が預け入れた貯金に基づ

	き国が発行する財投債を引き受けることで，国は資金を調達する。国は調達した資金に基づき，資金需要により公共の領域に属する地方公共団体・金融機関・事業特別会計に融資を行う。郵便貯金は財政改革により自主資用が行えて市場で運用される資金として取り扱われることから，ゆうちょ銀行が財投債を引き受ける場合，郵便貯金が財投債の運用で受け取る運用益が郵便貯金の収益となり，郵便貯金を預け入れる貯金者の支払利息に充てられる。 保険事業は損害保険・生保事業等からなり，例えば損害保険は，火事，海事運送，自動車・飛行機などの事故，その他の事故における損害保険を事業とする。生命保険は保険会社と被保険者との間で締結される契約に基づき契約者に支払いがなされる保険である。保険事業者は，加入者が支払う掛金等に基づき，市場において資産運用を図り，資産運用益等を受け取ることで収益を得ることから，保険金の支払いに充てる。
不動産業	不動産の売買を業務とする，マンションの建設を行い，入居者を募集する，分譲住宅を建設して入居者に売却する，賃貸住宅を建設して賃借料を受取り収益とする事業，また不動産業を営む企業がディベロッパー（開発業者）となり，施設等の建設を建設会社に委託して行い，オフィスまた商業施設の入居を募ることで，入居者から賃借料を受け取り収益とする。
その他の 第3次産業	教養娯楽に関係する施設・スポーツ施設・宿泊施設などを運営する事業からなり，飲食業は，飲食サービス業の分類に属する。
その他	例えば，自動車整備業，機械等修理業，職業紹介・労働者派遣業等が挙げられる。
公務（他に分類されないもの）	例えば国および地方公共団体における政策を実現することから，国および地方公共団体に基づき権力を行使する機関により業務をいう。

参照・引用：総務省が実施する国勢調査に基づく産業3部門を参照。
　　　　　総務省『日本標準産業分類（平成25年10月改定）』公益財団法人　統計情報研究開発センター。公益財団法人　矢野恒太郎記念会『日本国勢図会2013／14』2014年（平成25年）。

例えば風光明媚な地域であるとか，避寒地・避暑地に適する地域であることにより，観光資源に恵まれた地域では，第3次産業に属する観光産業などが盛んとなる。

第5節 拠点となる都市と産業の発展

(1) 地域的特性に属する消費と消費支出額

都市およびその周辺地域に基づき，経済・文化・社会の各領域に属する地域的特徴は社会指標で表されることに注意を払い，地域における居住者が勤務する企業，通学する学校といった場所と居住する地域とのつながりにより構築される就業空間および就学空間と消費支出額との絡みにおいて分析を図り，地域的特徴を捉えるという方法は地域分析に基づき顧慮されるに値する。なお，『民力』は後述するように，日本赤十字社で日本赤十字社が行う募金活動に寄与するように日本赤十字社内部で作成された地域における特徴について分析して記した出版物であるとして，そうした内部における出版物から地域性を数値で表示する方法を参照することにより，『民力』の出版が朝日新聞出版により行われたとする。(参照，朝日新聞出版『民力』，2013年以前に出版された同書における記載で，上記団体における内部出版物の分析方法を参照・継受したと解説する。）今日では，民力の利用方法として，例えば都道府県という行政区画における消費水準を測定する上で，民力は参照に値する指標と捉えられる。

(2) 商圏に基礎を置く考え方

商圏と言う考え方を概観するにあたり，商圏を論じる書籍として，『新・日本の商圏』（室井鉄衛著，ダイヤモンド社，1976年）『商圏の知識』（室井鉄衛著，日経文庫，日本経済新聞社，1979年），朝日新聞出版『民力 2013年』（朝日新聞社），『流通業マーケティング』（木地節郎著，中央経済社，平成2年）『ランチェスター地域別市場攻防法 東日本編』（田岡信夫著，ビジネス社，1979年）『ランチェスター地域別市場攻防法 西日本編』（田岡信夫著，ビジネス社，1979年）を上げる。

本節では商圏を題材とした上述の書籍に基づき，商圏における各様の捉え方がされると言う特徴を踏まえて下記により内容を概観する。

(3) 商圏の設定

　地域を基礎として中心となる都市およびその都市を取り囲む中小規模の都市に基づき，地域的な例えば消費性向が共通するといった地域の特徴を捉えて分析を行い，消費者の需要は需給均衡に基づき充足されると言う枠組みのもとに，商圏は設けられると解釈される。消費性向とは，所得に占める消費の割合であり所得と消費との絡みにおいて分析され，消費行動を表す。消費を垂直軸で表すとすると，水平軸では例えば100万円を単位とする所得水準の増加が水平軸上の刻みで表されて，ケインジアンクロスと呼ばれる45度線が描かれると同時に消費関数が描かれる。所得は使い途として食費に回されたあと，所得が増加しても食費は横ばいとなることが知られ，電気・ガス・上下水道からなる各公共料金と通信費に基づく各費目に支出が行われ，衣料品，住生活という各領域に属する費目に支出が振り充てられることから，所得の増加分を基礎として増加分に比例して，支出は衣料品および住生活に属する商品の購買にあてられ，またサービスの領域に属する医療費・教育費等に支出が行われ，そのあと所得が高くなるにつれ教養・娯楽費への使途に基づき金額の上昇が図られると同時に，貯蓄に回される金額が増加すると言った考察がなされる。マーケティングに属する領域で，消費性向を言う場合は，例えば可処分所得に占める貯蓄率であるとか，食料品が属する領域であると，鶏肉・豚肉・牛肉・魚肉からなる食肉のうち高く消費が表される食肉の種類に注意を払うことで，地域との関係を論じるとか，発酵食品例えば納豆における消費量は関西地方に比較して関東地方で多く消費されるとか，漬物は冬場には高冷地・寒冷地で保存食として利用され消費されるとか，どの種類の麺類が地域に基づき消費量が多く表されるかなどで，多く消費される食品の費目が挙げられることにより，食の領域に属する各商品品目と商品品目における消費支出額との絡みにおいて分析が図られ，地域的特徴を捉えることで実証的検討が行われる。

(4) 商圏と市場

　ライリーの計算式は地図を用いて商圏における需要額の計算を行えると言う利点を備える。M市およびN市のなかで，主題とされた商業施設が立地する地区を，M市およびN市による各行政区画の外に位置した消費者における居住地区からの距離関係に基づき概算として測定したM市およびN市への距離およびM市およびN市の各都市における人口数に基づき購買額として表された取引額を算定する式がライリーの計算式である。M市およびN市における各都市で整備された商業施設が備える売場面積の総合計を人口数に替えて，ライリーの計算式における変数に組み入れるという計算方法がある。M市とN市における各都市の人口規模を基準として，どちらかの都市が他方を超えるとすると，売場面積の総合計は比例的に増加すると言う見解に基づくと解釈される。

　商圏であるとか，また市場を取り扱った計算式・書籍を概観して，商圏における捉え方を検討する。

(1) 計算式を使う方法

　計算式を使い商圏人口を算定する方法として，ライリーの式とハフモデルを概観する。

①ライリーの小売吸引の法則

　M市とN市の中間に位置するX地区に居住する消費者である購買客がM市とN市へ買物に行くのについて，X地区からM市・N市に基づく各市へ買物に出向く人口の割合は，M市とN市の人口数に比例すると同時に，M市・N市への距離の二乗に反比例すると言う理論に基づき，M市とN市の周辺地域に居住する消費者である購買者数を基礎として，M市とN市に買い物に出向する割合を算定することをテーマとして表される計算式である。

　X地区はM市・N市に比較して商業施設が整備されずと言う仮定が暗黙に設けられた内容であると捉えられ，M市とN市における商業施設の規模は，商業施設における売場面積の総合計として表せるとする論法により，人口規模が拡大すると地元における商業施設の規模が膨らむと言う仮定のもとに，M市とN

市の人口数を商業施設の規模・店舗における売場面積の総合計として読み替えるという方法を採用して計算式に各変数を組み入れることで，X地区の購買者がM市とN市に買物に出向する割合の算定を行うという計算方法がある。

M市とN市の商業施設が集積する規模に基づきライリーの式で算定される Bm/Bn は，X地区からの買物に出向する購買者についての割合と解されるけれども，購買客はM市またN市で購買を行い金額を支払うことから，買物に出向く消費者の一人当たり消費支出額を一定とすると，BmはX地区からM市へまたBnはX地区からN市へ買物出向する購買客の数に基づき購買客の買物金額が算定されると捉えられる。

条件

Businesの略をBとして取引額を表すことから，BmまたBnはX地区からの消費者である購買者がM市およびN市で購買する購買額を表す。
Populationの略をPとして人口数を表す。
消費者である購買者がM市とN市という各行政区画の外に位置する地区をX区とする。
Bm：X地区の消費者である購買者がM市で購買する取引額
Bn：X地区の消費者である購買者がN市で購買する取引額
Dm：X地区からM市への距離
Dn：X地区からN市への距離
注，Dmにおけるm，Dnにおけるnは添え字であり，サフィクスと呼ばれる。

　　ライリーの式

$$\frac{Bm}{Bn} = \left(\frac{Pm}{Pn}\right) \times \left(\frac{Dn}{Dm}\right)^2$$

②ハフモデル

消費者である購買客が居住する各地区は i（1，2，3，4，5，…，i）で表され，消費者である購買客が移動することで買物出向する地区は，商業施設

を備える地区であり，ｊ（1，2，3，4，5，……，ｊ）で表されることから，地区の消費者である購買客にアンケート調査を実施してデータの収集を図り，消費者である購買客に基づくｉ地区と商業施設を備えるｊ地区との絡みにおいて分析を行い，確率的な統計的処理を施して各商業施設を備えるｊ地区の買物出向期待数を算出することをテーマとしてハフモデルは商圏を論じる。ｉ地区の消費者である購買客にアンケート調査を実施することから，買物出向するｉ地区からｊ地区までの移動手段および移動における所要時間，ｊ地区で買物を行う商品種類・業種等を被調査者である購買客に調査票に基づき質問をすることで聞き取りを実施して，データを収集する形式で行われる調査である。

　ハフモデルの式で取り扱う各項に基づき付記される添字はサフィックスとも呼ばれ，ｉ地区の消費者である購買客がｊ商業施設に出向して買物をする購買客数は，確率に基づく算定方法からP_{ij}で表される。

　ハフモデルを概観することにより，参考としてｉｊ行列を記載することでｉ地区の消費者である購買客が，商業施設を備えるｊ商業施設へ出向して買物出向を図る確立はP_{ij}で表されることから，P_{ij}は下記のｉ行ｊ列からなる行列に基づき，ｉ×ｊ個の要素としてP_{ij}が表される。

　P_{ij}はｉ行ｊ列からなる行列に基づく計算結果から導き出される要素として表せることを表示する。

　アンケート調査を実施して調査結果の集計を図り，統計的手法に基づき対象となる地域での購買客の全数にたいして，当該の商業地区で買物をする購買客

$$\begin{pmatrix} P_{11} & P_{12} & P_{13} & P_{14} & P_{15} & \cdots\cdots & P_{1j} \\ P_{21} & P_{22} & P_{23} & P_{24} & P_{25} & \cdots\cdots & P_{2j} \\ P_{31} & P_{32} & P_{33} & P_{34} & P_{35} & \cdots\cdots & P_{3j} \\ P_{41} & P_{42} & P_{43} & P_{44} & P_{45} & \cdots\cdots & P_{4j} \\ P_{51} & P_{52} & P_{53} & P_{54} & P_{55} & \cdots\cdots & P_{5j} \\ \cdots\cdots & \cdots\cdots & \cdots\cdots & \cdots\cdots & \cdots\cdots & & \cdots\cdots \\ P_{i1} & P_{i2} & P_{i3} & P_{i4} & P_{i5} & \cdots\cdots & P_{ij} \end{pmatrix}$$

が占める割合を基礎として確率を算出する式から導かれるモデルがハフモデルである。社会調査論に属する方法に基づき消費者である購買客にアンケート調査の実施を図ることから調査票の設計を行い，消費者である購買客に調査票に記載した各質問項目に基づき質問を行い，調査票を回収する。調査票の回収を図りデータを集計して統計的処理を行うことにより算定結果が導かれて資料等の作成が行われる。アンケート調査の実施は，調査票の設計を図り，延べとして多数の調査員を動員して被調査者への質問項目に基づく調査を実施することにより，調査票の回収と集計を行い，統計的処理により算定結果を導き出して分析することから，分析結果を記載した資料等を作成するなど経済的に費用を要する調査である。

ハフモデルに組み入れた変数のλは，買物をする商業地区の魅力度を表すパラメーターと呼ばれる外生変数である。λを商業地区の魅力度を表す変数として使用するのが計算式の趣旨であるほか，モデルを利用する目的に応じて例えば商品・商品種類・業種に基づく顧客吸引力を測定することから，λを例えば各商品また各商品種類とか業種と置き換えることが可能であると捉えて，商品また商品種類とか業種に適するパラメーター値を，算定式に組み入れる方法が採られたりする。

ハフモデル

$$P_{ij} = \frac{\dfrac{S_j}{T_{ij}^{\lambda}}}{\sum_{j=1}^{n} \dfrac{S_j}{T_{ij}^{\lambda}}}$$

P_{ij} および C_{ij} を下記の式に代入して，買物出向期待数を算出する。

$E_{ij} = P_{ij} \cdot C_i$

上の式で，

E_{ij} ： 消費者である購買客がj地区における商業施設に出向くことで買物をする購買客数に基づき算定された買物出向期待数

P_{ij} ： i地区に居住する消費者としての購買客がj地区における商業施設へ

第2章　商圏を捉える　101

　　　出向して買物をする確率
　S_{ij}：　j地区における商業施設により面積で表された規模
　T_{ij}：　i地区に居住する消費者である購買客がj地区における商業施設で
　　　買物出向することに要する所要時間
　C_i：　i地区に居住する消費者に基づき各地区における商業施設へ出向して
　　　購買をする購買客数

注　本文記載のハフモデルにおけるconsumerの訳語として消費者数のあとに，括弧を付けて購買者数を記すことが適切な表記と解釈される。ハフモデルを記載した論文の著者により記述された語句はconsumerであることから消費者と訳されるが，消費者は広義の訳語であり，買物出向を行うconsumerであることで，本書は消費者のあとに続けて購買者の訳語を記した。但し，上の式のPおよびEは下記の語義から表される。
PはProbabilityの略であり，i地区に居住する消費者としての購買客がj地区における商業施設へ買物出向することについての購買客数における確率を表す。Eは期待値を表すことで購買客数を統計的な方法に基づき算定する。
原文また原文に関係した論文等に記載されたstoreを商業施設と訳して表記した。
参照・引用：David.L.Huff "Defining and Estimating a Trading Area"
　"*Journal of Marketing*" 1964.6, pp. 34-38。

(2) 消費支出額と消費性向に基づく考え方で，商圏を捉える。
①室井鉄衛『新・日本の商圏』（ダイヤモンド社，1976年。）

　室井鉄衛『新・日本の商圏』は，日本の国土を105の商圏に分けて各商圏の特徴を解説する。例えば商業統計表および家計調査年報などの調査報告書を基に，消費性向を基礎とした消費支出額における費目と金額を調べることなどの方法で各商圏における特徴を概説する。

　著書の内容を歪めずとすることに重点を置き，著書を概観することで，概略による紹介程度に留めて次記に表す。

　刊行年から年数が経過する一方で，刊行年のあと鉄道網の敷設と道路網が整備され，各地域間での往来が以前と比較して便利となり，購買客は県などを単

> 室井鉄衛『新・日本の商圏』ダイヤモンド社，1976年。
>
> 同書は，全国を分る105の商圏というサブタイトルが記載され全国を105の商圏に分類することで，例えば地理上における関東地方として関東市場・近畿地方として近畿市場と言った分類を行い，商圏を前提とした上で都市圏等をキーワードとして都市名を付した各都市圏をおおよそとしての地図上に描き，商業統計表および家計調査年報等を利用することで，各都市等における消費支出の規模と消費性向の算定から，各都市圏における特徴を記述する。
> 消費支出と消費性向を記述した書籍であると捉えられることから，同書を概観した。都市圏は，拠点となる都市を中心として形成されることを前提として記述を行う内容であり，地域的ブロックごとに，おおよその地図の記載を行い，外延部には他の地域ブロックに属する行政区画の一部が記載に入ることで，地図上に各都市圏を輪郭付けて描き，本文で各都市圏の特徴を記述する。関東市場は，基軸として東京都の周辺に位置する行政区画としての県までに広がる広域な地域を東京圏として記載を行い，東京圏の外延部に伸びる広域な地理上の広がりにおいて，拠点となる都市とその都市を取り囲む地域により，各都市名を付した各都市圏をおおよそとしての地図上に描く。近畿市場は，大都市を拠点として各都市名を付した大規模な都市圏と同時に，大都市以外の都市を拠点として都市名を付した各都市圏がおおよそとしての地図上に描かれ，本文において各都市圏における特徴を記述される。
> 地域の消費・歴史性に根拠を置くとして各都市圏の記述を行い，各都市圏は，消費の拠点となる都市を備えるとして，都市の名称は地図上に描かれた各都市圏のなかで位置関係に基づき記入され，商業統計表および家計調査年報等に基づき，消費支出額を算定する。拠点都市を備える各都市圏は県などを単位とする行政区画に基づき，特定の行政区画に留まらず，他の行政区画に跨るとか，部分的に組み入れるといった形状を描くことで，ブロックごとの市場を表わした地図上に輪郭付けて表記される。都市圏内で消費が行われる金額により各費目の構成に共通性が備わるなどを例として，都市圏に共通するとする面的広がりを同質性として記述する。

位とする行政区画を越えて他県へ買物に出向するなどの現象が表れて増加したが，同書における近畿市場を表わした地図上に描かれる行政区画は，兵庫県・京都府をはじめ，滋賀県・奈良県・和歌山県からなるとされる。大阪市を拠点とする大阪圏はおおよそとして大阪府のみならず奈良県の大半と和歌山県の一部地域，さらに他の一部地域を組み入れて輪郭付けられ，京都市を拠点都市とする京都圏はおよそとして滋賀県の南半分以上と他の県の一部地域を組み入れて都市圏の輪郭が描かれ，神戸市を拠点都市とする神戸圏は大阪圏と接すると

第 2 章　商圏を捉える　103

言う地理上の関係が描かれることで行政区画として兵庫県に位置する。大阪圏はおよそとして大阪府と他の県を組み入れることで同書に記載される。

　同書を参照して、小売業年間商品販売額から導き出された一人当たり小売業年間商品販売額と都市との絡みにおいて分析を図り、地域における商業を考察することができる。

　商業統計表に基づき、全国における物販の領域に属した小売業年間商品販売額の合計額を総人口で除して算定された一人当たり小売業年間商品販売額を基準とすると、各商圏において消費の拠点となる中心地としての大都市、さらに大都市のなかでも商業集積が立地する地区は行政人口と販売額との絡みにおいて分析を図ると、非常に高い小売業年間商品販売額として算定されることなど、都市における規模を基礎とした各都市間の経済的つながりが理解される。

②室井鉄衛『商圏の知識』（日経文庫, 日本経済新聞社, 1979年。）

　『商圏の知識』は、『新・日本の商圏』が全国を105の商圏に分類すると言うサブタイトルのもとで論じられることから、その基調内容に即して、下記の欄内のように商圏を論じると同時に、例えば戦国時代における戦国大名が領土とした地域また安土桃山時代および江戸時代における各大名が所領とした地域を事例として取り上げ、各所領に対応する今日の地理的区分とを論じて、地形的条件から岐阜県の高山市およびその周辺は岐阜市に買物に出向くより、高山市で買物を行うと言った事例を、都市間の距離を上げて記述する。但し、同書に記載する高山市の記述は、同書の出版年を参照することから、平成における市町村合併以前の行政区画に基づき記述された内容であると解釈される。またライリーの小売吸引の法則に基づく計算式等により、商圏を数式で論じる方法を解説する。

　著書の内容により、『新・日本の商圏』と同様に、例を挙げて地域的沿革と商圏との関係を記述する。

　著書の内容を歪めずとすることに重点を置き、著書による商圏の定義に焦点を当てることで、概略を紹介程度に留めて次表に表す。

> 室井鉄衛『商圏の知識』日経文庫，日本経済新聞社，1979年。
> 商圏は点・線・流れ・面から構図を描くことができるとする。市場の地域的拠点として，中心性を備える都市を点として表し，市場の地域間の依存関係として，地域間の連鎖的な機能の相互依存関係は線でつなげられ，流れは市場における地域的な機能として表せるとされ，市場の地域間の依存関係として同質性を備える広がりを面として記述を行う。各都市は，都市の規模に応じて商業施設が設けられ，顧客による消費支出は，需要の用途に応じてることから都市の規模に基づき充足されるとした記述内容などによる書籍であると推察される。
> 国という単位によっても商圏を設けられるとして，国を商圏単位として取り扱うことから多国籍企業を論じることができるとする。

　企業経営により，各国にまたがり経済行動を行う企業が国を商圏の対象として捉えることは，例として，イギリスおよびオランダに本社を置く多国籍企業により日本法人の名称を「日本リーバ」とする多国籍企業として，「Ｐ＆Ｇ」はアメリカを本拠として多国籍により展開を図る企業であり，各国の社会・経済的条件のもとで企画開発した製品を製造・販売する。

　上記の都市および周辺地域は，同質的な広がりを持ち，消費者の例えば各商品にたいする消費傾向が捉えられる。消費者は日常の商品需要として，例えば日々消費する食品に属する食料品，住・生活関連商品に属する消耗雑貨，衣料品に属してカジュアルの用途に使う衣料品などの需要により，流通経路等を通して地域に商品が供給されることから消費者は需要を賄うと捉えられる。同書により大都市および中小都市は，線として結び付くということで，町村部は周辺の中小都市にたいして消費における依存関係を持ち，線としてつながるとして記述する。線というのは，単に消費者である購買客を吸引することのほか，通勤・通学等による流れとも重量することは容易に考えられる。

　上記の都市および周辺地域は，同質的な広がりを持ち，消費者の例えば各商品にたいする共通的な消費傾向が捉えられるとする。

　関連として地形的に高地に位置する都市およびその周辺地域に居住する消費者は，住居を備える地域内で需要を充足させることで，高地に位置せずという地域と高地に位置する地域について比較を行うとすると，標高の高い地域は，

第 2 章　商圏を捉える　105

商圏により狭域な輪郭が描ける地域に属すると解釈される。上記書籍を参照した上で，平成における市町村合併により新しく高山市が編成さたことで，行政人口が増加することにより，住民の各種連絡網・ネットワークが広域に築かれたり，行政サービスを提供する自治体の合併・編入が，消費者の買物行動に間接的であれ影響をおよぼすと言う推量が提起される。

　市町村合併により行政区画として広域となった飛騨地域における岐阜県高山市を基軸とする商圏を論じるとすると，高山市は市町村合併により全国で最も行政区画における面積が広い都市として編成されたが，仮に市町村合併の前後においての行政区画における面積の広狭と言う変動を問わずとしても，標高が高く独自の地理的・気候的条件を備える都市である高山市は，独自の商圏を形造るとして推し量られることが上記の書籍の参照により地形的条件といった記述内容から捉えられる。

　道路網の建設・整備により，物資の配送がスムーズに行われ消費者に利便性が増すことで，居住する地域内で需要を充足することが多い消費者が，県境を越えて買物出向を図るなどを例として，買物行動の変化が表れる。例えば買回品などの購買には，買物をする消費者の流れにより，地元商業にたいして顧客である購買者が県外に流出するという現象が表れたりすることが話題に上る。

(3)　商圏を特定の店舗を基軸として設定する場合の書籍に，木地節郎『流通業マーケティング』(中央経済社，平成 2 年。)が上げられる。

　上記書籍は，商圏を特定の店舗に来店して，購買を図る顧客の地理的範囲であるとして定義する。商圏に基づき店舗と立地との絡みにおいて分析を図り，店舗が取り扱う品揃え等と関係して商圏の広がりを店舗に基づく地理的範囲として距離で表すこと，商圏の広がりを構築する商品に基づき買回品・最寄品の分類であるとか，商圏内における競合関係として自店と競合店との絡みによりランチェスター戦略および市場占拠率等を解説する。競合を論じて解説を図る箇所では，例えば中国に伝わる兵法における記述を取り入れるなどして店舗戦略を述べる。売場作りを店舗の品揃えと商品訴求との絡みにおいて論じること

で記載を図り，単品訴求と生活提案型売場における訴求方法を述べるなどから，広汎にマーケティングを解説した書籍である。店舗を基軸に据えて商圏を捉えることから流通業に属する領域に適した書籍として挙げられる。

　各店舗が採用した店舗戦略における競合対策また店舗戦術として採用される品揃え等は，各商圏に店舗が立地することから，商品構成の構築と業種構成を図る店舗を基礎として経営の舵取りが行われることが本文から捉えられる。

　著書の内容を歪めずとすること，および商圏に関係して記載された部分に重点を置き，概略に基づく紹介程度に留めて同書の記載内容を次記に表す。

> 木地節郎『流通業マーケティング』中央経済社，平成2年。
> 上掲書は商圏における考え方を，特定の店舗に来店して購買を図る顧客の地理的範囲として定義する。商圏と関係して，買回品・最寄品による商品分類の記述はもとより，個個の店舗を商圏の中心に据えることから，地域市場における競合店等に基づく競合関係の論述を図り，競合とか市場占拠率を記述する。流通業に属する領域に基づき商圏と関係する記述内容は，市場占拠率の解説およびランチェスター戦略の論述であり，さらに流通経路における記述を行い，中国の兵法における戦略・戦術に基づき，マーケティングに取り入れられた戦略・戦術としての方法・手法を記載することで，広い範囲から題材を取り上げて，マーケティングを解説するテキストであり，広汎な内容を記述した研究書である。

（4）田岡信夫『ランチェスター　地域別市場攻防法　東日本編』（ビジネス社，1979年。）・『ランチェスター　地域別市場攻防法　西日本編』（ビジネス社，1979年。）を引用・参照することに基づき，地域市場の考え方を捉える。

　書籍の内容を歪めずとすることに重点を置き，概略に基づく紹介程度に留めて同書の記載内容を次記に表す。

第 2 章　商圏を捉える　107

> 田岡信夫『ランチェスター　地域別市場攻防法　東日本編』ビジネス社，1979年．
> 『ランチェスター　地域別市場攻防法　西日本編』ビジネス社，1979年．
>
> 上記書籍は題名から明らかなように，実践的に市場を攻略することに重点をおいて商圏の構造を解説する。著書が刊行されるまでに商業に属する領域により扱われた社会事象における事例を織り交ぜ，ランチェスター戦略を取り上げることで記述される。
> 田岡信夫氏の著作のなかで地域市場を取り扱う書籍は，例えば門前町・宿場町等といった都市の由来に基づき各個の都市名を上げて分類を行うことで特徴について記述を図るとか，道路の整備がされて通行量が多くなっても都市における交通の要衝を通過するだけになり消費に寄与せずと言った場合とか，半島部における地域的市場に出入りして営業活動を行う場合などを題材とすることで市場における弱者の戦略として，市場における強者が入り込まずという箇所を訪問して営業を行い，市場に浸透を図ることができるとする要旨などが列挙的に取り上げられて解説される。土地の風土を具体的に各個に上げることにより，企業の営業部門等が，各市場でランチェスター戦略を営業戦略に組み入れることで営業活動を行う手法等を述べた書籍である。ランチェスター戦略に基づき，戦略および戦術を述べる方法は，具体的で判り易いことから，自社の営業活動への応用を図るのに役立つ。
> 例えば，強者の戦略・弱者の戦略に基づく記述内容として，局地戦は弱者に適した戦略であり，平野部における競合は強者が弱者にたいして優位を占めるのに適した市場であるとする。
> 局地戦は，例えば，盆地の地形をなす地域とか，半島部等における地域を市場とすることで市場の弱者における企業が市場の強者である企業にたいして，営業において優位を占める戦略を採ることに適した戦法であるとして解説する。

(5) 朝日新聞出版『民力』　逐次刊行書籍

　『民力』は，政府機関などにより刊行された調査報告書に基づき公表された社会指標・経済指標から各指標を選び出して収録する書籍であり，利用者にたいしてデータブックとしての利便性を備えた書籍である。データブックとしての利用のみならず，県ごと・市町村ごとにといった行政区画に基づき領域ごとに分析される地域性を社会経済指標に関係付けて表すことで，領域ごとに数値化した指数で地域性を表すと同時に，領域ごとの指数を基にして算定された総合指数で地域の特徴が表されるとする。但し，領域ごとに算定された指数および総合指数は，行政区画に基づき例えば県であると県ごとの特徴を表した計算

数値であることから，県ごとに『民力』が算定した領域ごとの指数また総合指数は100を基準として100を超える・下回るとして，県ごとの特徴は捉えられる。

　各県の比較を，領域ごとに表された指数また総合指数を基に行うとか，さらに県ごとの特徴を捉えると同時に各県を比較する上で，民力は利用価値を備えると解釈される。各領域を表す指数は，地域基本指数・産業指数・消費指数・文化指数・暮らし指数からなり，それら各指数を基に総合指数が表される。社会指標・経済指標から領域ごとに計6個の指標を選択・抽出して，領域ごとに指数を算定することから，合計30個の指数が利用されると同時に，各領域の指数を基にして総合指数を算定する計算式は，『民力』編集部が組み立てた計算式を基に行われる。また市町村に基づき領域ごとに指数を表すことで選択・抽出する社会指標・経済指標は計3個で領域ごとの指数を算出することにより，合計15個の社会指標・経済指標を抽出して算定を行い，計5個の領域ごとに表された指数を基にして，総合指数の算定が行われる。

　『民力』は，県といった行政区画に基づく記載に焦点を当てて閲覧すると，5個の領域に基づき算出された各指数と各指数を基にして算定された総合指数により計6個の指数が表されることから，領域ごとの指数と総合指数を合計した6個の指数については，各指数ごとの水準値を算定して記載が図られる。全国の水準を100と『民力』に記載することで，県ごとの水準値が総合指数および領域ごとの指数と並記して記載されることから，全国平均との比較また県ごとの比較が行える。

　日本赤十字社が募金にあたり作成した地域性を表す方法と地域性により数値化を行うことを作業目的として組み立てられた算定式を基礎とすることから，地域性を表す方法および算定式の組立てに関する方法等について朝日新聞出版『民力』の編集方法に取り入れたとする記述が，『民力』(2013年以前に出版) に記載される。

　財政の領域に属する国税納付額・地方税納付額という指標は，国および地方公共団体における行政の財政的裏付けとなる指標であり，経済の領域に属する指標である県民所得は豊かさを表す指標であり，地方再生に関連付けて報道等

がなされる人口数は社会の領域に属する社会指標である。

　市町村における領域ごとの指数また総合指数は，市町村が各県の行政区画のもとに置かれることから，隣接する市町村に基づく行政機能は相互に補完性を備えることが多く，例えばマーケティングの分析を行なっていく上で，マーケティングの担当者は，実際に市町村から受ける特徴と民力で表される領域ごとの指数また総合指数とが乖離した感じを受ける場合があるであろう。一般的にマーケティングに基づく分析を行う上で，マーケティング担当者は，各データブック・書籍について記載するデータなどを無条件に使用するに止まらず，利用の方法において検討を図り，データなどを使用することが不可欠であると理解される。

朝日新聞出版『民力』逐次刊行書籍

都市およびその周辺地域に重点をおき，例えば地域における居住者が雇用，就学等の各領域に基づき経済と社会との絡みにおいて分析を図り，地域ごとに特徴を捉えると言う考え方により，『民力』は編集されたと解釈される。本章では，同書を商圏を論じる書籍として取り扱う。但し，『民力』は『民力　2015』まで刊行されたあと，発行されずである。

実践的なマーケティングに寄与する指標として，各県および市町村の暮らしやすさを指数化して表した民力指数と一人当たり民力水準を算出することを『民力』における編集の基本方針とすることで都市圏ごと，さらにエリアごとに民力総合指数と一人当たり民力水準について算定を図り記載する。

第6節　地域と商圏

(1) 地域と商圏

　地域市場は地域の特質を備える市場であり，広域で地方名を冠したブロックを単位として地域を捉える方法を採用して商圏を仮に論じるとすると，例えば関東地方と呼ぶブロックは複数の県がブロックに入ることから，ブロックのなかで，都および県である行政区画に基づき行政区画のなかでまた行政区画を跨る形式により，地域的拠点を備えた商圏が捉えられる。

　移動における空間的広がりに基づき就業空間が形造られると同時に消費者の往来から購買空間が構築されることで商圏の輪郭が広域に描かれ，価格軸に基づき高い価格帯に属する買回品を取り扱う店舗が集積するのは，大商圏における特徴と捉えられ，飲食に属する領域であると店舗政策のコンセプトから作成されたメニューにより価格軸に基づき例えばボリュームゾーンに属するメニューを提供する店舗とか高い価格帯に属するメニューを提供する店舗などが，物販の領域に属する店舗に入り雑じることにより開業・立地するとか，また物販・飲食の各領域に属する店舗が，物販に属するゾーン・飲食に属するゾーンを基礎として，位置的に定められたエリアで集積を行い，その上にアミューズメント施設が付加されて，商業集積が形造られることにより街作りが行われ，遠方からも多くの購買客を商業集積が吸引して開発が行われると捉えられる。例えばテーマパークが開業されると，テーマパークの構内および周辺には物販・飲食の各領域に属する店舗が立地して，多くの顧客を吸引することから集客効果が表れる。

(2) 商圏の規模

　例えば大商圏が地図上に描けるとすると，人口は100万人以上が集中した中心都市を基軸として，周囲に例えば50万人以上の人口規模を容する都市が位置することで，100万人以上の大都市に注意を払うとすると，物販・飲食・サー

ビスの各領域に属する店舗を商業施設と都市の魅力度との絡みにおいて分析を行うことから，各領域に属する店舗は補完性を備え，周辺の都市および町村に顧客吸引力を及ぼして，商圏は構築されると捉えられる。行政人口が100万人以上と言う大都市は，大都市における行政区画を超えて居住する居住者が頻繁に往来することにより移動する空間が構築される。消費支出額に基づき大都市における一人当たり小売業年間商品販売額が全国平均を超えて高く表されるのは周辺地域から購買客を吸引することで小売業年間商品販売額が押し上げられるからであると推量される。行政人口が100万人の規模を備える都市は，大商圏を成り立たせることから行政区画を超えて購買客を吸引することにより，物販・飲食・サービスの各領域に属する多くの店舗・施設が集まり，顧客の例えば職業・所得といった属性と製（商）品との絡みにおいて分析を図ることで，富裕層における買物にみられるように価格帯と購買予算との絡みにより分析されて捉えられるつながりを基礎として，顧客を細分化することで導き出される客層としての各ターゲットを対象とした製（商）品を企画して製造を図り販売する方法等が採用されたりする。大商圏のなかでは百貨店が取得する市場占拠率は約10％未満であると言われたりすることが大商圏における特徴であり，物販・飲食・サービス業の各領域に属する店舗および商業施設が立ち並んで形造られる商業集積は，顧客吸引力を備える。

　行政人口が100万人に満たず，大都市に準じる都市例えば50万人程度における規模の人口を容する都市は，県のなかでは消費の拠点また拠点に準じる都市となり，周辺の中小都市および町村から購買客を吸引すると捉えられる。例えば100万人以上の人口規模に達せず，且つ県のなかでは拠点とされる都市は，周辺の都市・町村から購買客を呼び入れることにより，商圏人口と販売実績との絡みにおいて分析が図られ，需要予測等から導かれた需要量を概算することで需要量に対応した売場の広さを備える商業施設が整備され，商業集積が形造られることで商圏が描けると捉えられる。

(3) 地域性を備えた商圏

① 大都市また行政区画における拠点都市　行政区画における大都市また拠点都市に共通するのは，大都市また拠点都市に居住する購買客により，例えば物販が属する領域に基づき購買客が通勤・買物・通学等により移動する地理的範囲において，買回品・最寄品に属する各商品の充足が行えるとする場合，利便性を備える商業施設の立地と立地を促す開発が図られると推測される。

　大商圏の周辺に位置して中小規模に属する都市において居住する購買者についての買回品の購買は，地元の例えばショッピングセンターで充足するとかまた大都市へ出向して購買すると言う選択肢が備わり，大都市および中小都市の周辺に位置した町村に居住する購買者は購買を図る商品を基礎として，用途と価格との絡みにおいて分析を行うことで買物出向を行うとすると，大都市また中小都市へ出向して買物をするか否かの選択は，購買者の判断に委ねられると捉えられ，最寄品に属する商品は最寄品の特徴的性格からして地元で買物を行うと推量される。

　最寄品に属するアイテムの購買は，消費者が居住する地区に立地する店舗でなされると捉えられることから最寄品を取り扱う店舗に基づき描ける商圏と，大都市また行政人口により大都市に準じる都市へ買物出向して買回品に属するアイテムの購買を図ることで買回品を取り扱う店舗に基づき描ける商圏があり，各店舗は地域市場における需要と自店の売上高との絡みにおいて分析を図るとすると，自店が取り扱う業種・品群・品種・商品品目に基づき，可能であれば多くの業種を取り扱うこと，各業種に属する商品種類を多数扱うこと，品群・品種に属する多くの商品品目を取り揃え，価格軸に基づき高い価格帯に属するアイテムと低い価格帯に属するアイテムから形造られる価格域を広くして，等級に基づき上・中・下の各等級に属する商品を取り揃えることから集客を図り，中と下の各等級に属する商品品目から優先的に取り揃えることが，集客の原則であると捉えられる。

　大商圏として描かれる大都市と中小規模に属する都市および町村を括りとした各行政区画からなる地理的広がりとの関係のなかで，商圏とは店舗を基軸と

して，最も遠くから買物に出向する顧客を基準とすることで，顧客の居住地と店舗が取り揃える商品との絡みにおいて分析が図られ，店舗の顧客吸引力が届く範囲を商圏であるとすると，商圏は地理上に描ける区域からなると捉えられる。

　小売業に属する店舗を基軸として商圏を描けることで，店舗が取り入れる需要額は商圏内需要額の構成部分であり，店舗が多くの業種・多くの品群・多くの品種・多数の商品品目を取り揃えて商品構成を構築することは，店舗が取り入れを図る対象としての各商品における需要額を積み上げることで計算された商圏内需要額を膨らませることに寄与すると捉えられる。

　②　店舗へ来店して購買する顧客の地理的範囲　店舗へ来店して購買する顧客の地理的範囲を商圏とする（木地節郎『流通業マーケティング』中央経済社，平成2年。）と，商圏内需要額の算定を図ることで，商圏の広がりと競合との絡みにより分析を図ることで店舗における品揃えを行い，取り扱う商品は自社の売場作りに基づき商品陳列を図り店頭における在庫を適正化することが必須条件であると捉えられる。

　大都市が備える大規模な商圏と中小規模に属する都市が描く商圏および周辺に位置する町村が備える商圏に分類を図ることにおいて，共通する題材は人口数に基づく都市および町村の規模により，店舗の立地に基づき地理上の広がりを検討した上で，商圏内需要額の算定を図ることである。

(4) 商圏の解釈

　商圏は地理上の区画と市場規模との絡みにおいて分析が行われ，地理的広がりをテーマとして論じられることで，地理的な広がりを論題に据えるとすると，行政区画に基づき，具体的には各都道府県・市町村のもとで地形的・自然的条件を与件として形造られた地理上の区分が商圏であると捉えられる。商圏設定に基づき描かれる外縁上の区画は明瞭に境界線が引かれずであるとしても，他の商圏と接することで他の商圏における顧客吸引力の影響が表れることで，例えばある商圏のなかで居住する消費者としての購買者が隣の商圏に立地する商

業施設へ買物出向する割合が高く表されるとすると，買物出向を行う購買者が居住する地区は，隣接する商圏の境界上に位置すると解釈される。

　地理上の範囲に基づき大商圏と小商圏における分類を商圏内需要額としての市場規模と店頭における商品構成との絡みにおいて分析を図るとすると，小商圏は需要額として大商圏ほどの規模を備えずであると解釈され，小商圏に立地する店舗からすると個個の購買者に基づき需要を広汎に取り入れる商品構成の構築が不可欠であると考察される。

　大商圏は例えば大都市を基軸として広がる平野部により，多数の消費者が域外からも流入して買物出向を図ることで空間的広がりを持つ地域であり，小商圏は地理的範囲が大商圏が設けられる平野部ほどに空間的広がりをみせず，域外から域内への流入も少ないと捉えられる。

　市場規模を基準とすると，大商圏は例えば百貨店・量販店・GMS（ジェネラルマーチャンダイジングストア）・ディスカウントストア・家電量販店・商店街に立地する零細規模小売店・ショッピングセンター・専門店など，多数の業態に属する店舗が立地すると捉えられ，各業態により取り扱う商品が上・中・下からなる商品の等級に基づき，さらに上・中・下を基に各等級を上と下に分類することで計6等級からなるとすると，市場規模が一定規模を備える商圏であることから，自店が属する業態に基づき商品構成を図ることで，取り扱う業種また商品品目により業種を組み立てる，また得意とする商品品目を構成すると言うことに関する選択が可能であると解釈される。小商圏に立地する店舗は，店舗に近い距離において表される強い顧客吸引力と比較して店舗からの位置が遠方へ移るにつれて集客力は低下すると捉えると，自店が取り扱う商品種類に属するアイテムは，一人当たり消費支出額が高い商品を基準とした品揃えを優先的に図ることおよび中・下の等級に属する商品を重点的に取り扱うことで店舗からの距離的移動に基づく集客力の低下が表されるとしても，自店に消費者需要の取入れを図り，例えば一人当たり消費支出額が低い商品であるとか，商品における購買頻度が低い商品の品揃えに重点を置くとかにより，商品における上・中・下の各等級に基づきボリュームゾーンに属する価格帯を基礎として，

ボリュームゾーンよりも価格的に下方の価格帯に属する商品の品揃えにも注意を払うことは集客力の構築に適した品揃えを図ることに繋がると解釈される。

　各メーカーが新製品を開発することにより，どの流通チャンネルから商品供給を行うかとか，どの地区に焦点を当てどのチャンネルに供給するかという選択を図り自社と競合他社との絡みにおいて分析を行い，シェアを検討することで，地域攻略に向けた戦略および戦術の策定を図れるかが大商圏に適する商法であると捉えられる。流通チャンネルに基づく各チャンネルが大商圏に比較すると多チャンネルにならずと捉えられる小商圏は，メーカーが自社製品を供給するチャンネルを選択するとしても，商品供給を行うチャンネルのなかで供給量に基づき高い割合を占めるチャンネルに焦点を当て取り上げることで，自社と優先的に取引関係に入れる店舗をピックアップして，営業における取引交渉を行うことが，地域における小商圏を対象とした攻略方法に繋がるであろう。

(5) 商圏は地域経済に基礎付けられた所得に裏付けられる

　商圏は，地域経済における所得に裏付けられて商品の購買を行う消費が図られることから，地域に居住する消費者の購買行動に基づき設定される地図上の区分であり，小売業において商業施設また商業集積が備える顧客吸引力と取り扱う業種・品群・品種・商品品目・単品との絡みにおいて分析が図られ，集客可能であるとして地理上に描かれる区分であると捉えられる。

　商圏を店舗へ来店して購買する顧客の地理的範囲（木地節郎『流通業マーケティング』中央経済社，平成2年。）と捉えると，総合的業種を取り扱う例えばGMS（ジェネラルマーチャンダイジングストア）であることで衣，食，住の各領域に属する業種を取り扱う業態であるとか，衣，食，住の各領域に属する多くの商品種類を取り扱う店舗は，自店が構築する商品構成に基づき取扱業種の総合化を図る業態であると捉えられる。

　例えば店舗が特定の業種を取り扱うことで業種に備わる需要額としての規模に基づき，一人当たり消費支出額と商圏人口を乗じることで導かれる商圏内需要額の算出が行われ，自店の売上額が商圏内需要額の10％を占めるとすると，

商圏内需要額の1割が自店の売上額となり，店舗が複数の業種を取り扱うことで，取り扱う各業種に基づき業種ごとの一人当たり消費支出額の合計額を積み上げた金額に基づき，商圏人口を乗じることで商圏内需要額が計算される。複数の業種を取り扱う商品構成を基礎として取り扱う商品種類を増加することで店舗への取入れを図る対象としての商圏内需要額は金額としての規模において膨らむことから，例えば市場占拠率が同じ10%であるとしても店舗の売上額として算定された金額は品揃えを増加させることで膨らむ。業種をなりたたせる商品種類・取扱商品を多くすることで品揃えが指向され，店舗が対象とする需要額の規模は膨らむ。取扱業種の付加・取り扱う商品種類としての品群・品種・商品品目における数の増加および同じ商品品目であるとすると商品品目に属するアイテムを増加させることは，集客力の強化につながると捉えられる。

参照として，商品の種類は，業種・品群・品種・商品品目・単品の順に分類が図られるとされ，例えば玩具の業種であるとすると，女児玩具を構成する品群に属して，品種は着せかえ人形であり，商品品目がタカラトミーのリカちゃん人形であるとすると，商品の括りに基づき，リカちゃん人形は着せかえ人形・着せかえ衣料・その他に属する商品分類からなることにより，単品は例えばリカちゃん人形に属する各アイテムとなる。商品分類を基礎として品揃えを行うことは適切な商品構成の構築に資すると考察される。

(6) 商圏は地形的条件を与件とする

商圏は地形的条件を与件として地理的範囲が描かれることで商圏の規模が測定され，商圏のなかでは需要者の需要量と供給者の供給量との絡みにおいて分析が図られ均衡における模索が行われることで均衡価格が定まり，販売価格による価格が設定されると同時に，地域経済を基礎として分配所得に属する雇用者報酬・財産所得・混合所得などのなかから，例えば消費者であり，被雇用者である各労働者は就業における報酬を稼得収入として取得する。労働者は，稼得収入から，所得税・その他税金および社会保険料控除が図られることから源泉徴収されて差引きが行われた金額を可処分所得として受け取り，家計部門を

基礎として消費支出を行う。消費者は可処分所得に基づき消費を行い、反復的に採用される消費者行動により、各地域・各地区において消費の様式が定着することで、消費者が採る行動範囲が形造られ、例えば商業施設および商業施設が集積した商業地区を基点として、基点を外縁部により取り囲む形状をなして築き上げられた地理上の区分が商圏であると捉えられる。

参照として、商圏は商圏の規模に基づき商圏内需要額が表されることから、例えば、商圏人口を500,000人として、国勢調査報告および商業統計表に基づき商圏内需要額を算定すると、2010年における国勢調査人口は約1億2,806万人であり、平成19年における小売業年間商品販売額は136兆0472億5,400万円であることから、国勢調査人口をA、小売業年間商品販売額をB、一人当たり小売業年間商品販売額をC、商圏人口をD、商圏内需要額をEとして算出することで、商圏設定により導かれる市場の規模は、商圏人口と商圏内需要額との絡みにおいて算定が図られ、市場規模は金額に基づき捉えられる。

販売額に基づき一人当たり小売業年間商品販売額は、$C = \dfrac{B}{A}$ の計算式から約106万円の金額と算定され、500,000人商圏であると商圏内需要額は、$E = C \times D$ の算定式から約5,300億円と算出される。商業の領域に基づき、国勢調査人口は2010年の調査であり、商業統計表は平成19年の調査であるが、AとBが同一年に実施された調査に基づく国内人口および小売業年間商品販売額にあらずでも、商圏内需要額に適合した算出値が導かれる。

(7) 自然的条件および地形的条件を備えた地域的拡がり

自然的条件・地形的条件を備えた地域的拡がりのなかで、農林水産業の振興・産業基盤整備・観光産業・その他産業を基礎として、地域経済はなりたつとする見解を基礎として、地域における分配所得と雇用との絡みにおいて分析を図り消費を捉えることで、地域における景況判断がなされると解釈される。

備考

　国勢調査人口は5年に一度行われる調査であり，国勢調査報告として調査結果が公表されることから刊行された国勢調査において直近における国勢調査は2015年に実施された調査であると同時に，商業統計調査は5年に一度行われ，中間年に簡易調査が実施されることを調査周期とする調査であるが，平成21年（2011年）に経済センサス（経済センサス―活動調査・経済センサス―基礎調査）が創設されて，商業統計調査の中間調査は廃止され，平成26年（2014年）に行われた経済センサス―基礎調査において商業統計調査の本調査が実施された。調査報告書である商業統計表は平成27年ではデータの処理が行われ，本書籍の本文作成において調査報告書は刊行前であることから，本書は平成19年商業統計表に属するデータを採用した。

第7節　まとめ

　消費財に属する商品として取り扱われる最寄品と買回品に基づき商品の分類を図り，各分類に属する商品の特徴を捉えた。第1次産業・第2次産業・第3次産業からなる各産業の概観を行い，自然的条件と地形的条件などを与件とした地域的拡がりについて資料等に基づき概観を行い，各行政区画に跨る地理的な広がりのなかで経済に属する領域において主要産業を経済的支柱として地域経済は成り立つという仮説のもとで分析を図り検討した。地域における分析には歴史的沿革・風土を基礎として，自然・気候・地形等が与件として備わることを捉えた。国勢調査および商業統計調査を実施することで刊行された商業統計表に基づき一人当たり小売業年間商品販売額の算定を行い，商業施設が集積した地区を備える地域について検討を図り消費者である購買客の買物出向について考察した。地域経済の成り立ちと，地域開発が行われることから社会資本整備が図られて域内経済における総生産が増加すること，また地域経済を基礎として分配所得を構成する各要素を拾い上げて検討した。中小企業の集積は地域経済にたいして寄与が図られること，自動車産業は完成車メーカーと完成車

メーカーを元請企業とする下請企業から成り立つこと，自動車の組立てにおける各構成要素としての部品を製造する下請企業は，業容において各産業分野に属する企業からなり，多くの産業分野にわたることから自動車産業は裾野が広い産業であり自動車産業における工場等の立地は地域経済にたいして波及的に好影響を与える産業であり，半導体を製造する企業の立地は地域における雇用の確保に寄与することを概観した。

　商業の領域に属して論じられる商圏は，地域経済における総生産により算出される消費支出額に基づき消費者である購買者が商業施設・店舗を基点として，買物出向することで地図上に描かれることにより，おおよそとして測定可能な範囲と捉えられ，商圏内における需要額は商圏人口と消費支出額との絡みにおいて分析が図られ算定されることを先行書籍を参照して捉えた。商業集積を容した地区は顧客吸引力を備えることから買物出向する購買客に基づき顧客吸引力が発揮されることを捉えた。計算式で商圏を捉える方法からライリーの小売吸引の法則による算定式とハフモデルの概観を行い，商圏について述べた書籍の内容を検討したことから得られた知見は下記である。

(1) 商圏と消費支出額

　地形的条件を与件として，地域における経済的水準と消費との絡みにおいて分析を行うことで，商圏は商業集積を基軸として設定される空間的広がりであるとする見解が得られた。

　地域における主要産業は，第1次産業，第2次産業，第3次産業からなる各産業の何れかに属して地域経済における主要産業は成り立ち，各産業に従事する労働者は稼得収入を得る。事業所が多数立地する地域は，勤労者が事業所の近くまた遠方より通勤を行い，道路網・鉄道網の整備に基づく社会資本整備が行われることから事業所また工場の建設が図られると同時に平野部であるとすると，特に就業空間が形造られ，地域における拠点となる都市には商業施設が集積することで，都市における商業施設および店舗は，都市内および都市外から多数の購買客を吸引すると捉えられる。

就業空間における空間的広がりが，気象条件および地形的条件に基づき影響を受けるけれども，例えば県のなかで複数の商圏が形造られる場合は，主要産業に従事する就業者が域内で稼得した収入額に基づき消費が行われ，公共の領域に属する社会資本は整備されて，地域内に居住する消費者により消費が行われるとすることで地域内では自律的な経済が営まれると捉えられる。

商圏内における人口は概算として算定されることから，消費財に基づき商品における一人当たり消費支出額と商圏人口とを乗じて計算された算定額から，商圏内における凡その消費支出額は算出されると言う前提を基にして分析した。

(2) 地域における商圏

①行政区画に基づき県などを単位とした行政区画を跨る形式で市場が構築されると，広域から顧客を吸引することで商圏が設定される。商業施設また店舗が軒を連ねた商業集積が形造られることで，周辺地域には恰も集客装置による顧客吸引力が波及的に表されて地理上に商圏における輪郭が描かれると同時に，商業集積は都市のなかで形造られることを，書籍および資料等について検討を図ることにより概観した。

②行政人口が100万人以上からなる大都市においては，行政区画に属する県と言った単位または市町村を越えて周辺地域から購買客を吸引することで大商圏が形造られ，他方，行政人口が100万人に満たず，大都市に準じる都市例えば50万人の人口を容する都市であっても，県のなかでは顧客吸引力を備える都市としての地位を占め，周辺の中小都市および町村から購買客を吸引すると言う図式が描かれる。地理的条件を与件として行政人口が100万人以上を容する大都市からは地理的に隔たり，大商圏において商業集積が備える顧客吸引力が及ばずと言う地域を例として都市部とは異なる地域圏を備えた地域が想定されたり，人口規模を基準にすると地方都市に属するけれども，地理的・歴史的には域内で発達した産業を主な地域的産業とすることで経済に属する領域においては，地域的産業による分配所得が確保された地域であるとか，また工場立地を基礎として，物資が移入されると同時に，生産物であるとか完成品が域外に

移出されるとしても，域内における総生産に基づき生産・分配・支出また消費が属する各領域において地域内における循環が行われながら域内経済が成り立ち地域経済が構築されるといった独自性を備える地域が想定されるとすると，商業経済に属する領域においてモデルとして取り上げられるであろう。

③例えば100万人以上の大商圏が地理上に描けるとすると，人口は100万人以上が集中した中心都市を基点として，周囲に50万人以上の人口が集まる都市が位置するとすると，基点となる中心都市と50万人以上からなる大都市およびその近傍に位置する都市により，物販・飲食・サービスの各領域に属する店舗また商業施設と都市の魅力度との絡みにおいて分析が図られ，各行政区画が補完性を備えることにより，周辺の中小規模に属する都市および町村に居住する顧客を吸引することで，大商圏は成り立つと捉えることができる。

参照，木地節郎『流通業マーケティング』（中央経済社，平成2年）

④最寄品・買回品に属する各商品の充足が行われることが容易に推測されると同時に，大商圏の周辺に位置する中小都市に居住する購買者は買回品の購買に基づき，地元の例えばショッピングセンターで充足するとかまた大都市へ出向して購買すると言う選択肢が備わる。大都市および中小都市の周辺に位置した町村に居住する購買者は，最寄品が属する商品の特徴的性格からして地元で買物を行うと推測される。大都市・中小都市およびそれら各都市の周辺に位置した市町村における地区に基づき消費者は共通して最寄品に属する商品により地元で購買を図ると推量される。商圏は，大都市が備える大規模な商圏と中小都市が備える商圏，町村が備える商圏に分類を図ることで，各商圏における基準となるのは人口数に基づく都市・町村の規模であり，地理的広がりと地域的需要との絡みにおいて市場に関する分析が図られることで，商圏は地図上に描けると解釈される。

⑤市場規模を基準とすると，大商圏は多数の業態に属する店舗が立地することで，各業態に共通して取り扱われる商品は，商品の等級に基づき需要額を最も多く取り入れることから中の等級に位置したボリュームゾーンに属する商品であると捉えられる。業態間のなかで取り扱う上・中・下からなる等級に基づ

き，各等級を上と下に細分類することで計6等級に分類を図ることにより，各業態が取り扱う商品に焦点を当てることで，市場規模が一定規模以上を備える商圏であると店舗に基づく例えば業態間での競合が起こる。自店が属する業態に基づき，何れの等級に属するアイテムを取り扱うかの判断が店舗経営に委ねられると捉えられ，地域に立地する店舗は，店舗からの距離に基づき遠方へ移動することで，店舗近くの顧客吸引力と比較して顧客吸引力は低下すると言われ，自店が取り扱う商品種類としてのアイテムは，一人当たり消費支出額が高い商品の品揃えを優先的に行うと同時に，距離的移動に基づく顧客吸引力の低下を抑えることから，商圏内における需要をきめ細かく取り入れると言う商品政策に基づき，一人当たり消費支出額が低く表される商品も品揃えに組み入れることにより，商品構成の構築を図ることは消費者需要を取り入れる方法であると解釈される。

⑥域内経済を基礎として総生産に基づき所得の分配が行われるとすると消費者の購買力と商業施設が取り扱う業種および業種に属する品群・品種・商品品目・単品との絡みにおいて分析が図られ，需要予測を行える地理的区分として商圏は地図上に描かれると捉えられる。

⑦地理的区分で描かれた商圏を基礎として，商圏内で需要と供給との絡みにおいて分析が図られて需給調整が行われることから均衡価格は定まり，商品ごとに商圏内需要額が算定される。

商圏は地形的条件を与件として，地理的区分が定まることで商圏人口と需要額との絡みにおいて分析が図られ，商圏のなかでは需要量と供給量に基づき均衡価格が導かれることで，卸売業および小売業における販売価格としての価格設定が行われると捉えられる。

(3) 地域市場における商圏

地域市場に焦点を当てることで，地域における経済計算を基礎として事業所は付加価値である売上総利益（粗利益）の増加を図り，資金を始めとする経営資源を市場に投入する。各事業所の労働者が受け取る報酬についての増加ま

減少は地域経済に波及的な影響を及ぼすと同時に，地域経済の動向は，工場出荷高・有効求人倍率等による社会経済指標で表され，景況判断に利用される。地域における経済計算に基づき消費の領域に属して需要と供給が自律的に調整されることで価格は均衡するという仮説を設け，地域市場と域内経済との絡みにおいて検討を図り考察した，行政区画に基づき県と言った単位および政令指定都市のなかでも大都市における行政機関は行政区画における経済計算を行うことから，それら行政区画における総生産について分配所得から導かれる各要素としての所得と商圏内需要額との絡みにおいて分析を図ることにより，商圏が描く購買力について考察が図られると言うことを概観した。

(4) 行政区画に基づき関東地方に属する各都県および関西地方に属する各府県を例とした，各行政区画の考察

①関東地方　関東地方に属する地方は，平野が広域に広がる地域であることから東京都を基点とした地方であるとすると，東京近県に属する埼玉県・千葉県・神奈川県に居住する消費者は，東京都の特別区に立地する商業集積に出向して購買することが可能な地域である。ちなみに，首都圏整備法に基づく首都圏は，東京都・埼玉県・神奈川県・千葉県・茨城県・栃木県・群馬県・山梨県からなる。公共鉄道網の敷設・道路網整備により，千葉県・埼玉県・神奈川県をはじめとして茨城県および東毛地区などの呼び名で知られる群馬・栃木などからも，購買客の吸引が図れる東京を基点とした商圏の拡大が捉えられることで，物資の流通に基づくネットワークが構築される地域であることを捉えた。

②関西地方　関西地方は，府県という各行政区画からなるブロックであり，各行政区画を袴ぐことにより地理上の広がりを概観すると，平野部が広域である地域は，官公庁および企業の本社・支社が所在することで雇用の機会が多く提供される地域であり，消費が平均的水準以上に行われることから顧客吸引力を備えた商業集積が域内で構築されて多数の消費者が控える地域であるとか，盆地を形造り独自の商慣習等を持つ都市を容する行政区画など，各特徴を持つ

行政区画により構成されたブロックであることを捉えた。

(5) 地域における都市

　消費支出額を基礎付ける所得は可処分所得であること，労働者が就労の機会を得る事業所が立地することで地域における現金収入が増加すること，地域においては高温多湿な地域・温暖な地域・寒冷地域・高冷地・温度差の激しい気候であることなど自然的条件が与件となり，消費の下支えが行われる，地理的区分としての商圏を設定すると，商品ごと地域ごとの需要・供給に注意を払い，消費を分析することが不可欠であること，また時には行政区画である県と言った単位を跨いで商圏は設定されることなどを概観した。

(6) 地域的特徴と商圏

　公共部門に属する領域において，経済的に拠点となる港湾を容する都市は，港湾における浚渫事業また埠頭の建設・整備などにより，社会資本が一定の間隔をあけてまた継続的に投下され，民需に属する領域では，物流に関する施設の建設および整備が図られる。社会資本の整備および民需の増加は地域における所得を押し上げることから，消費が喚起されて商業施設が建設されることを考察した。

(7) 地形および気象条件

　経済に属する領域において商圏と言う地域的市場を下支えする購買力は，域内における主要産業と就業機会の獲得との絡みにおいて分析され，就労者の所得とつながりを持つと考察される。

　平野部は地域的広がりを特徴として，商業集積に基づき顧客吸引力が備わることから商圏は広く設定され，人・物資の行き来が円滑に行われるのにたいして，標高が高い高地および高地よりも高くに位置する地域は，平野部と比較しても明らかなように，広い面積が備わらずであり狭域な商圏が形造られることを特徴とする地域であるとして考察した。

(8) 地域的発展性と都市

インフラ整備は，各産業への波及効果が多大であり，各業種にも広がりを持ちながら地域経済における所得の押上げに寄与することについて考察すると同時に消費を刺激する効果を備えることについて検討した。

(9) 歴史的に顧みて政治的または商業的な中心性を備えた地域

①歴史的に顧みて政治的または商業的な中心性を備えた地域は，現在でも人口が稠密であることが多く，都市機能を備える地域であり，今日においても陸上交通の要衝として機能する，例えば往時の街道と言った地域は，物流により利便性を備える地域であることが多いことから，なかには工場が建設されたりする地域がみられることを概括的に考察した。

②半島部　半島部に位置する地域は，海浜に接することから半島部特有の気象条件が備わり，例えば一日のうちでも多頻度にわたり気象条件に変化がみられ，海風が半島部に向けて吹くことから海浜部には防風林が植林される地区があり，土壌は変容することなどで，半島部特有の風土が築かれることが多い。半島部に位置する地域は，消費者の気質・消費性向に影響を与えると解釈される。商業が属する領域において，半島部における営業展開は，半島部を地域的市場として取り扱い，商品供給を図ることが不可欠な市場であることを書籍および資料の参照を行うことから検討を加えて，分析を図り捉えた。

③地域性　地域は，例として盆地を上げるとすると一般的に夏の蒸し暑さと冬の寒さが特徴とされ，さらに周囲を山等で囲まれた地形であり，他の地域との往来を図るよりは，域内での交流に重点が置かれることで独特の文化が作られることなどが特徴とされることを書籍および資料を参照することにより概括的に捉えた。地域性は住民の政治意識・消費性向・生活習慣などに影響を与えるとされることを概観した。

(10) 歴史的に地域的発展性を備えた都市

①利便性を備えた交通の要衝　デルタ地帯などの形成で代表される河川の流域は，上流から流れて来た腐葉土などが堆積することにより広がりをみせながら，扇状に肥沃な土地が形造られ，農業に適すると同時に，他の地域・地区との結節点であることが多く，異なる地域間での往来が行われて，通勤・通学・消費者の移動に利便性が備わると同時に物資の移送などが円滑に行われる地帯であること，同時に沼沢地およびその近傍地帯は，埋め立てにより水利施設が整備されることにより，灌漑が行われて農業に適した土壌が造られることを書籍および資料等を参照することにより検討を図り考察した。

②地域的市場の概観　例えば地域における産業に裏付けられた就労者の所得を基礎とする分配所得により消費が行われるという解釈を図ることは，地域的市場における理解に寄与することを考察した。

市場が広域であることから県境を跨り，消費者の通勤・通学も県と言った単位を越えて通勤圏・通学圏が形成されるとすると，消費者は県と言った行政区画を越えて買物出向を図り購買行動を行う。

地域住民に歴史的・宗教的結束が固く備わる地域は，域外からの商業資本が進出し難く，全国的に店舗展開するチェーン組織であっても，出店する地域ではチェーン組織を運営する企業を基礎とした暖簾に基づく商標に表記された名称とは異なる名称が採用されて出店する例が挙げられたりすることを書籍および資料等を参照することで検討を図り考察した。

③地域経済を構築する産業　消費は地域経済における経済計算に基づき分配の領域に属する所得に依存することを捉えた。都市および周辺町村部における地域の富裕度を測ることで豊かさを表す指標が作成されるとすると，地域経済における総生産に基づき生産の領域に属する算出額は，企業・自営業・その他の団体が取得した付加価値の合計額として算定され，域内における経済規模を表す算定額であるとして解釈されることを考察した。

産業が属する領域は，第1次産業・第2次産業・第3次産業からなり，それら産業は各産業における細分類から構成されることを確かめて，各領域に属する事業内容について解説を加えて検討を行い，事業所における従業員に支払われた報酬から導かれる可処分所得を基に消費が行われることを考察した。

第1次産業・第2次産業・第3次産業からなる各産業に従事する就業者数に基づき第1次産業から第2次産業さらに第3次産業へと産業発展に応じて就業者総数に基づく産業ごとの就業者数が占める割合は逐次的に時系列的に高く表されるとして解説が図られることを概観した。

④消費財に属する商品　消費財に属する商品は，最寄品・買回品に分類されることから，最寄品は使い切る頻度商品として特徴付けられる商品であると同時に多頻度に購買が行われる商品であることから価格軸に基づき多くは低い価格帯に属する商品であり，買回品は新規需要および買替需要を基礎として購買がなされることから多くは高い価格帯に属する商品と捉えられ，買替需要は商品購買を図るまでに長期間の時間的スパンを要する商品であるとされ，価格軸に基づき高い価格帯に属する商品からなることを捉えた。

最寄品は購買を図ることで，購買客は居住地から1キロメートル程度までの地理的範囲に立地する店舗で購買を図り，大規模店舗が立地すると1キロメートル〜2キロメートル程度の距離にまで，店舗における顧客吸引力が備わることで購買に要する距離が延びるとされる。

買回品は，購買客が自動車に乗車して買物に出向くとすると，時速40キロメートルの速度で走行を行い，約30分の走行距離で買物出向すると仮定することにより，算定される距離は20キロメートルであることから，買回品における業種に基づく商品の購買は，車での走行距離にして約30分から導かれる距離であるとされ，参考として購買者が居住する地区から地理的範囲にして20キロメートル程度にまで購買における距離が延びるとされることを，参照文献について検討を図り概観した。

⑤歴史的な地域的発展性を基礎とすることで大規模な港湾を備える都市　港湾事業として浚渫などを始めとする整備事業などが属する社会資本整備事業は，地域経済における波及効果が多大であることから，都市と社会資本整備との絡みにおいて分析が行われ，大規模な港湾を備える都市を基軸とした地域発展が論じられることを考察した。

　⑥自動車産業における好・不況と下請制　例えば自動車産業は，完成車メーカーを頂点として第一次下請，第二次下請，第三次下請，第四次下請などからなりたち，自動車組立てに基づき自動車における各構成部分を製造する下請企業は，各産業分野に跨り，裾野が広い産業であると同時に，自動車の販売台数が増加すると各企業の操業が高い操業度により行われると同時に従業員の採用の増加で雇用が押し上げられるとされる。下請企業は，自動車のコンポーネントとして例えば，車のボディとなる鋼材による車体，駆動装置，ブレーキ，タイヤ，ギア，ミラー，ランプ，計器，バッテリー，シート等の製造に基づき自動車のコンポーネントである構成部分の製造を下請企業が行い，完成車メーカーに納入することにより，完成車メーカーは自動車の組立てを図り，車体にエンジンを組み入れて完成車を製造することを捉えた。

　⑦中小企業の集積　製造業に属する中小企業は，業務内容に基づき板金，鍛造，プレス，切削，試作品の製作等を行う中小企業に分類されることで，例えば金属の切削においては旋盤工は金属切削を行うことにより技能水準が要請される職種であり，企業によってはNC工作機を導入して金属切削を行う。中小企業における業務内容と得意領域に基づき，例えば試作品製作などでは，各中小企業が連携して分業が行われることで試作品が製作されたりする事例と同時に，完成品により異なるパーツを製作する中小企業が多数集積するという事例が上げられる。従業員の雇用確保と従業員に支払われる給与は，地域経済における総生産に基づき支出に属する領域において消費に寄与すると同時に，ものづくりを基礎として工業基盤を支える基礎的部分の集積を形造ると捉えられる。

中小企業は工業が属する領域において，例えば元請企業における製品の製造・品質向上・技術開発等の土台となる部分を下支えすることで重要な地位を占めると言うことを捉えた。

半導体の製造を行う企業における工場の立地は，他の産業領域に属する工場の立地と同様に，工場における従業員は工場が立地する地域から優先的に採用されることで，地域における雇用の増加が図られると同時に，工場における従業員に賃金が支払われることにより，地域における所得総額を押し上げると推測されることを考察した。

半導体を製造するメーカーは，国内企業による半導体製造が国の施策とされることで，半導体の製造および供給に付き，事業における継続的運営が，企業経営の上から要請されることを，書籍および資料について参照を図り，考察した。

地域経済における総生産に基づき分配の領域に属する報酬を労働者が現金収入として受け取ることから，消費支出は行われると解釈される。用語上の参照として，工場における各工程の担当業務に基づき各工程で業務を行う従業員に支払われる報酬は，管理会計に属する領域からは賃金と定義されて会計処理が行われる。

(11) 消費と消費支出額

①地域的特性を備えた消費と消費支出額　都市およびその周辺地域に基づき，経済・文化・社会が属する各領域において，地域の特徴を表す指標に注意を払うこと，および地域における居住者が勤務する企業また通学する学校といった各拠点と居住する地域とのつながりにより就業空間・就学空間が構築されると言う考え方が仮説として提起される。分配の領域に属する要素市場に基づき構成要素としての稼得収入を取得する就業者は，稼得収入から所得税およびその他の税金と社会保険料が源泉徴収に基づき控除されることで，可処分所得を受け取る。支出の領域は，家計部門・企業部門・政府部門からなるとされ，そのうち家計部門は個人消費と住宅建設に分類される。就業者である労働者は可処

分所得に基づき消費支出を図り，反復的に行われる消費を基礎として消費行動が形造られると推量される。消費者における購買行動が定着することにより，逐次的に消費者行動による行動空間が形成されることで地図上において明瞭に描かれる地理的区分は，消費支出と域内経済との絡みにおいて分析が行われることにより，商圏は需要と供給との絡みにおいて分析が図られる購買力に裏打ちされた地理上の区分であることを概観した。

域内経済に基づき消費者としての地域住民が形造る行動空間と商圏が重なるとか，地域住民における行動空間に複数の商圏が入ることが可能であるとする考え方が導き出されることについて検討を図り考察した。

②所得と可処分所得 可処分所得は稼得収入から税金・社会保険料を差し引くことで受け取る収入であり，可処分所得を基にして消費であるとか貯蓄に振り分けられる。一般的に可所分所得が増加すると，可処分所得に占める貯蓄および教養娯楽費等の割合が上昇することについて検討した。

③商圏の考察 商圏の解説を行う書籍を先行文献として参照を行い，商圏の基本的考え方また実際の商圏設定の方法を分析することから『民力』はマーケティングに属する領域においてデータブックとして利用されると同時に，朝日新聞出版『民力』編集部が地域の特徴を数値化して表すという編集方法により編集された書籍であることを概観した。数式で表される商圏設定の方法からライリーの小売吸引の法則による算定とハフモデルを取り上げることで各計算式について概要を捉えた。

商圏設定に基づき計算式を使用して売上高など取引額を計算する方法として，数式で表された商圏設定の方法からライリーの小売吸引の法則による算定式とハフモデルを取り上げることにより各方法における概要を捉えた。

(A) ライリーの小売吸引の法則と計算式

消費者としての購買客がX地区から，A市・B市からなる各都市の何れかの都市に買物出向する選択肢が備わることで，A市・B市の各都市に買物出向す

第 2 章　商圏を捉える　131

る購買客の割合は，A市・B市の各都市における人口数に比例すると同時に，X地区からA市・B市の各都市までの距離の二乗に反比例すると言う考え方に基づき購買客数の割合を算定する方法として組み立てられた計算式であることを捉えた。

　但し，A市およびB市における人口数を，A市およびB市の各商業施設における店舗を基礎として算定される売場面積の総合計で表すことにより，ライリーの計算式にあてはめるという方法があることを付加して検討した。

(B) ハフモデル

　各地区における消費者としての購買客が商業施設また商業施設としての商業集積を備える商業地区に基づき各購買客に買物をする商業施設が立地した地区および買物出向する移動時間，購買する商品・商品種類等について質問する調査票の設計を図ることでアンケート調査が実施される。アンケート調査の実施により調査データを集計して整序されたデータに基づき統計的処理を施すことで得られた解折データと各商業地区に立地した各商業施設が容する売場面積で表された商業施設との絡みにおいて分析を行うことにより期待値の算定を図ることで確率に基づき各商業施設における購買客数を算出するモデル式であることを捉えた。

(12) 商圏を基礎として解説および分析する書籍

　室井鉄衛著作から商圏における記述内容について要点を取り上げて，検討を加えた。

　①室井鉄衛『新・日本の商圏』（ダイヤモンド社，1976年。）は，全国を分ける105の商圏と言うサブテーマが書籍名に記載され，商圏等をキーワードとして，商業統計表および家計調査年報などを利用することにより，各都市等における消費支出の規模と消費性向の算定を行うことから，地理的区分としての地域ブロックごとにブロック名を付した各市場について，おおよそとしての地図上に，拠点となる都市名を付した各都市圏を輪郭付けて描き，本文で各都市圏の特徴を記述する。同書における関東市場と近畿市場に焦点を当て，記載内容を概観

した。関東市場は，東京都を基軸として東京都の周辺に位置する行政区画としての県までの広域な広がりを東京圏として記載を行い，東京圏の外延部には都市名を付した各都市圏が地図上に輪郭付けて表され，近畿市場は各大都市を拠点として各都市名を付した大規模な都市圏と同時に，大都市以外の都市を拠点として各都市名を付した各都市圏が，おおよそとしての地図上に輪郭付けて描かれることで，市場と市場においての拠点となる都市名を付した各都市圏を，商圏等の名称を付さずとした上で記述する内容等から編集された書籍であると解釈される。

　室井鉄衛『商圏の知識』（日本経済新聞社，1979年。）は，市場における地域的拠点が都市であると位置づけて比喩的に点として表現することにより都市の規模に基づき市場の地域間の依存関係を表せるとすることで，地域間の連鎖的な機能の相互依存関係は，都市と都市とをつなぐ線として表せ，地域的同質性を比喩的に面として記述することから，物資・消費者等の動きを流れとして表せるとする。各都市は，都市の規模に応じて，商業施設が設けられ，顧客による消費支出は，各都市の規模に応じて立地する商業施設および商業施設の集まりである商業集積で充足されるとする記述内容が，同書における記載内容の例として上げられることについて概観した。

　②特定の店舗を基礎として販売額を算定する商圏の捉え方を記述した書籍として，木地節郎『流通業マーケティング』（中央経済社，平成2年。）が上げられる。同書は商圏について特定の店舗に来店して購買する顧客の地理的範囲と定義すること，多岐の領域を網羅的に取り扱う内容から各章を設けて編集された書籍であり，同書を取り上げて引用・参照した。

　商圏は，店舗と地域的市場との絡みにおいて考察が図られることが不可欠であるとして，購買者が商品購買を行うことで最寄品・買回品からなる商品分類に基づき，商品購買における購買客が居住する地区を基点として店舗までの距離・所要時間などが述べられ，購買客が店舗に来店する地理的範囲を基礎として商圏設定が行えるとすることで商圏における定義を図り解説される。店舗に

おける品揃え等の記述を図り，マーチャンダイジングについて論述が行われ，商圏内における競合関係としてランチェスター戦略により導かれた市場占拠率等の分析により解説が図られる。流通業に即してマーチャンダイジング・流通経路・店舗戦略などを述べる内容からなり，流通業をテーマとした書籍であり，流通業における基礎的学習に寄与する書籍であり，マーケティングに属する領域において研究書と捉えられる。

　③地域市場に基づき，田岡信夫『ランチェスター　地域別市場攻防法　東日本編』（ビジネス社，1979年。）『ランチェスター　地域別市場攻防法　西日本編』（ビジネス社，1979年。）について参照を図り引用して，地域市場の分析方法を検討した。

　田岡信夫氏の著作のなかで，地域市場を取り扱う書籍は，例えば門前町・宿場町等といった都市の由来に基づき各個の都市名を上げて分類を図り特徴を記述するとか，道路の整備で通行量が多くなっても都市を通過するだけになり消費に寄与せずと言った場合であるとか，地域市場に出入りして営業活動を行う場合，商圏内に所在する各取引先をすべて回ることが，強者を追走する弱者の戦略であり，市場における弱者の戦略として，市場における強者が半島部に位置する地域を営業する場合，半島部における入口から入り営業活動はしても，半島部の奥の方まで入らずであり，地域内のすべてを営業せずであることから，半島部におけるすべての取引先およびその他に基づき言うなれば網羅的に訪問して営業することで，市場に浸透を図り強者に対抗することが可能であるとする内容が例として取り上げられ，土地の風土を具体的に各個に上げることで，地域的市場における事例を記述することにより，企業の営業部門等が，各市場でランチェスター戦略を取り入れて営業戦略を立てるなどの際において参照するのに適した書籍であることを捉えた。

　④朝日新聞出版『民力』逐次刊行書籍
　マーケティングが属する領域において実務を行うことからデータブックとし

ての利便性を備える書籍であり，政府および関係団体により実施された調査に基づき公表され刊行された調査報告書等に基づき多数の社会・経済指標を選び出して収録する，『民力』は，各地域に共通して民力水準の算定を図ることができるように組み立てられた計算式に基づき，例えば各地域が備える豊かさを表す指標として指数の算出を図る。算出された各領域を表す指数としての中分類指数に基づき，総合指数が算定されることを捉え，地域的特徴を社会指標・経済指標を基にして数値化する計算処理の方法について，『民力』に記載される内容について分析と検討を図り考察した。

⑤朝日新聞出版『民力』（逐次刊行書籍）を閲覧することで，マーケティングが属する領域において使用されるデータブックの利便性と同時に，地域的特徴を指数化により数値化して表す記載内容を取り上げて，同書の使用方法を考察した。

『民力』は，政府機関などが調査を実施することで刊行された調査報告書に基づき公表された社会指標・経済指標から各指標を選び出して収録する書籍であり，利用者にたいしてデータブックとしての利便性を提供する。データブックとしての利用のみならず，例えば県ごと・市町村ごとといった行政区画により領域ごとに表される地域性を社会経済指標を基礎として計算処理を図り数値化した指数で算出すると同時に，領域ごとに表される指数を基にして総合指数を計算する。但し，領域ごとに算定された指数および総合指数は，マーケティングに属する領域においての分析を図る上で，例えば100を基準として100を超える・下回るとして，例えば県と言った行政区画ごとの特徴が捉えられることで利用されたりする。各県の比較を，領域ごとに表された指数また総合指数を基にして行うとか，さらに県と言った行政区画ごとの特徴を捉えると同時に各県を比較することで，民力は利用価値を備えるデータブックであるとして解釈される。各領域を表す指数は，地域基本指数・産業指数・消費指数・文化指数・暮らし指数からなり，それら各指数を基に総合指数が表されると言う分析方法の組立てについて概観した。

日本赤十字社が行う社会事業としての募金にあたり地域性を表す方法と地域性に基礎を置き数値化を行うことを作業目的として組み立てられた算定式に基づき，それら方法と算定式を参照することで，朝日新聞出版『民力』は，民力水準の算定にあたり，地域性を表す方法および算定式の作成手法に取り入れたとの記述が，『民力』（2013年以前に出版）に記載される。

　例えば，財政の領域に属する国税納付額・地方税納付額という指標は，国および地方公共団体における財政の裏付けとなる指標であり，経済の領域に属する指標である県民所得は豊かさを表わす指標であり，地方創生と言う政策に関連付けて報道等がなされる人口数は社会の領域に属する社会指標である。

　市町村における領域ごとに表された指数また総合指数は，市町村が各県の行政区画のもとに置かれることから，隣接する市町村に基づき行政機能は補完性を備えることが多く，例えばマーケティングに属する領域の分析を行う上で，マーケティングの担当者は，実際に市町村から受ける特徴が民力で表される領域ごとの指数また総合指数から乖離した感じを受ける場合があることについて検討を図り分析した。

(13) データブックの利用方法

　一般的にマーケティングに属する領域においての分析を行う上で，マーケティング担当者は，各データブックまた書籍における記載内容を信頼して，マーケティングに属する領域においての作業上の手続に基づき無条件にそれらデータブックまた書籍における記載内容を取り入れて分析を図るというよりも，先に利用の方法を検討することが必須であると捉えられる。

参照文献

板倉　勇『大型店出店影響度の読み方　通産ハフモデルの手引き』中央経済社，1988年。
相原憲一編著　相原憲一「第一章　地域のにぎわい―その創出と持続」『にぎわい文化と地域ビジネス』春風社，2004年，9頁～28頁。
藻谷浩介『実測！ニッポンの地域力』日本経済新聞出版社，2008年。
川村能夫『京都の門前町と地域自立』晃洋書房，2007年。

大田区区史編さん委員会『大田区史　下巻』東京都大田区，同成社，1996年。
山中　進・上野眞也［編］，上野眞也「第4章　コミュニティの協同力を測る」『山間地政学を学ぶ』成文堂，2014年，97頁～116頁。
関　満博・松永圭子編『「農」と「モノづくり」の中山間地域　島根県高津川地域の「暮らし」と「産業」』新評論，2010年。
安藤精一・高嶋雅明・天野雅敏編『近世近代の歴史と社会』清文堂出版，2009年。
関　満博・新籾育雄［編］『21世紀型中小企業の経営戦略』新評論，1997年。
伊丹敬之＋松島　茂＋橘川武郎―編『柔軟な分業・集積の条件　地場産業の本質』有斐閣，1998年。
池田正孝「下請企業進化のもう一つの道 ── 国際比較の観点から」『国民金融公庫調査月報　No296』，国民金融公庫総合研究所，1985年12月，17頁～29頁。
寺沢清二，中小企業金融公庫調査部『挑戦する中小企業―空洞化を乗り越える企業家たち』中央経済社，1994年。
日本経済新聞社　「本田宗一郎」『私の履歴書―昭和の経営者群像〈6〉』日本経済新聞出版社，新書，1992年。
土屋守章・三輪芳朗　編『日本の中小企業』東京大学出版会，1989年。
門田安弘『新トヨタシステム』講談社，1991年。
佐藤澄男『中小企業経営の勘どころ』中日新聞本社，1990年。
佐藤義信『トヨタグループの戦略と実証分析』白桃書房，1988年。
高橋毅夫「日本経済新二重構造論」『週刊エコノミスト』毎日新聞社，1982年5月18日号。
清成忠男『中小企業読本』東洋経済新報社，第3版，1997年。
居城克治「成長に限界がみえはじめた日本の自動車部品業界」『国民金融公庫調査季報25』1993年5月，1頁～24頁。
山田日登志『トヨタ生産方式をトコトン理解する事典』日刊工業新聞社，1988年。
大野耐一『トヨタ生産方式　脱規模の経営をめざして』ダイヤモンド，1978年。
国土交通省鉄道局監修『鉄道要覧』電気車研究会・鉄道図書刊行会，2013年。
小倉行雄，佐藤善信『ケースで学ぶ現代経営学』放送大学教材，財団法人　放送大学教育振興会，2012年。
水産庁『水産白書　平成25年版』一般財団法人　農林統計協会，2013年。
農林水産省編『平成25年度　食料・農業・農村白書』一般財団法人　農林統計協会，2013年。
市川健太編著『図説　日本の財政　平成25年版』東洋経済新報社，2013年。

第3章　行政統計と民力水準

> キーワード
> 　行政統計　社会経済指標　国内総生産　減価償却　雇用形態

はじめに

　市場規模を表す方法を概観することで，市場における分析対象を抽き出して毎回同じ様式で分析するよりも，当初は市場と分析対象との絡みにおいて検討を図り全体像を明らかにすると言う分析方法を採用すると同時に，最適な分析手法の選択に注意が払われる。内容を落とし込んでの詳細分析を図る分析方法の採用は，市場を深耕化して捉えることに通じると解され，マーケティングの学習に不可欠である。

　本章では市場規模の算定基準を明らかにすることから，政府の刊行した調査報告書また新聞社の系列である出版社が発表したデータブックに基づき市場規模を捉える方法について概観する。政府が実施する統計調査により刊行された調査報告書に基づき，社会経済の領域に属する主要な統計調査の活用を探り，実践編として朝日新聞出版発行の『民力』について実践的な使用方法を考察する。刊行物・書籍を基に，簡単な市場規模の算出と分析を行うことについて検討を図る。

　但し，『民力』は『民力　2015』まで刊行されそれに続き逐時刊行されずである。

第1節　総　　説

(1) 市場規模を捉えるベース

　マーケティングに属する領域の学習として，例えば市場規模といった基本的概念は，市場に登場した製（商）品に基づき国内の需要量の算出を図り，製品を製造して出荷する段階をベースとするか流通過程に属する小売段階において市場規模の算定を図るか，またメーカーの出荷段階であるとすると市場規模を表す単位として金額ベースまた出荷個（台）数を基準として市場規模を捉えるかで算定基準は異なると解釈される。

　金額ベースで表された市場規模に関係して，国内人口と商品についての消費支出額との絡みにおける分析から，商品品目による一人当たりの消費支出額は，消費者が日常的に商品を使用することにより消費者として得る感覚と製（商）品の耐久性また消耗頻度に基づき推定することで，市場の規模について具体的におよその推計が図られる。

　地域市場で営業を行う店舗は，当該店舗が取り扱う業種・業種に属する商品種類・商品種類に属する商品品目・商品品目に属するアイテムにより，商圏内需要額の概要を捉えることが可能である。市場規模を論じるに当たり，経済が属する領域と商業が属する領域との絡みにおいて分析を図ると，国内人口は経済の領域に属する国内総生産（GDP）等の経済活動と密接な関係を備えると解釈され，消費支出額を下支えするのは人口数であることに注意が払われることから，国内人口の増加・減少と市場規模の増減は比例的関係を備えると解釈される。

　景気が上昇傾向を辿ることで景気の上向きが予測されると，景気の先行指標としての先行経済指標に属する自動車の販売台数は増加として表され，例えば自動車販売台数の前年対比での大幅な増加は景気が上昇基調をたどる萌しであるとして景気予測が行われる。

　テレビの地上波デジタル放送に切換えが行なわれるという政府の政策のもと

では，地上波デジタル放送に適合するテレビが，アナログ放送から地上波デジタル放送への切替えが行われる時において，販売台数により増加基調をたどることは，政府の政策に基づく需要の増加として解釈され，政府が先導した需要の増加であると捉えられる。商業の領域に属する市場としては，例えば釣りの愛好家が余暇を利用して行う釣り具における市場は，釣りの愛好家の間で，また愛好家が増加することでブームを迎えると市場が前年対比で増加をみせ，ブームが過ぎると市場は縮少すると言ったことが市場規模の増減による事例として上げられる。

表1　業種・製（商）ごとの市場規模を捉える基準

	市場	金額ベース	数量ベース
メーカー段階	製品	各メーカーが出荷した製品の出荷額に基づき，製品ごとに集計された各メーカーの出荷額を合計した総額としての金額は，メーカーの出荷段階における市場規模と捉えられる。	各メーカーが出荷した製品の個数・台数を基準として，各メーカーの出荷数量を合計して算出された総量としての数量を市場規模とする。
小売段階	商品	小売段階での店頭価格に基づき，店舗が商品ごとに購買客にたいして販売した金額を基礎として，各店舗における商品ごとの販売金額を合計して算出された総計としての金額を市場規模とする。例として，商業統計調査に基づき刊行された商業統計表に記載の小売業年間商品販売額は，販売額として精度が高い調査金額である。	小売段階における購買客に販売した販売個数・台数などを基準として各数量の合計値を算出した総計としての数量を小売段階における市場規模とする。多くは推定値である。

(2) 需要額に基づく一人当たり消費支出額

　地域市場は，地理的区分について絞り込みを図り，地理的広がりを細分化した市場において地域的な需要と供給により均衡が図られるという仮定のもとで，

価格は均衡点で定まるとすると，例えば入学シーズン・入社シーズンの3月・4月などはいわゆる白物家電に属する商品は販売が好調であり，品薄となることで地域市場においては価格が上昇すると同時に，オーディオに属する商品は価格が変動せずと言われたりする。

　消費支出額と需要額は同等の金額から成り立つと言う仮定の下で，調査報告書として刊行されて公表される数量また需要額に基礎を置くことから，需要額と国内人口との絡みにおいて分析を図ることで一人当たり消費支出額を計算すると言う方法は，商業の領域に属するテーマを取り扱うのには適する分析手法であり，全国を質的特性により千篇一律と解釈して，国土は同質的な消費傾向を持つ地理上の広がりからなると言う捉え方に依拠した方法であるとするよりも金額・数量ベース等に基づき粗く対象を捉えて地域的な特徴を摑むという有利性を備えた分析手法であると考えられる。

　全国規模で調査を図りデータ処理を行うことから刊行された調査報告書により算定された市場規模は信頼性を備える統計的数値であると捉えられることで，良質なデータであるとして取り扱い，データ処理を施したあとで，粗く分析することにより一人当たり消費支出額を金額ベースで摑むことは，例えば製品を製造するメーカーにとり製品販売に基づきテリトリーとする各地域を一括して，また細分化して，市場について比較を図り論じられると言う有利さを得る方法であると解釈される。

(3) 市場の地域的特徴

　地域的特徴を明らかにすることは，地理的広がりを俯瞰して，例えば地形を形造る山脈・河川，都邑の連続からなる地理上の自然条件を備えた地域に，行政機関が財政投資を行うとすることは社会資本を投下することであり，鉄道網および道路網の整備また港湾の整備は地域開発に寄与すると捉えられる。地域経済に波及的効果が表れて地域における総生産を増加させる例として，民生と密接に関係する下水道の整備等は，地域としての公衆衛生に重点を置くことにより生活水準の向上が図られると理解される。

地理上に位置することでもたらされる自然条件を与件として，地域開発さらに地域住民の生活水準の向上を図る社会資本整備は下水道整備事業等に代表される政策の実施により行われる。地域は複数のエリアからなると捉えられ，行政区画が同じであっても，主要産業が域内で異なるとか，味覚・行動様式の違いであるとか，例えば方言の違いで表される地域性の異なりなど，地域的特性により彩色分けされる地理上の広がりから地域における特徴が抽き出されると想定される。

　各地域に居住する消費者は，例えば物販に属する領域であると，衣・食・住の各領域に属する商品需要に基礎付けられた地域市場において，食の領域に属する商品が地域の主たる産業であり第1次産業における産品である場合，地産地消が優先的に行われるとすると，住民は食に属する領域に基づき各農家における収穫物また収穫物を加工して販売される商品を地域内で優先的に消費する。漁港を控える地域は当然に魚類の消費量が他地域よりも多く，魚類を消費する金額は他の地域よりも高い消費支出額で表されるということが考えられる。
（参照，総務省「家計調査年報」逐次刊行物）

　自然条件を与件とする地理上の広がりのなかで，地域住民の行動範囲に基づき居住地等の拠点となる地区と空間的に移動が行われる地区との間で，継続的に例えば居住地から勤務する事業所，また所属する学校への往復的移動，居住地から商業地へ移動して，消費行動を図ることによる移動，居住地からアミューズメント施設，飲食店，スポーツ施設等が立地する地区への移動，また居住地から文化に属する領域についての文化的活動に参加することによる移動，さらに居住地からその他に属する領域のなかで，その他活動を行うことによる反復的移動などから，地理的区分が形造られると捉えられる。地理的区分においては，地域住民は個個の地域における風土で醸成された行動傾向および行動規範を備え，地域に根付いた産業で就労を行い，生活の糧に基づき稼得収入を得る。消費支出が継続的に行われて消費様式が形造られ，地域的な消費様式が習慣的に積み上げられることで，消費に関する地域性は根付き定着すると捉えられる。

(4) 社会経済指標

① 社会経済指標

　社会経済指標は地域的特性を明らかにするのに適する指標であり，調査報告書に基づき地域の消費行動を摑むことにより，地域に出向して地元の消費実態を捉えるという手法は，地域の消費行動を明らかにするのに適した実証的な調査方法である。

　地域の富裕度は，例えば所得水準・貯蓄額・持家率・自動車保有台数といった指標で表されると捉えられ，地形的条件により平野部とか盆地に各地域が分類されるとすると，地域における特徴は気温・日照時間・温暖地または寒冷地といった気象条件からも表されることから，自然的条件を媒介項として，地域住民の消費行動に特徴が備わり，消費財に属する各商品の消費支出は地域ごとに差が表われると解釈される。

　平野部は人口が集まり稠密であることに加え，地理的に広がりを持ち，官公庁の本庁・支庁が置かれると同時に企業の本・支店の所在地となり，官公庁・事業所へは勤労者が遠くからでも通勤して労働することから中心部においてオフィス街が形造られたりする。地域の事業所が雇用する従業員および官公庁が各公務員に支払う賃金を合計した賃金総額は各労働者に分配される資金であるとして解釈され，各労働者は報酬として稼得収入を得る。稼得収入から税金・社会保険料が控除されることで受け取られる可処分所得は労働者に使途が委ねられる報酬であり，概略として消費および貯蓄等に振り向けられる。

　官公庁およびビジネス街とは区画を隔てた商業に適する地区である中心地域には商業施設が建設され，公共交通機関であるターミナル・駅が整備された地域また以前より購買客を吸引する例えば市の中心部である市街地であると，大規模店舗とか専門店・飲食店・アミューズメントの領域に属するシネコン等などが軒を連ねる。

② 顧客吸引力

　平野部における広がりを持つ地理的空間は基本的に消費行動が盛んであり，

購買金額の高さで表される消費者の買物は顧客吸引力を備える商業施設の集積に基づくことで，消費者が居住する地域から商業施設が立地した地区への移動は，商業の領域に属する顧客吸引力により購買客の居住地からの吸引力として表される。

　商業施設で購買される商品販売額に注意を向けると，顧客吸引力の中心となる地区，例えば大都市また市内の商業施設が集積する地区に焦点を当てて分析することにより，商業施設が集積した地区に基礎を置き集計されて算定された商品販売額を，市・区における定住人口で除すことから一人当たり小売業年間商品販売額の算出が図れることにより，一人当たり小売業年間商品販売額について，全国平均の小売業年間商品販売額と比較を行うことで導かれる分析結果が全国平均を上回る高い金額で表されのは，商業立地に適した地域として市外・区外から顧客を吸引することからもたらされる。

③　社会資本整備

　鉄道網・道路網の整備が行われると，求職を希望する労働者は，都市部と同時に都市部から外れた域外である周辺部等からも，雇用機会を求めた求職活動の成果として就労の場を得ることで，事業所へは公共交通機関および自動車を利用した移動により反復的に通勤する。雇用の増加は地域において稼得する収入の増加として算出され，所得のなかで税金・社会保険料等を控除して消費支出へ振り向ける金額として算定される可処分所得は増加する。消費は雇用の増加に基づきその分について増加することで例えば地域の購買力に基礎付けられた消費支出額が押し上げられることにより高い金額となって表れる。

　マーケティングに属する領域の学習は，所得と消費支出額との絡みにおいて分析を図り，地域における消費を捉えることが不可欠であり，所与のテーマに基づき分析を行うことで示唆に富む材料として取り扱えるのは，各地域を表す社会経済指標であり，各指標から有益な判断材料が得られる。

　マーケティングに属する領域で利用される社会経済指標を基礎にして，行政統計に属する複数の調査報告書を概観する。

第2節　行政統計と調査資料および調査方法

(1) 社会調査における調査データ
① 調査者が被調査者に実施するアンケート等の調査

　社会科学に属する領域において，例えば官公庁が調査主体となり実施するアンケート調査は，調査を実施する機関が被調査者に調査票を配布することから被調査者が記入を行い調査者に調査票を提出する方法で，また調査者が被調査者から聞取りを図ることで調査者が調査票に記入を行い，調査票は調査の実施機関が回収するといった方法で行われる。調査者がアンケート調査を実施して調査票を回収する方法は，広く知られる調査方法であり，調査者は調査票に記載された回答の集計を図りデータ処理を行う。

　データ処理を行うことで集計値また統計処理された調査結果に基づき分析を施して解説を図ることにより編集を行い調査報告書は刊行される。調査票の設計と被調査者の数に注意が払われ，調査方法として調査員が被調査者を訪問して聞き取る方法，電話での聞取り，郵送などで調査票を送るなどの方法が上げられる。郵送を利用する調査方法は調査票を送付したあと被調査者から記入した調査票を調査員が受け取り回収を行うとか，また被調査者が調査者へ直接調査票を郵送するという調査方法であり，各調査に共通するのははじめに回収率が算出されて，高い回収率になると調査の信頼性が高まり，さらに回収された回答のなかで有効回答数が，被調査者から得た回答数にたいして高い割合を占めると，高い信頼性を備える調査であるとされ，調査の実施目的に適合する有意な調査結果が得られるとして，調査報告書の作成が図られる。

　調査票の回答欄に記入した調査結果を有効回答数に基づき調査項目ごとに集計して単純集計を図り，被調査者全体の傾向を推定する方法において，広域な調査対象地域のなかから標本抽出に基づき行政区画に属する都道府県とか市区町村また各行政区画ごとに地区を絞り，対象となる行政区画また地区の居住者からデータの取得を図る方法は，マーケティングにおける作業を行う当事者に

とって，現場で採取された有益な資料を得る方法であり，基礎的データの取得が行われるという有利さが調査方法に備わる。当事者が研究目的また企業業績と企業を取り巻く経済環境であるとか景況との絡みにおいて分析を行うとすると，経営における意思決定を行う上での資料となるのが調査報告書であるとして自社が自社製品について市場への参入・市場における事業の続行・市場からの撤退，また市場への浸透を図ると言った経営における選択肢から選択を図るとか，さらに新製品の開発・研究開発投資の増加などの経営判断を行うなどといった企業の意思決定を図る際に，参照資料となるのが調査報告書である。

② マーケティングの領域に属する資料

書籍の執筆また論文の作成を行う当事者としての著者が研究の本文を補強する材料として経営の領域に属する資料を調べるとか，例えば企業が経営判断を行う段階で，景気を表す指標に基づき例えば消費支出額が粗い段階で表されるデータとして，地域ごとの小売業年間商品販売額を捉えること（参照，経済産業省『商業統計表』）から行政区画における行政人口に基づき一人当たり小売業年間商品販売額の算出が図られて経営判断における参照資料とされる。

行政区画を基準とする考察から，例えば商業集積に基づき行政区画外からの購買者の吸引が行われるとする分析結果が得られる場合，店舗の立地する商業集積が顧客吸引力を備えることにより商業が属する領域において優位性を備える地区であるという解釈が導かれる。またメーカーにおける事業内容として，事業領域に基づき市場におけるシェアに重点を置き，自社と競合する他社との絡みにおいて分析を行い，自社製品のシェアに注意を払うことにより，シェアの増加を優先して市場へ製品の投入を図るか，利益獲得に重点を置き製品管理を行うかといった経営の舵取りにおける判断が迫られる。逐次的に経営判断を図ることから，製品販売を行う地域に基づき消費者の消費行動とか消費水準および地域における主要な産業，その他伝統的な習俗・慣習を捉えて分析を図り参照資料とすることは，自社に適した経営判断を行う上で不可欠な作業である。

③ 資料の収集

マーケティングを学ぶことにより，マーケティングの領域に属する分析方法とか理論をテーマとして論じることを当初の目的とした場合，作業手順を描き，はじめにデータの収集を図るとしても，データ収集を繰返し行うことで資料を集めるだけに止まり，分析するという次段階の作業に移れずと言うことも多く出て来る。

論文・レポート等における作成者が，取り扱うテーマに基づき近似または類似した先行の研究論文とか書籍を検索して閲覧を図り，データの処理方法また分析手法さらに分析手法に基づくデータ加工の方法を具体的に読み解くと同時に，続いて本文における仮説と仮説を抽き出した著者の見解および語彙，コンテクスト，論理の展開さらに結論部における要旨等について参照を図り，優れた表現手法，表現箇所等に注意を払うことで，論文またレポートの作成において取り入れることが可能である。次に論文の著者またレポートの作者が本論で著者または作者の見解を述べる次段階の作業につなげるとするのが論文・レポート等の作成において取れる方法と考えられる。

マーケティングの学習に不可欠とされる行政統計を下記に取り上げ，各行政統計の特徴を捉えて，注意を払う箇所を記述することとする。

④ 統計資料であるデータの採集

データとしての価値を備える資料について，調査年に基づき刊行された調査報告書を例えば直近の調査報告書から数えて3期収集したあと，その資料に加工を施さずという段階で，当該資料を基にして時系列的に並べることにより，データから例えば変数における傾向線が捉えられる。

時系列的にその資料を並べて検討することで，他の同種類または他の種類に属する資料との比較を行い，データを基礎として描かれる傾向を実証的に分析するなどの方法を採用することにより，データの内容を解釈するのが適切な作業であると捉えられる。データを集めて報告書の結論を導くとしても，当事者の判断により社会経済指標に属するデータのなかで，分析目的に最も良好に適

合すると判断される社会経済指標のみを採用してデータ処理を図ると言うことはデータの取扱いとして適切な方法である。

⑤ 調査結果および統計資料であるデータの加工

採用可能と考えられるデータを採り上げることで，加工等の作業に移るのが最も標準的な分析手法であり，同じ領域に属するデータとして，例えば社会経済指標に基づき都市の特徴を描くとすると，高額所得者が多く居住する都市は，当然に国税に属する所得税は高い納付額であることから，当該地方自治体の特徴を表す社会経済指標として高額所得者の数と所得税の納付額の高さを表す指標を同時に採用して分析を図ることは不適切なデータの取扱いである。

(2) 行政統計

政府機関である省庁が政策実現に向けて統計調査の実施を図り，調査結果の解析により調査報告書を刊行することは，政策の立案および政策の決定と遂行に寄与するとされる。国勢調査などの全国的規模で実施される調査は，日本の現状を表す基礎的データであることから静態的および客観的に国の構成を捉えることができる調査であり，代表的な行政統計に属する。

国勢調査は調査の実施により，第1次産業・第2次産業・第3次産業に基づき国の動勢と各産業の特徴が明らかにされる調査であるとして捉えられる。例えば農産物の生産高・道路網の整備状況・観光客数またブロードバンドの加入に関係した件数などをはじめとする各指標は，国勢調査で明らかにされた各産業の構成と経済における動向との絡みにおいて分析が行われて検討される指標であり，国における産業発展の段階を表す具体的指標として取り扱われる。国勢調査をはじめとする各行政統計は調査結果に基づき編集がなされ，政府機関である各省庁また関係団体により調査報告書が刊行される。

行政統計の調査実施における調査対象は，調査目的に適合した事業所・個人などからなる。

以下に，商業の領域に属するデータの処理を図る上で，基本的な統計調査の

列記を行い，統計調査の名称，統計調査に基づき得られる内容，調査方法，調査年等を表記する。記述内容に基づく主要部分を列挙すると下記の内容である。

　　a　調査領域　　　　b　統計調査の名称　　c　調査機関
　　d　調査目的　　　　e　調査内容　　　　　f　調査方法
　　g　統計調査と調査報告書　h　統計調査の実施年　i　調査報告書の発行年

aからiにおける各事項を(a)から(i)と表記して概要を記すと次記である。
(a) 調査目的に基づきいかなる調査が行われたかということで，行政統計の分類を行い，行政統計が属する領域を明らかにする。調査結果から得られた統計的数値に基づき公表された社会経済指標は，例えば社会の領域に属する指標か経済の領域に属する指標であるかということで一般的には分類が図られる。
(b) 統計調査のあと，刊行される調査報告書の名称を捉える。
(c) 政府機関における行政統計に基づき，調査が実施されたあと調査結果について分析を図り編集を行うことにより調査報告書として刊行するのは行政機関における関係団体であることから，統計調査を実施する所管官庁を確かめて何時でもわかるようにする。
(d) 調査目的は，行政施策を講じるにつき実態を明らかにする調査であるとか，行政施策の立案と実施また実施後の行政施策の評価を行うことを目的として実施される調査であるかなどを捉えて調査手法の特徴を踏まえ，調査目的をはっきりと掴む。
(e) 集計データにつき解析を行い，経済動向と消費・投資との絡みにおいて分析を図り解説を加えるデータであるか，消費の実態を明らかにする内容の統計調査であるか等を基準に置き，調査内容を概観する。
(f) 全数調査であるか標本調査であるかということを基準に据えて調査方法を分別する，調査票が留置法（とめおきほう）であるとか，郵送法であるかといった調査方法を明らかにする。標本調査であると，信頼性を備える調査であると言ったことと関係して標本数に注意を払う。行政統計は，標本について層ごとに分類を図るなど層化抽出法という統計手法などが採用されるが，

調査方法としては標本調査に基づき精度を高める調査手法である。

（g）統計調査を実施するにあたり調査票を設計して，被調査者に調査票の配布を行い，取得されたデータの集計およびデータ処理を施して分析を図り検討することで，調査対象となるものの実態また実勢を明らかにすることを目的とした統計調査であり調査報告書であるか，社会経済に属する領域において数量また数値で表されるデータの収集を行い，データ処理を施して分析を図り社会動向を捉えることを目的とした統計調査と調査報告書であるかを確かめる。どちらの統計調査も，政策決定における基礎的資料を得ることを目的として実施される調査であるとして捉えられる。

（h）調査の実施に基づき，調査目的と調査報告書との絡みにおいて検討を図ることにより，社会経済に属する領域についての行政統計における統計調査の実施年を明らかにする。

（i）調査年と調査報告書の刊行年を捉えて，実施された調査が大規模調査に位置付けられるかといった評価を行う上での参考材料とする。大規模な調査であると，調査の実施から，調査報告書の刊行までに，調査票の回収・集計・統計的処理を施して，データについて分析を行い編集を図ることから相当の月日を要する。全数調査に基づく調査は，取得されたデータが大量の取得データであることから，調査報告書が刊行されるまでには相当の時日を要するとされる。取得データを基礎として，一定数のデータを抽出して解析を行い，調査報告書が刊行されるまでの早期の段階で，速報という形式で解析結果を公表する調査があり，代表的な行政統計としては国勢調査が上げられる。

　マーケティングに属する領域のなかで社会経済の実勢を表す統計として優先順位の高い行政統計を取り上げて概観する。

イ．国勢調査

　国勢調査は，総務省により5年に1度の周期で調査が行われ，基本的に全数調査に基づき調査が行われることから，精度が高い調査とされる。国勢調査は，調査員調査の方式で行われる調査であり，調査員が被調査者の各世帯を訪れ，

調査の目的と概要説明を行うことにより被調査者の理解を得て調査票を各世帯に配布する。後日，調査員が記入された調査票を回収して回ることから，郵送法と異なるのは配布した調査票を回収して回収率を理想的には全数にする，また全数に近づけることを目的とした調査方法であり，留置法に属すると解釈される。標本調査は，全数から標本数を抽出して，抽出した標本を基にして取得されたデータに付き統計処理を施すことで，全体を推定する手法である。国勢調査は，国勢調査報告として刊行される。平成27年国勢調査から，調査員調査の方式に加えて，インターネット回答の方式が導入された。

　実際に調査する場所に居住するという居住者に基づき居住者人口を捉えることから，正確な人口の調査がなされる。国勢調査を実施する10月1日現在で，調査対象者が，ふだん居住する住所に3か月以上居住するということを基準に据えて，(1) すでに3か月以上，居住していること，(2) 調査日の10月1日を通して，3か月以上居住すること，以上の (1) か (2) を満足させることが，その住所での居住者としての必要な条件となる。調査対象者は，(1) か (2) の条件を満たすと，国籍に関係せず，市町村役場に住民票を提出したかにかかわらず，その住所での居住者となる。属性に関係する事柄も調査票への記入事項とすることにより，調査票は被調査者の回答について事実と異なる回答が記入されるといったことを回避するためバイアスが加わらないように設計されると同時に，全国的規模で調査を行うことより回収された調査票を基に集計がなされる。行政区画ごとに例えば，集計を性別ごととすると，基準を男・女と言った属性ごとに調査結果の集計を図ることにより全国集計がなされる。

　単純集計のみならず，表の縦軸と横軸に沿って縦軸に並べた項目と横軸に並べた項目で集計を図るクロスセクションの形式に基づき，例えば縦軸・横軸の各軸に属性である性別と職業と言った調査事項を基にクロスさせて集計を図ることから，職業ごとに性別ごとの人口の算定を図り調査結果の集計を行うことは可能である。国内および各地区における人口に付き調査を行い算定を図ると，男・女における人口・年齢，また被調査者が就業者であるか通学者であるとか，人口についても，日本人・外国人といった分類基準により，集計がなされる。

国勢調査に基づき，被調査者が属する職業において第1次産業・第2次産業・第3次産業に属する産業ごとの就業者数により就業者の総数に占める割合が算定され，例えば全国においての就業者数に占める産業ごとの就業者が占める割合とか都道府県ごとの就業者において産業ごとの就業者が占める割合が算定されることで，例として就業者について5歳刻みの年齢を基礎とした階級に基づき階級ごとの就業者数に占める産業ごとの就業者が占める割合が算出されて国勢調査報告に記載表示が行われる。

参照　在留外国人統計

　国勢調査の国内人口について補完的に分析を加えて参照が図れる統計として，例えば財団法人　入管協会が発刊する『在留外国人統計　平成24年版』（財団法人　入管協会，平成24年）が上げられ，行政統計に準じて，行政統計を補完する統計として取り扱われるであろう。

　「平成23年末における外国人登録者数は，207万8,508人」で「我が国総人口の1億2,780万人の1.63％を占める」と記載がなされる。外国人登録者数の前年対比での増減，国籍ごとに多い人数，都道府県ごとの居住者の人数等について統計的な記載がなされる。

ロ．住民基本台帳

　調査報告書を刊行する政府機関の所管官庁は総務省であり，各市区町村の住民基本台帳を基礎として，市区町村ごとに算定された人口および世帯を集計して算出される行政統計として刊行されることで，例えば調査対象である世帯は同一の住居で生活を同じくする者の集まりを括りとした単位である。市区町村の窓口に届けられる住民票を基に，市区町村という行政区画内に居住する人口を算定して，市区町村ごとの人口を総計することにより国内人口として公表される。

　住民基本台帳人口は，市役所・町村役場における住民票の登録者数を基礎に算定することで，各市区町村に届け出られた住民票に基づき住民の移動が月ご

とに算出されることで転入人口・転出人口を差引きした人口数に基づき住民基本台帳人口が公表される。毎年3月31日の全国の市区町村役場における住民票の集計数を市区町村における人口数とすることから，市区町村ごとの人口を集計することで，住民基本台帳に基づく人口が算出される。但し，毎月の住民基本台帳人口は月ごとに集計され，総務省により全国における月ごとの住民基本台帳人口は発表される。

市区町村役場の窓口に届け出られた住民票を基礎として人口が集計されることから，例えば当該市区町村役場に転入を届け出ても，当人が実際には居住せずと言う場合もあるとか，転入を届け出ずでも実際に当人が居住すると言う場合があり，市区町村における住民基本台帳人口と実際に常住する人口数との間に差異が表れる。

ハ．商業統計調査

経済産業省を所管官庁とする商業統計調査は，省庁改編以前は通商産業省を所管官庁とした行政統計であり，昭和27年に行われた調査から3年ごとに調査が行われて，平成9年以降の調査から5年ごとに調査が実施されることにより調査報告書が刊行され，中間年（直近に実施された調査から2年後）に簡易調査が行われて調査報告書が刊行された。平成21年，経済センサス（経済センサス―活動調査・経済センサス―基礎調査）が創設された。商業統計調査における中間調査（簡易調査）での調査事項は，経済センサス―活動調査で捉えることとして，商業統計調査の中間調査（簡易調査）は廃止されたあと，平成24年には経済センサス―活動調査が実施された。

平成26年に行われた経済センサス―基礎調査において，商業統計調査が統合して実施され，商業統計調査における直近の調査は平成19年調査であることから7年の間隔をあけて，商業統計調査の本調査が実施された。調査の所管官庁は，経済産業省であり，調査方法は，調査員調査方式と一括調査方式による調査で行われた。（参照，総務省webサイト。「日経ビジネス　online」）

商業統計調査は，全国の卸売業と小売業に属する各事業所に調査票の配布を

行い，各事業所が質問事項に回答することで記入した調査票について，回収を図り集計が行われる。全数調査であることから精度の高い統計調査が実施されてデータの収集とデータ処理を図り調査結果が編集されることにより，調査報告書として商業統計表が刊行される。

　各事業所を卸売，小売業について分類することから，商業統計表による第1編 産業編（総括表），第2編 産業編（都道府県表），第3編 産業編（市区町村表），第4編 品目編が刊行される。例えば第4編によると，各業種に属する店舗と取扱い業種に属する商品との絡みにおいて，年間商品販売額が集計される。

　第4編品目編では，複数の業種に属する商品を扱う店舗は，各業種に属する商品販売額について，個々の業種に属する商品を販売する店舗を1店舗とした算定の基準を採用して，延べ商店数が算出されることにより記載される。

　複数の業種に属する商品を販売する店舗であるとしても，業種を基準として個々の業種に属する商品を取り扱い販売する店舗を1店舗とすることから，1店舗当たりの販売額は，個々の業種に属する商品を販売する店舗と業種に属する商品を基準とした販売額との絡みにおいて分析を図り集計して，業種ごとの販売額が算出される。

　商業統計表において，業種ごとの店舗数の算出値が記載され，業種を基準として業種に属する商品販売額に基づき集計を図ることで，業種ごとの商品販売額における合計額が表されることから，業種に属する商品を取り扱う1店舗あたりの売上額の算定を図ることができる。商業統計表に基づき，商品が属する各業種を基準として店舗の売上額が表記されて集計されることで，クロスセクションの形式で各業種に属する商品ごとに販売額が記載される。

　小売業全体で店舗数の分析を図るとすると，仮に店舗が複数の業種に属する商品を取り扱う店舗であるなら，各業種のなかで最も売上額の高い商品の括りが属する業種を，商業統計表における業種ごとの店舗数に加えるといった集計方法を採用するのが，産業編として編集された第1巻・第2巻・第3巻である。

　商業統計調査は，商業における実態を明らかにすることを目的として実施さ

れる調査であることが調査報告書としての商業統計表の「まえがき」に記載され，そこから商業の動向を捉えることができる。商業統計調査を実施して商業統計表が公表されると，メディアでは，真っ先に小売業に属する中小・零細規模における店舗数の減少傾向が述べられたりするのに加え，業種に属する店舗数と小売業年間商品販売額との絡みにおいて分析が図られ，直近に刊行された商業統計表におけるデータと比較を行うことで，検討を加えた内容が記載される。例えば新規性を備えるユーズド（中古品に属する商品）を基礎としたカジュアルウェアを販売する店舗数の増加などは調査結果が発表されて，消費者の消費傾向と関係付けて，商業の領域に属する傾向が述べられたりする。

　全数調査であることから，精度が高い調査方法であると同時に，利用価値が高い統計調査であり，例えば行政区画ごとの店舗数とか各業種・各商品についての小売業年間商品販売額に基づき行政区画ごとの集計額を捉えることができる。

　商業統計調査は，調査員調査と直轄調査として一括調査の方式が採用される。調査員調査は，単独の事業所を調査対象として行われ，一括調査は本社等一括調査方式として複数の支社・支店を持つ事業所にたいして行われる調査方式であり，行政機関が，事業所の本社また本店に，事業所における支社また支店の調査票を一括して郵送する。本社また本店は，記入された調査票を一括して行政機関にまた都道府県知事に郵送で返送する形式で行われる調査である。本社等一括調査の方式は，直轄調査に属する調査方式である。

　都道府県知事が任命した調査員が，各事業所を訪問して調査の説明を図ることで調査票の配布を行い，後日に調査員が各事業所を訪れて，各事業所が記入した調査票を収集するという形式で調査が行われる。平成26年4月時点における直近の統計調査に基づき刊行された調査報告書は，平成21年に刊行された『平成19年商業統計表』である。年間商品販売額は，平成18年4月1日から平成19年3月31日までの年間の商品販売額として表される。

　上記の他に，下記参照の（C）で解説する『業態別統計編（小売業）』『流通経路別統計編（卸売業）』『立地環境特性別統計編（小売業）』が上げられる。

商業統計表における『業態別統計編（小売業）』は，小売業の動向として小売業が属する業態との絡みにおいて分析を行い，各業態における特徴を掘り起こして検討を加えるなどの分析に適する調査報告書である。

参照

（A）商業施設の売場面積　　行政区画としての市区町村における各商店の売場面積の合計は，『商業統計表　第2編　産業編（都道府県表）』に基づき公表される指標である。

大規模小売店舗立地法に基づき都道府県に届け出られた各商業施設の売場面積は，例えば『大型小売店舗総覧 2014年版』（東洋経済新報社，2013）を参照することで情報が得られる。

売場面積は，多くの場合は坪数を単位として表され，1坪は約3.3㎡であることから，例えば矩形にすると，縦・横が各1.8mで算定される面積である。坪効率は，単位当たり売上高を算定する算出式として1坪当たり売上高で表され，強い集客力を備えた店舗は坪当たり売上高が高い金額で算出されることから，例えば高効率店舗などと言った表現がなされる。

売場面積は有床売場面積であり，有床売場面積の増加は，取扱い業種の付加また取扱い業種数を複数化することに繋がり，各業種に焦点を当てると取り扱う商品種類の増加は，売上高の増加として表され，坪当たり売上高を算定すると金額的に1坪当たり売上高は上昇が図られることから，高い売上高を表わす店舗とされる。

地区における売場面積また地域における各商業施設を集計した総売場面積は，顧客吸引力を備えることから，地元のみならず域外からの購買者にたいして吸引力が発揮される。

（B）小売業における増床　　小売業における増床として，市区町村と言った行政区画内で捉えても，市内における商業地における地区に立地した商業施設のほか，建設が図られた複合ビルに商業施設が入居したりする例がみられる。

各地区における商業施設の新設は，地区における商業施設の拡充に基づき総

売場面積の増加が図られ，商業施設が集積した地区を抽き出しても商業施設の増加は，地区における商品構成の構築を基本として品揃えを行う各店舗の増加であることから，地区における商品の供給過剰が懸念される。商業施設の活性化のなかには，物販の領域に属する店舗と飲食の領域に属する店舗，およびアミューズメント施設の入居といった開発を基本構想に据えた開発事業が行われることで，旧来の活性化と類似した活性化手法とも論じられる。商業施設が増加して，雇用に属する領域では雇用者の増加が図られるとしても，派遣社員，パート，アルバイト等の労働力で賄われることから，注意を払える程度にまで正規雇用における雇用者数の増加が図れるとは解釈されず，労働経済が属する領域からは地域経済における雇用への効果は限定的であると捉えられる。地区における店舗の飽和状態から商品の供給過剰が懸念されて，売場削減を行う百貨店が出たりするなど，商業地における商業施設の淘汰が図られる結果として，商業施設のなかには売場面積の見直しを図るという経営に関するニュースが報じられたりする。

（C）**コンビニエンスストアが属する業態**　　商業統計調査に基づき，集計したデータを二次加工することで，『商業統計表　平成21年4月　業態別統計編（小売業）』『商業統計表　平成21年2月　流通経路別統計編（卸売業）』『商業統計表　平成21年6月　立地環境特性別統計編（小売業）』が刊行される。

　商業統計表を参照して，コンビニエンスストアを業態と業種との絡みにおいて分析を図り捉えるとすると，「業態別統計編（小売業）」に基づき，業態に属するとされるコンビニエンスストアは，他方「産業編（小売業）」に基づくと，業種として格付けされた小売業である。

　商業統計表における『平成19年　業態別統計編（小売業）』に基づき，コンビニエンスストアという業態に属すると同時に，飲食料品小売業として格付けされた小売業において，コンビニエンスストアの数および年間商品販売額における合計額は，コンビニエンスストアの総数および年間商品販売額の総額にたいして，コンビニエンスストア数において97.6%の割合を占め，年間商品販売額における割合として97.8%を占め，いずれも高い構成比を表すことが，経済

産業省のウェブサイトで公表され，コンビニエンスストアにおける動向として捉えられる。(参照，経済産業省ウェブサイト『平成19年商業統計表（二次加工統計表）』「平成19年商業統括表　≪業態別統計編（小売業）≫」)コンビニエンスストアにおける商品ごとの売上額構成比を題材とすると，上位を占めるのは食料品に属する商品であるといわれるのは，取扱い商品についても食料品に属する商品の割合が売上額の全体において高く，年間商品販売額についても食料品に属する商品の売上額が売上額の全体において高い割合を占めることからであると推測される。

　コンビニエンスストアは，ドリンクに属する飲料・弁当類・スナック菓子類などが売上額の上位を占めるとされるが，多頻度にわたり消費が行われる電池・ゴミ袋・コンパクト洗剤等からなる消耗雑貨・カード玩具・食玩等は，価格軸に基づき低価格帯に属する商品としの取扱いを図り，横断的に業種の垣根を取り払うことで各商品品目を取り揃える。コンビニエンスストアの多くは，昼夜24時間営業を行う店舗であり，公共料金の支払いができる場所であるほか，コンビニエンスストアによっては，ATM現金自動預払機を据え付けることで，昼夜の区別を設けず，現金の引き出しが可能であり，店内の照明は深夜でもなされることで地区における防犯対策にもなるとされ，利用客に利便性を提供するのみならず，24時間営業を行うことで，消費者における商品購買，サービスの領域に属する各種チケットの販売，公共料金の支払いができる店舗であり，利便性を備える店舗である。

　　二．家計調査

　総務省統計局により調査が行われ，1月から12月まで月ごとの家計収支を基にして分析を図り，家計調査年報として編集された調査報告書が発行される。家計調査は，都道府県知事から任命を受けた調査員が，標本抽出により抽出を図り選定された各世帯を訪問して行われる調査であり，調査の方式としては調査員調査である。

　標本の対象となる集団は，全国の世帯であり，標本調査という統計的手法を

採用することで，標本抽出を図り選定された世帯から，承諾を得てデータの収集を図り，データ処理を施した上で分析を行い，全国における家計について検討を加え，解説することで，家計の概況としてはじめに記述を図り統計表を記載することで家計調査年報を刊行する。

　調査員は，標本抽出に基づき抽出されて選定された世帯を訪問することにより家計簿等の記入について依頼を行い，家計簿等の記入について訪問した世帯から承諾が得られると，調査員は再度，被調査者世帯を訪問して家計簿等を配布する。調査員は，そのあと被調査世帯を定期的に訪問して，記入された家計簿等の回収を行うという調査方法である。被調査世帯は，例えば世帯票・年間収入調査票・貯蓄等を何種類かの調査票に記入して，毎月の支出金額を家計簿に記入する。世帯票は，世帯構成員の氏名，属性である性別・年齢，就業か非就業と言った項目を記入すると同時に，家計簿に毎日，品目ごとに支出額を記入する。

　属性とは，社会調査論により調査票を設計する段階で注意を払う事項であり，被調査者の氏名を基に，例えば，男・女とか生年月日からなり，属性と関係して学歴，職業などが関係事項として付加され，被調査者に基づき本人として同定することができる事項である。調査票に所得が記入されると同時に支出については，勤労所得者世帯の場合，源泉徴収される各種税金・社会保険料，衣・食・住の各領域に属する費目ごとの支出額が家計簿に記入され，食の領域に属する食品および食料品は，品目ごとに金額の記入が図られる。

　全国を調査の対象とすることで被調査世帯を抽出するけれども抽出された世帯数に注意を払うと調査世帯数が適切な抽出数に上らずと言うことと，被調査世帯の家計簿を統計処理して得られた費目における支出額は，社会における消費傾向に基づく費目ごとの支出金額よりも少ない金額で表されると言われることがある。本節で述べる平成26年4月時点で刊行された家計調査年報は，『家計調査年報《１家計収支編》平成24年』である。本節で取り上げる家計調査年報のほか，「家計調査年報《Ⅱ貯蓄・負債編》平成24年」は，家計における貯蓄と負債を集計して統計的に処理を行うことで家計における貯蓄と負債に関す

る実態を明らかにすることを調査目的として編集された行政統計である。

調査報告書は行政統計の領域に属することで，標本調査に基づく一定数からなる被調査者の調査結果を基に全体の推定を図り統計的処理を行うことで調査結果を調査報告書に纏めて調査報告書が作成される。

家計調査年報を作成する上で抽出された被調査世帯は，例えば消費市場における消費支出行動を経たあと，退職等に基づき支出行動に慎重となる世代に相応する世代が多いことで費目ごとの支出額が低く表れるのではないかとか，標本抽出に基づき行われる被調査世帯の抽出数において，社会の消費傾向を表す程度まで分析結果を得るには統計処理を行う標本としての世帯数が少ないのではないかと言われたりする。

家計調査年報における費目ごとの支出額は，実際の消費と比較して偏りがあると言う指摘はなされるけれども，標本調査に基づき標本抽出された被調査世帯が，依頼を受けて家計簿に記入することから，参照して得られる費目ごとの金額は，食の領域に属する費目の場合には品目にまで落とし込んで，購入品目に対応した支出金額が家計簿に記入される。調査世帯が記入した月々の家計支出に基づき，データ処理を図ることで例えば都市における規模ごとに比較対照が図れることから，支出額の相違が都市における規模ごとに明らかにされる。

家計調査年報を参照することで，利用者の便益に供するデータの取得が図られ，また家計調査年報の序論となる節にはじめの記述箇所ではデータの統計処理を基礎として，例えば可処分所得の増加・減少が解説され，勤労者世帯における家計収入の増減について，景気と残業時間との絡みにおいて分析がなされ，実収入および可処分所得の増加・減少について解説が記載されることからマーケティングにおける分析に適合する行政統計と捉えられ，本書の編集における直近の刊行物は『家計調査年報《家計収支編》平成28年』として刊行される。

家計調査は社会における家計の実態を捉える上で，高い利用価値を備える調査報告書と捉えられる。家計調査年報を基に，例えば貯蓄額とか特定の品目に多くの支出が行われると言う各行政区画における特徴に注意を払うことで，行政区画に拠る地域的特性を検討することは可能である。

毎月の家計調査における調査結果は統計処理されることにより月ごとの家計調査として刊行されると同時に，月ごとの調査結果を基に年間の家計調査年報の編集が図られ，1月から12月までの月ごとの収入と支出に注意を払うと，支出額に基づき季節的変動を表す家計支出に焦点を当てて費目ごとの支出に注意を払うことにより，消費の傾向を捉えて利用が図れるなど，統計書として利用範囲が広いと同時に高い利用価値を備える。

ホ．就業構造基本調査

就業構造基本調査は，昭和57年以降5年ごとに行われる調査であり，直近の調査は平成24年に実施された。平成26年4月時点で刊行された調査報告書は『平成24年 就業構造基本調査報告』である。就業構造基本調査は，就業また不就業の実態を摑み，政策における基礎資料を作ること，学術研究としての利用を図れることを目的として実施される調査であるとされ，調査は都道府県知事から任命を受けた調査員が被調査世帯を訪問して調査票を配布したあと，調査員が再度被調査世帯を訪問して，調査票を取集するという方式により，調査員調査方式で行われる。

平成22年国勢調査のなかから，総務大臣が指定する約3万2千調査区が抽出され，市町村長が選定した抽出単位に居住する約47万世帯に属する15歳以上の世帯員である約100万人を対象として標本調査が実施されて，調査結果の統計的処理に基づき全国の推計が図られる行政統計であるとして解説される。（総務省統計局『就業構造基本調査』平成24年）

就業者とは，現金収入を取得する有業者のほか，無業者として社会保障給付の受給と収入なしとする分類に基づき構成される15歳以上の労働力人口であり，被雇用者に止まらず，自家営業の手伝いをした場合は，無給であるとしても就業者として取り扱われる。（参照，朝日新聞出版『民力』逐次刊行物）

総務省により実施される就業構造基本調査は，例えば調査内容として就業構造基本調査における産業分類により分類された各産業での就業者による就業から，就業構造における特徴が明らかにされる。労働力人口を対象として調査を

行い，就業者人口と各産業との絡みにおいて分析を図り，就業者人口に占める各産業で就業する人口の割合を算定して分析を図り検討を加える。

　社会・経済の領域に属する例えば労働力移動などで表される動向が調査結果として映し出される。産業ごとの就業者人口を例えば調査実施に基づき連続した3期に渡る調査結果を，時系列により並べて検討すると，産業構造と雇用との絡みにおいて分析が図られ，社会経済に属する領域から就業構造における変動をデータの分析から掴めるとか，主要な産業に注意を払うことで各産業間での労働力移動の分析が図られ，経済発展を基礎とした社会変動が捉えられるであろう。

　就業構造基本調査の概要は，ウェブサイト上でPDFにより公表された調査報告書の内容について引用・参照を図り記述した。

　へ．労働力調査

　総務省統計局が行う労働力調査は，月ごとの就業・不就業の状態を捉えることを調査目的として調査が実施され，調査は月の末日で終わる1週間の状態を調査して判定される。労働力調査年報は，年平均結果を収録する年報である。

　労働力調査は，労働力における就業また不就業からなる実態を明らかにして，雇用政策等における基礎資料を作ることを目的とした調査であるとされる。

　労働力調査は標本調査であり，国勢調査の約100万調査区から約2900調査区を選定し，選定された調査区から基礎調査票を配布して記入された調査票を回収することで対象世帯は約40,000世帯が調査対象となり，特定調査票にはそのうち約10,000世帯を対象として調査が実施されて，全国における労働力人口の推計がなされる。就業状態は15歳以上の約100,000人からなる世帯員を対象として調査が実施される。

　基礎調査票から基本集計がなされ，集計事項は労働力人口，就業者数・雇用者数，完全失業者，非労働力人口などからなり，特定調査票から詳細集計が行われ，雇用形態別雇用者数，仕事につけない理由，失業期間，就業希望の有無などの調査事項を基礎として調査が図られる。調査方法は，都道府県知事から

任命された調査員が被調査世帯を訪問することで，調査票の記入の依頼を行い，調査の承諾を得て調査票の配布を図り，そのあと調査員が被調査世帯を再訪問して調査票を収集するという方法である。（総務省統計局『労働力調査年報　平成24年』，独立行政法人　統計センター，平成25年。）

　分類として15歳以上の人口に基づき，調査期間中の活動状態から，労働力人口における就業者人口が算定される。労働力調査年報における解説のページで従業者について記載が図られ，「調査期間中の就業状態から労働力人口と非労働力人口に分類を図り，労働力人口を就業者数と完全失業者数に分類を図り，就業者は従業者と休業者に分類を行う。」こととして，上記の括弧内で記された各分類およびその他の各分類を樹枝状に並列的に記載することから，絞込みを図るという記載方法により，従業者の定義が行われる。

　完全失業者とは就業意欲を持って就職活動を行い，就労機会に恵まれずであることから仕事には就かずとする人口であり，下記の括弧付きで引用されたどの条件も満足させることができる人口であるとされ，「①仕事がなくて調査期間中に少しも仕事をしなかった者であり，②仕事があればすぐつくことができる。③調査期間中に，仕事を探す活動や準備をしていた（過去の求職活動の結果を待っている場合を含む。）」として，労働力調査年報における解説のページで記載される。（上記括弧付きについて参照，総務省統計局『労働力調査年報　平成25年』一般財団法人　日本統計協会，平成26年。）

　　ト．雇用動向調査

　常用雇用者につき5人以上を雇用する約189万の事業所に基づき，標本調査から抽出された事業所としては平成25年上半期であると，約15,000事業所を対象として行なわれる調査であり，調査は毎年上半期と下半期により半年の時間的スパンを置いて行われる。

　被雇用者が就労する職業ごとに各産業と各産業に従事する労働力の概要について調査を図り，例えば被雇用労働者における転職・入職者の就業形態を基礎とした移動を，事業所が属する産業・事業所の規模・職業との絡みにおいて分

析を行い，労働者における転職者・入職者等の数を推定して，労働の実態を明らかにする調査であるとして捉えられる。

抽出された事業所を基礎として，事業者が属する産業と事業所の業務内容等を捉えると同時に，各事業所における被雇用者から無作為に抽出した労働者について，入職者・離職者における属性のデータを得て調査を図る。入職者であると入職前の就業の有無，不就業の場合は離職期間，入職前の勤務先の所在地，入職の理由等を調べ，離職者であると，勤務に基づく就業形態，事業所で就労した職業，被雇用者が勤続した勤続期間，離職理由等の調査を実施する。

事業所への調査は，厚生労働省が事業所にたいして，調査票の郵送を図り，事業所が調査票に記入した後，厚生労働省へ調査票が返送されると言う方式であり，郵送法に属する調査である。

厚生労働省が入職者調査として事業所へ調査票を郵送することにより実施されて調査票が返送された事業所を調査対象とすることで，厚生労働省により業務委託を受けた民間業者が，調査票が回収された事業所の調査票を基に，調査対象である入職者の数の算定を図り，郵送方式で事業所にたいして調査対象である入職者への調査票の配布を依頼するところまでを行う。事業所から，調査票を配布された入職者は調査票に記入したあと，厚生労働省に返送すると言う形式での調査方式である。

離職者調査は，厚生労働省から業務委託を受けた民間業者が，調査票が回収された事業所における離職者数の算定を図り，事業所に離職に関する調査票の記入を依頼する形式で調査票を郵送する。事業所は調査票に記入したあと，事業所が調査票を厚生労働省に返送する方式で調査が行われる。

被雇用労働者における地域間の移動について，事業所が属する産業・事業所の規模・職業との絡みにおいて分析を行い，労働者の数を推定することにより，労働移動の実態を明らかにして捉える調査である。

調査報告書として平成26年4月時点における直近の調査報告は，厚生労働省大臣官房統計調査部『平成25年 雇用動向調査結果の概況』としてＰＤＦで公表される。

チ．国民経済計算年報

内閣府で調査を行い集計を図る国内総生産（GDP）は，毎年国民経済計算年報において調査結果が公表される。経済的規模を表す指標である国内総生産は，生産・支出・所得の各領域に属する計算方法に基づき算定される。支出の領域に属する国内総生産は，消費の領域に属する国内総生産として表しても同義であると解釈される。

国内総生産（GDP）は国内経済における規模を金額で表す社会経済指標であると同時に，当期と直近の調査における国内総生産（GDP）との絡みにおいて分析を行うことにより，経済成長率が算定される。支出の領域に属して国内総生産の計算を行うと，個人消費・住宅投資・設備投資・公共投資を主要な支柱として，その他の民間部門に属して算出される企業消費，公共部門に属して算定される消費を基礎として金額ベースで国内総生産が算定され表される。

国内総生産は，四半期（3カ月）に1度ごとに調査を実施して行われ，調査から2箇月後の中旬に速報値が発表される。

参照　国内総生産の算定方法

ア．国内総生産の算定

行政統計における国民経済計算年報で計算が図られる国内総生産の算定は，生産・支出・分配の各領域に基づき算定が行われ，各領域に注意を払うことにより算出を図る算定額は原則的に同等額となることから三面等価の原則と呼ばれる。生産の領域に基づき算定される国内総生産は生産活動を行う経済主体が計上した付加価値の合計額として表せ，国内総支出として消費の領域から経済規模が表せ，分配の領域に基づき国内総所得を基礎として経済規模を表せることから，国内総生産は生産の領域・支出の領域・分配の領域からなることに注意が払われ，各領域における計算処理に基づき国内総生産の算定を図ると，各領域で計算された各算出額は原則的に同じ金額となる。

イ．国内総生産の算定方法

(A) 生産に属する領域

　生産の領域から国内総生産を簡潔に表すと，生産者側が購買者側に売り渡すことで成り立つ売買価格に基づき，売渡価格に占める生産者側および販売者側の儲けとして表された付加価値を集計することで国内総生産を算定する方法であると言える。

　最も簡潔に表現するなら生産の領域で，例えば原材料の採取・採掘から混入物を取り除き加工可能な材料にして売買することで付加価値の取得が図られ，材料を購入した企業は各材料から製品化を行うことで各工程に技術を投入して材料の加工・組立てを図り，完成品が製造される。

　メーカーが出荷した製品は流通過程に載り，流通過程の各段階を経て小売業により消費者に販売を行うことから，付加価値の取得が図られる。原材料の採取と販売，製品を製造するメーカーおよび流通過程の各段階において取得される付加価値額の合計は国内総生産として集計された金額であり，国内総生産について生産の領域に基づき算定する方法により集計された算定額である。（参照，小林弘明・佐野晋一・武田巧・山田久『入門マクロ経済学』実教出版株式会社，2010年。）付加価値の代表的事例として，流通業では企業の粗利益が取り上げられ，流通業における粗利益は売上高から仕入高を差引きすることで算定された売上総利益と呼ばれる企業の儲けで表される。財務において付加価値に基づき表される具体的勘定は，従業員給料である雇用者報酬，企業所得，株式配当金，固定資本減耗，法人税などからなる。表は，農作物の栽培をする農家・農家から果汁を作るのに好適な農作物を集める商社的機能を営む企業，商社的機能を営む企業から農作物を買い取り，製造工場で果汁を製造することから容器に入れて出荷するメーカー，メーカーから容器入りの果汁を仕入れて，小売業へ販売する問屋，問屋から容器入りの果汁を仕入れることから消費者に販売する小売業という各段階からなる図式の想定により，流通過程の各段階を経て計上される付加価値に基づき，総計としての付加価値額は計算され集計されるという想定上の例である。

166

表2　2−1　生産の領域に属する国内総生産　付加価値を積上げ方式で算出する

農家・商社・メーカー・問屋・小売業	農家	商社	メーカー	問屋	小売業
	材料の栽培を行う生産者	原材料の購入とメーカーへの売渡し	商社からの原材料の購入と製品の製造また問屋への販売	メーカーの製造した製（商）品の仕入と小売業への販売	消費者への商品の販売
	付加価値	付加価値	付加価値	付加価値	付加価値

表2　2−2　生産の領域に属する国内総生産　付加価値を積上げ方式で算出する

	付加価値の内容	算定基準
農家	植物性の材料を例とすると，耕作をして植え，果実の取入れを行うまで栽培を図り，果実を商社に売り渡し，商社に売り渡した金額から，栽培に要した費用を差引きすると，植物の栽培に基づき果実収入の取入れを行うことにより生産者の付加価値が算出される。	財務会計に基づき算定される付加価値
商社	果実を生産する農家から商社が購買を図り，果実を製造業者に売り渡すことで，売渡価格から，購買金額を差引きして取得される金額が付加価値となる。	財務会計に基づき算定される付加価値
メーカー	メーカーは，商社から材料である果実の購入を図り，工場で果汁を製造して容器に注入を行い，製品を製造することから，製造原価報告書が作成される。 メーカーが問屋へ出荷する製品の出荷数量に基づき販売される出荷金額から，出荷数量を基礎とした製造原価を差引くことで，メーカーが取得する付加価値が表される。	財務会計に基づき算定される付加価値
問屋	メーカーから製（商）品を仕入れた問屋は，小売業に容器入りの果汁に基づく製（商）品を配送して販売する。問屋は，各小売業へ販売した売上額から，メーカーからの仕入金額を差し引くことで，付加価値を計上する。	財務会計に基づき算定される付加価値

小売業	小売業は，問屋から発注した数量に基づき仕入れた容器入りの果汁を，消費者に販売する。消費者が，容器入りの果汁の購買を図ることで，容器入りの果汁の販売金額から，仕入金額を差し引くことで，付加価値が計上される。	財務会計に基づき算定される付加価値

　国内総生産の算定方法のなかで生産の領域に属する計算は，農産物を原料として容器入りの果汁を消費者に販売するまでの各段階により仮想の流通過程を想定することから描かれた生産および流通過程に基づき，農業に属する領域で採用される農業簿記・会計，および商社，メーカー，問屋，小売業に基づく各段階での各企業における企業会計を基礎として計算される付加価値の合計からなると捉えられる。

　表1，表2，表3における2－1と2－2の各表は，表示内容が同じでも各表に記載した各事項について比較検討が図れるように，異なる様式で作成したものである。

参照　農家所得の算定方法

　農林水産省大臣官房統計部『平成22年　生産農業所得統計』（農林統計協会，平成24年（2012年）。）は「利用者のために」のなかで，全国推計における農業総産出額の推計方法として，「農業生産活動による最終生産物の品目ごとの生産量（全国計）に，品目ごとの農家庭先販売価格（全国平均）（消費税を含む。）を乗じた額を合計して求めたものである。」と記載する。消費地における需要と供給に基づき定まる均衡価格が消費価格と解釈され，消費価格を基に生産地から消費地までの運搬費を控除した価格が庭先販売価格であると記述される。

　生産農業所得は，農業生産に係る各生産要素である土地，労働，資本に帰属すべき所得であるとした記述内容が，および生産農業所得を表す図が上掲書に記載されて解説が行われる。

　図では，農業産出物を基礎として最終生産物の生産量に価格を乗じた金額を品目ごとに集計した算出額が農業総産出額であるとされ，農業総生産額には，

参照　図表（ア）

農業総産出額	最終生産物の生産量×価格				中間生産物
生産農業所得	経常補助金等	間接税	固定資本減耗	中間消費（肥料，農薬，光熱費等）	
			物的経費		

注，図は，農林水産省大臣官房統計部『平成22年 生産農業所得統計』から引用。

最終生産物に属さずである中間生産物は算定額に算入せずとして表される。参照図（ア）のなかで，農業総産出額における破線部の中間生産物は，農家が栽培する農業生産物に基づき農産物における，例えば苗木等の購入額であると捉えられ，企業また団体から苗木等を購入する購買金額に付き，二重計算を避けることから農業総生産物に算入せずと表すことで，図示されたと解釈される。

農業総生産額は農業生産活動における付加価値として捉えられ，農業総産出額から間接税，固定資本減耗，中間消費の金額として算出された肥料・農薬・光熱費等からなる物的経費を控除した金額に経常補助金を加算した算出額が，生産農業所得であると解釈され，農業生産統計に記載された農業総産出額は，最終生産物の生産量×価格で記載される。

生産農業所得統計を基礎とした考察

① 生産農業所得統計における農産物の範囲は，大分類で耕種・畜産・加工農産物に分類が図られ，耕種のなかでさらに分類が行われることから野菜を例にとると，果菜類・葉茎菜類・根菜類に分類される。野菜類のなかで，例えば葉茎菜類を取り上げて表示すると，葉茎菜類の産出額は，葉茎菜類に属する各商品品目（X_1, X_2, X_3, ・・・・・, X_n）であり，各商品品目における産出額の合計額であると解釈されることから，各商品品目の庭先取引価格（P_1, P_2, P_3, ・・・・・, P_n）と生産量（V_1, V_2, V_3, ・・・・・, V_n）を乗じて算出された金額の合計額と捉える。

② 生産物ごとの産出額を集計

例えば生産農業統計は，庭先販売価格に基づくことで，消費地における売買での市場価格が，生産地からの輸送費を算入した価格であり，庭先販売価格は輸送費を上乗せずの価格に基づき生産地における価格で生産者が出荷する段階での価格と捉えられる。

第1次産業に属する農業・林業・水産業等から，農業に注意を払うことで所得の算定方法・固定資本等の分析を試みるとする。農業は，農業生産物に属する各商品品目が市場価格で高く売買されることにより，農業生産所得が増加すると推測されるけれども，高い付加価値を備える農業生産物を栽培して収穫することで，農業生産物における生産地に経済効果がもたらされるとしても，広範囲な地域で所得の増加が図られて，消費支出額の増加が導かれるほど，例えば公共事業・生産設備における設備投資に基づく経済効果と比較して，景気への波及効果が表されるほどの牽引力は備えずと解釈され，第1次産業に共通する特徴と推測される。

③ 農業・林業・水産業に属する各領域のなかで，農業における農林水産省『平成22年　生産農業所得統計』によると，「農産物の範囲」として表示が行われ，農産物は部門として耕種・畜産・加工農産物に分類されることが表において記載され，耕種のなかで野菜と表示した分類のうちから葉茎菜類を取り上げるとすると，表では野菜における品目名が表示され記載されることから，葉茎菜類を抜き出して，産出額を算定する計算式を簡易な算定式で組み立てるとする。葉茎菜類をXとして，サフィックスである添字（1，2，3，4，5，・・・・・，n）は，葉茎菜類に属する品目名とすると，葉茎菜類における産出額は下記の算定を基礎として計算される。

葉茎菜類における品目ごとの生産量　　（V_1, V_2, V_3, V_4, V_5, ・・・・・, V_n）
葉茎菜類における品目ごとの市場価格を基礎とした価格
　　　（P_1, P_2, P_3, P_4, P_5, ・・・・・, P_n）
葉茎菜類における品目ごとの産出額（金額ベース）

参照　図表(イ)　葉茎菜類の産出額

品目名 (X)	品目ごとの生産量 (V)	品目ごとの価格 (P)	品目ごとの産出額 (Z)
X_1	V_1	P_1	$Z_1 = V_1 \times P_1$
X_2	V_2	P_2	$Z_2 = V_2 \times P_2$
X_3	V_3	P_3	$Z_3 = V_3 \times P_3$
X_4	V_4	P_4	$Z_4 = V_4 \times P_4$
X_5	V_5	P_5	$Z_5 = V_5 \times P_5$
・・・・・	・・・・・	・・・・・	・・・・・
X_n	V_n	P_n	$Z_n = V_n \times P_n$
――――	――――	――――	$Z_1+Z_2+Z_3+Z_4+$ $Z_5+\cdots\cdots+Z_n$

$(V_1 \times P_1, V_2 \times P_2, V_3 \times P_3, V_4 \times P_4, V_5 \times P_5, \cdots\cdots, V_n \times P_n)$
葉茎菜類における農業産出額をAとすると，Aは$\sum_{i=1}^{n} Z_i$で表される。

④農林水産省『平成22年　生産農業所得統計』における生産農業所得を描いた図から，農業所得と会計を会計学に属する領域に基づき分析を図り，表示を行うと下表である。但し，上掲書の引用から判るように農業総産出額における中間生産物は，生産農業所得に算入されずである。

⑤農業に属する領域で，事業を運営することにより計上される収益と費用から分析を試みると，農業産出物の売買を行うことで取得される勘定に経常補助金を加えた金額が，会計が属する領域においての収益的な金額であり，収益を計上するのに要する費用は，固定資本減耗，また肥料，農薬，光熱費等からなる中間消費，そして間接税の各勘定からなり，農業に関する事業を行う経営組織を基礎として，固定資本減耗は固定資本を基礎とした減耗の評価に関する勘定であることから，資金として固定資本減耗における減耗分の評価額が内部留保され，中間消費と間接税は外部に流出する資金として捉えられる。

参照　図表(ウ)　生産農業所得における物的経費および経常補助金

農業総産出額と物的経営および経常補助金				
農業産出物の売買を行うことで、収益に属する領域で取得する金額（農林水産省発行の『平成22年生産農業所得統計』は、最終生産物における生産量×価格で表す。）	生産農業所得は、農業総産出額から物的経費を控除した金額に経常補助金を加算して算定する。		
^	固定資本減耗 （例　農業機械）	資金の内部留保	固定資産（例、農業機械）の耐用年数に基づき固定資産の減耗分を時価としての再調達価格を基にして算定する
^	中間消費 （例　肥料，農薬，光熱費等）	資金の外部流出	^
^	間接税 （例　消費税）	資金の外部流出	^
経常補助金等	農業の領域に属する事業の運営として経営組織が受取る経常補助金		

(B)　支出に属する領域

　消費を行う領域に基づき消費者が財の購入を図ることで対価として支出する消費支出・住宅投資は家計部門における消費として捉えられ、企業が企業に属する部門において設備投資を行うことで計算される設備投資であるとか在庫品増加、また例えば景気における上昇・下降局面と連動して増加・減少するとされる在庫高、また広告宣伝費、公共部門に属する領域として政府が行う公共投資に基づき算定される公共工事等の支出等は、支出の領域に基づく国内総生産と捉えられる。住宅投資は、消費者が属する家計部門に基づき消費がなされると解釈すると、消費は家計部門・設備投資は企業部門・公共工事は政府部門に基づき行われる経済活動であると捉えられる。個人の住宅投資は、新築して耐久年数を経たあと、住宅を取り壊して、同じ土地に住宅の建直しがなされることで、固定資本の整備と考えられるが、消費財を購入するのと同様に消費とし

表3　2−1　支出の領域に属する国内総生産

	部門						
	家　計		企　業		政　府		外　国
	家計部門に属する支出		企業部門に属する支出		政府部門に属する支出		外国貿易
	個人消費	住宅投資	民間設備投資	民間企業消費・民間企業在庫品増加	公共投資	行政の領域に属する消費・公的在庫品増加	輸出入
家計・企業・政府・外国	家計部門に基づく消費支出に属する。	住宅投資は，民間住宅投資として民間最終消費支出に属する投資として取り扱われる。	設備投資として表される。	民間企業における消費支出,製造メーカーにおける原材料在庫高,仕掛品,完成品在庫高に基づく各在庫高の増加。流通過程における商品在庫高の増加,小売業における商品在庫高の増加。	国および地方公共団体における公共投資が属する。	行政運営に要する費用に基づき表される。政府における原油備蓄の増加は，公的企業における貯蔵品等の増加で表される。	輸出額から輸入額を差し引くことで表される。外国の輸出入に基づき財およびサービスにおける輸出は資金の流入として，輸入は資金の流出として勘定される。

表3　2-2　支出の領域に属する国内総生産

	部門	支出の領域	消費・投資	内　　容
家計・企業・政府・外国	家計	家計部門に属する支出	個人消費	家計部門に基づく消費支出であり，個人消費に基づき表す。消費財に属する商品の購入を表す。
			住宅投資	住宅投資は，設備投資の領域に属するが，解釈に基づき民間住宅投資として民間最終消費支出に属する投資として取り扱われる。
	企業	企業部門に属する支出	民間設備投資	設備投資として表される。建物・工場等の建設，機械等の購入に基づく設備投資を表す。
			民間企業消費・民間企業在庫品増加	広告宣伝費は，景気が上昇基調であると増加する。製造メーカーにおける原材料在庫高の増加，仕掛品における算定額の増加，完成品在庫高の増加，流通過程における商品在庫高の増加，小売業における商品在庫高の増加等で表される。
	政府	政府部門に属する支出	公共投資	国および地方公共団体である都道府県・市町村の支出に基づく公共投資は政府支出に属する。
			公的在庫品増加	行政運営に要する費用に基づき表される。政府における原油備蓄の増加，公的企業における貯蔵品の増加等で表される。
	外国	外国貿易	輸出入	輸出額から輸入額を差し引くことで表される。外国の輸出入に基づき財およびサービスにおける輸出は資金の流入として，輸入は資金の流出として勘定される。

て捉え，支出の領域に属する国内総生産により計算がなされる。外国部門について外国との貿易による輸出入に基づき輸出から輸入を差引きした金額は，支出の領域に属する国内総生産に属する。

表4　2－1　分配の領域に属する国内総生産

	分　　　類				
	雇用者報酬	営業余剰	混合所得	固定資本減耗	間接税から補助金を差し引く。
分配の領域	民間企業における従業者・公務員・非営利団体の職員などが，業務を行い受取る報酬などからなる。	企業における企業活動を基礎として計上された付加価値としての売上総利益から，雇用者報酬，固定資本減耗，間接税から補助金を差し引くことで算出された各項目に基づき各項目における合計額を控除して算出された金額が営業余剰であると捉えられる。	混合所得は，個人事業を基礎とした自営業に属する商店・工場，零細規模の農業に属する家計のうちで，個人企業などの取り分であるとして定義付けられる。	固定資本における減耗分を時価としての再調達価格で評価を図り算定する。企業における生産活動を基礎とした固定資本減耗と通常として起る程度の事故・災害による固定資本減耗からなる。	間接税例えば消費税・物品税などの合計額から補助金を控除して算出される金額。

表4　2－2　分配の領域に属する国内総生産

	分　　類	領　　　域
分配の領域	雇用者報酬	民間企業社員・公務員・非営利団体の職員などが，業務を行うことで受け取る報酬である。
	営業余剰	企業における企業活動を基礎として計上された付加価値としての売上総利益から，雇用者報酬，固定資本減耗，間接税から補助金を差し引くことで算出された各項目に基づき各項目における合計額を控除して算出された金額が営業余剰であると捉えられる。
	混合所得	混合所得は，個人事業を基礎とした自営業に属する商店・工場，零細規模の農業に属する農家などを指し，資本金が事業

		経営者の個人所有の資産から拠出される。事業は，世帯構成人が従事する労働にたいして行われるとして捉えると，混合所得は，家計のうちで個人企業の取り分であると解釈され，労働報酬的要素がふくまれるとして取り扱われる。
	固定資本減耗（減価償却を参照）	固定資本における減耗分を時価としての再調達価格で評価を図り算定する。企業における生産活動を基礎とした固定資本減耗と通常として起る程度の事故・災害による固定資本減耗からなる。
	間接税から補助金を控除する。	間接税例えば消費税・物品税などの合計額から補助金を控除することで算定。

(C) 分配に属する領域

　分配の領域に基づき算定される国内総生産は，雇用者報酬，営業余剰・混合所得，固定資本減耗，間接税から補助金を控除した各項目からなる。

　企業における企業活動を基礎とした付加価値としての売上総利益から，賃金**として従業員に支払われる雇用者報酬，固定資本における減耗の計算を時価とし**ての再調達価格で評価を図り計算する固定資本減耗，間接税から補助金を差し引くことで算定された各項目に基づき各項目における合計額を控除して経済計算された金額が営業余剰であると捉えられる。営業余剰には，株式配当金，役員報酬などがふくまれる。間接税は，消費税・物品税などからなる。

　固定資本における減耗を時価としての再調達価格で評価を図り算定する固定資本減耗とは異なるが，参照として取り上げる減価償却は，会計学に属する領域において費用に属する勘定科目として，会計年度ごとに計上される勘定であり，参照箇所で論じる。

　雇用者報酬，営業余剰・混合所得，固定資本減耗は要素費用表示と呼ばれる。

参照　減価償却

ア．減価償却の方法

　建設した建物・購入した機械等を例とした設備投資における固定資産に注意を払うことで，投資した設備の取得に要した費用と，ほぼ同額の金額を減価償

却と言う方法で税法に定める償却期間内に積立式に会計年度ごとに一定額ずつを貯め置きする方法が減価償却である。

　減価償却における間接法と言う会計処理について，機械の取得・建物完成における建築主への引渡しを例として考察を図ると，機械・建物は，固定資産に属する資産であることから，機械の取得・建物の引渡しに要する金額は，それら固定資産の取得時までに，機械であると機械装置を販売する企業に購入先の企業から，また建物の新築であると建設会社に建築における発注先企業から支払いがなされる。

　建物の引渡しとか，また機械を取得した後，機械・建物の使用を行うことから，企業は会計年度ごとに償却期間内で取得価額とほぼ同額の金額になるまで，積立て式に減価償却に基づき毎年一定金額の計上を図る勘定が減価償却費であり，減価償却費は損益計算書に計上されて会計処理が図られると同時に，貸借対照表における減価償却累計額という勘定により記帳されて会計年度ごとに，減価償却における累計額が記載される。

　損益計算書は，会計年度ごとの企業の経営成績を表す指標であり，利益・損失が出ているかが表わされ，利益の取得が図られる会社であるか，また損失が計上される会社であるかが，会計年度ごとに損益計算書から捉えられる。貸借対照表は，企業の一定期間における財政状態を表す財務指標であり，例えば負債が資産を超える企業であるとか，資産が負債を超える上に，無借金経営であるなどと言う企業評価は財務内容に基づく判断からなされる。

　取得価額となるまで比喩的に言えば溜置きを行うことで，会計年度ごとに積み立てられた金額は，企業財務における減価償却累計額として処理が行われ，資金は内部に留保される。

　減価償却累計額が，償却期間内で機械であるとか建物の取得価額を基礎として，例えば定額法を採用した減価償却によるとすると取得価額から残存価額を控除した金額になるまで積み上げられた後は，何時でも機械の更新であるとか建物を取り壊して新たに建設を行えるようにするのが，減価償却と言う方法である。固定資本減耗と呼ばれるのは，機械の購入時において，また建物の建設

を建設会社に発注することで建物が建設されたあと建物の引渡し時において機械の取得価額であるとか，また建物の引渡価額等を帳簿に付けることを基礎として，会計年度ごとに減価償却費に相当する金額分だけ帳簿価額が減少することから，固定資産の減耗が行われるとして捉えられる。

イ．会計学に属する領域で取り扱われる減価償却

減価償却は，建物また機械の購入に要した固定資産の更新を行うと言う趣旨から，会計年度ごとに減価償却費の計上を行うことで減価償却期間内で積立式に減価償却額に達するまで償却を図ると言う会計学上の処理方法である。減価償却の導入は資金の流通を促すという会計上の政策に基づき行われるとされる。（参照，飯野利夫『財務会計論〔三訂版〕』同文舘，平成18年。新井清光『財務会計論第7版』中央経済社，2003年。）

建物は減価償却が行われることで償却済とされた後も，建替等における取壊しをせず，新たな建物の建設を行わずとして建物等を使用することは多数の事例で見受けられるが，機械は償却期間後に更新されることが比較的多数の事例で見受けられる。例えば特定の消費財における市場規模が膨らむことにより時間当たりに換算して多数の製品の生産を行えると言う効率的生産を行うのに適した新鋭機械の導入が図られる，また自社と競合他社との絡みにおいて検討を図り，低価格で製品の製造を行えると言う高い技術水準を基礎として開発された機械が市場に登場したことで，新鋭機械の導入を図るなどの例が上げられる。（参照，飯野利夫『財務会計論〔三訂版〕』同文舘，平成18年。）

ウ．減価償却の考察

本節で解説を行う会計学の領域に属する固定資産を，下記の参照表を基礎として，経済学の領域に属する物的資本と比較対照を図ることで考察を行う。固定資本は，建物また機械などからなる。

a 固定資産と物的資本

参照表は，会計学の領域に属する資産と経済学の領域に属する物的資本につ

参照表 経済学の領域に属する物的資本は，会計学の領域に属する資産の分類のなかで有形固定資産に近似する。

	流動資産	固定資産		
		無形固定資産	有形固定資産	投資その他の資産
内容	現金 所有する期間が1年以内の預金 取引所の相場があることで売却益等の取得を図ることから所有する有価証券 手形勘定に属する受取手形 掛取引に属する売掛金 棚卸資産	営業権・特許権・借地権 注，特許権は，発明などで取得される特許権，意匠権，実用新案特許などからなる。 所有期間が1年以上であり，利殖を目的として，所有する有価証券 長期的な貯蓄のため，1年以上金融機関に預け入れる預金・貯金 暖簾で表現される固定資産	土地・建物・機械等 注，有形固定資産のうち，経済学に属する領域により資本財として表現される物的資本は，建物・機械・工場設備等からなる。	(例)関係会社における有価証券 他会社の支配・統制を目的として取得することにより所有する株式・出資金・長期貸付金

いて概括的に表示を図り，固定資産と物的資本の違いを捉えた表である。

　会計学に属する領域により有形固定資産に属する土地・建物・機械との関係において，経済学に属する領域で瀕出する物的資本は建物・機械・工場設備等からなると捉えられる。

b 経営成績の計算における減価償却
　①減価償却は，事業を行う年度ごとに損益計算を行い，事業年度の経営成績に基づき，利益・損失を計算する。損益計算を行うことから，収益に属する各勘定と収益を取得するのに要する費用としての各勘定から，収益が費用を超える（収益＞費用）と利益が計上され，収益が費用を下回る（収益＜費用）と損失が計上され，収益と費用が均衡（収益＝費用）すると，収支均衡と捉えられる。
　②事業年における収益と費用を計算して損益計算を行うには，収益に属する

各勘定と費用に属する各勘定を基礎として，事業年に基づき各勘定に属する金額を合計して，収益をなりたたせる各勘定の合計額から，費用をなりたたせる各勘定の合計額を差し引くことで計算を行う。

③「企業会計原則と関係諸法令との調整に関する連続意見書第三」で，有形固定資産の減価償却に関係して，「減価償却の最も重要な目的は，適正な費用配分を行うことによって，毎期損益計算を正確ならしめることである。」と明記される。事業年ごとに取得した収益は，収益の獲得に要した費用に基づき構築された営業的成果と捉えられる。事業年ごとに，損益計算を行うにあたり，収益と収益の獲得に要した費用とを対応させて，分析することが要請される。

④会計に属する領域では，費用と収益を事業年度ごとに対応させて，損益計算を行うことが原則的なルールと定められ，減価償却費は費用に属する勘定である。

⑤固定資産の償却期間内で定められた方法に従い，会計年度ごとに，損益計算を行うにあたり，まずはじめに建物・機械などの固定資産について減価償却に属する会計処理を行い，事業年ごとの収益として計上された売上高から費用を差し引くことにより，損益計算を行うということが作業の手順となる。

本章では，減価償却における計算方法として定額法を取り上げて考察する。

参照図　収益と費用

利益（収益＞費用）	利益は零（収益＝費用）収支均衡	損失（収益＜費用）
費用 ｜ 収益	費用 ｜ 収益	費用 ｜ 収益
利益		損失

c　減価償却の計算

①残存価額は，固定資産における償却期間を，耐用年数の期間として取り扱うことと関係して，固定資産の取得価額をA（円），残存価額をB（円）とす

ると，残存価額はA（円）の10%と算定され，計算式のなかで0.1として取り扱うことで計算式を組み立てる。税法は，有形固定資産の残存価額を，固定資産の取得価額の10%と定める。本節で取り上げた計算問題における減価償却については，定額法という償却方法を採用することで計算を図る。定額法とは，会計年度ごとに会計処理を図る償却基礎価額において均等額ずつを基礎として償却することで，減価償却を行うという償却方法である。

固定資産の残存価額は，固定資産について耐用年数に相応する期間で使用した耐用年数を経たあとで査定される売却価額であると言われたりもする。

本節における例では，残存価額は次式で算出されると記述することで，基本的には税法に定められた規定に基づき算出された価額とする。

　　B（円）＝A（円）×0.1

　　但し，A（円）は，固定資産の取得価額である。

固定資産の取得価額を500,000円とする場合の例

　固定資産の取得価額を500,000円とすると，A＝500,000円であり，残存価額B（円）は，10%であることから，500,000円×0.1としてB＝50,000円と算定される。

　　A（円）＝500,000（円）
　　B（円）＝500,000（円）×0.1
　　　　　＝50,000（円）

②減価償却における償却基礎価額は，固定資産の取得価額から，残存価額を差し引いて計算された価額である。

　仮に固定資産であるA（円）に付いて，残存価額であるB（円）は固定資産の10%であることから，償却基礎価額はC（円）として表せる。

　　C（円）＝A（円）－（A（円）×0.1）
　　　　　＝A（円）－B（円）

固定資産の取得価額を500,000円とする場合の例
償却基礎価額をCとして算定すると，次式で表される。

$$C（円）= 500,000（円）-（500,000（円）\times 0.1）$$
$$= 500,000（円）- 50,000（円）$$
$$= 450,000（円）$$

③減価償却は，償却年数（固定資産の耐久年数）に基づき導き出された償却期間で行われ，事業年度ごとの経営成績を表す損益計算として減価償却が行われる。損益計算に基づき，利益また損失を計上するまでの計算が行われることで損益計算書が作成される。

例えば，減価償却における償却方法について固定資産を毎期均等額ずつ減価償却を行う定額法の採用により，償却年数をnとすると，事業年度ごとの帳簿価格をFとすることで，帳簿価額は次式で算定される。

$$F = A -\{A -（A \times 0.1）\}/n$$

（計算例）固定資産の取得価額を500,000円，償却年数を10年として定額法により償却する場合の減価償却費における計算例　減価償却費をD（円）で表す。

$$D（円）=\{500,000（円）-（500,000円 \times 0.1）\}/10$$
$$45,000（円）=（500,000（円）- 50,000（円））/10$$

④減価償却により会計年度ごとの経営成績を表すことで，会計年度ごとに計上された減価償却費における金額と同等の金額を積み上げることにより減価償却累計額が計算される。

$$E_{10} = [\{A -（A \times 0.1）\}/10]_1 + [\{A -（A \times 0.1）\}/10]_2 +$$
$$[\{A -（A \times 0.1）\}/10]_3 + [\{A -（A \times 0.1）\}/10]_4 +$$
$$[\{A -（A \times 0.1）\}/10]_5 + \cdots\cdots + [\{A -（A \times 0.1）\}/10]_{10}$$
$$Ei = \sum_{i=1}^{10}[\{A -（A \times 0.1）\}/10]_i \quad (i = 1, 2, 3, \cdots, 10)$$

（計算例）固定資産の取得価額を500,000円，償却年数を10年と設定して定額法を採用することを基礎とした減価償却累計額における計算例を記入する。

$$450,000（円）= \sum_{i=1}^{10}[\{500,000（円）-500,000（円）\times 0.1）\}/10]_i$$
$$(i = 1, 2, 3, \cdots, 10)$$

⑤帳簿価額は，固定資産の取得価額から会計年度ごとに計上される減価償却費に対応する金額を差し引きすることで算定される。帳簿価額をFとすると，次の式になる。

$$F_i = A - [\sum_{i=1}^{n} \{A - (A \times 0.1)\}/10]_i \quad (i = 1, 2, 3, \cdots\cdots, n)$$

（計算例）固定資産の取得価額を500,000円とする場合について帳簿価額における計算例を，表の下欄に記入する。

$$\begin{aligned}
F(円) = &\ 500,000(円) - [\{500,000(円) - (500,000(円) \times 0.1)\}/10]_1 \\
&- [\{500,000(円) - (500,000(円) \times 0.1)\}/10]_2 \\
&- [\{500,000(円) - (500,000(円) \times 0.1)\}/10]_3 \\
&- [\{500,000(円) - (500,000(円) \times 0.1)\}/10]_4 \\
&- [\{500,000(円) - (500,000(円) \times 0.1)\}/10]_5 \\
&\ \cdots\cdots\cdots\cdots\cdots\cdots\cdots\cdots\cdots\cdots\cdots\cdots\cdots\cdots \\
&- [\{500,000(円) - (500,000(円) \times 0.1)\}/10]_{10}
\end{aligned}$$

$$F_i(円) = 500,000(円) - \sum_{i=1}^{n}[\{500,000(円) - (500,000(円) \times 0.1)\}/10]_i$$
$$(i = 1, 2, 3, \cdots\cdots, n)$$

固定資産の取得に基づき，耐用年数内で固定資産の償却を行うことを基礎として，減価償却費について費用化を図ることで，その事業年における収益にたいして，費用を対応させることにより，事業年における経営成績を表す。

表5　減価償却を基礎とした減価償却費，固定資産の帳簿価額，減価償却累計額

財務内容	損益計算書は，会計年度ごとの経営成績を表す。減価償却費を損益計算書に記載する。	貸借対照表は，会計年度ごとの経営成績による資産，負債，資本を基礎として企業における財政状態を表す。会計年度ごとの減価償却費は，減価償却累計額として積立式に積上げられることにより，固定資産の更新に備える勘定として貯め置かれる。	
勘定	固定資産の取得価格（A）減価償却費（D）	減価償却累計額（E）	固定資産の帳簿価額（F）

第 3 章　行政統計と民力水準　183

1	$D_1 = \{A-(A \times 0.1)\}/10$	$E_1 = \{A-(A \times 0.1)\}/10$	$F_1 = A-\{A-(A \times 0.1)/10\}$
	$45,000 = \{500,000-(500,000 \times 0.1)\}/10$	$45,000$ 円	$455,000 = 500,000-\{500,000-(500,000 \times 0.1)\}/10$
2	$D_2 = \{A-(A \times 0.1)\}/10$	$E_2 = \{A-(A \times 0.1)/10\} + \{A-(A \times 0.1)/10)\}$	$F_2 = A - \{A-(A \times 0.1)\}/10 - \{A-(A \times 0.1)\}/10$
	$45,000 = \{500,000-(500,000 \times 0.1)\}/10$	$90,000 = 45,000+45,000$	$410,000 = 500,000-45,000-45,000$
3	$D_3 = \{A-(A \times 0.1)\}/10$	$E_3 = \{A-(A \times 0.1)\}/10 + \{A-(A \times 0.1)\}/10 + \{A-(A \times 0.1)\}/10$	$F_3 = A - \{A-(A \times 0.1)\}/10 - \{A-(A \times 0.1)\}/10 - \{A-(A \times 0.1)\}/10$
	$45,000 = \{500,000-(500,000 \times 0.1)\}/10$	$135,000 = 45,000 + 45,000 + 45,000$	$365,000 = 500,000-45,0000 -45,000-45,000$
4	$D_4 = \{A-(A \times 0.1)\}/10$	$E_4 = \{A-(A \times 0.1)\}/10 + \{A-(A \times 0.1)\}/10 + \{A-(A \times 0.1)\}/10 + \{A-(A \times 0.1)\}/10$	$F_4 = A - \{A-(A \times 0.1)\}/10 - \{A-(A \times 0.1)\}/10 - \{A-(A \times 0.1)\}/10 - \{A-(A \times 0.1)\}/10$
	$45,000 = \{500,000-(500,000 \times 0.1)\}/10$	$180,000 = +45,000 +45,000 +45,000 +45,000$	$320,000 = 500,000 -45,000 -45,000 -45,000 -45,000$
5	$D_5 = \{A-(A \times 0.1))/10$	$E_5 = \{A-(A \times 0.1)\}/10 + (\{A-(A \times 0.1)\}/10 + (\{A-(A \times 0.1)\}/10 + (\{A-(A \times 0.1)\}/10$	$F_5 = A - \{A-(A \times 0.1)\}/10 - \{A-(A \times 0.1)\}/10 - \{A-(A \times 0.1)\}/10 - \{A-(A \times 0.1)\}/10 - \{A-(A \times 0.1)\}/10$

	45,000 = {500,000 − (500,000×0.1)}/10	225,000 = 45,000 + 45,000 + 45,000 + 45,000 + 45,000	275,000 = 500,000 − 45,000 − 45,000 − 45,000 − 45,000 − 45,000
	.....	.....	.....
10	D_{10} = {A − (A×0.1)}/10	E_{10} = {A − (A×0.1)}/10 + {A − (A×0.1)}/10 + {A − (A×0.1)}/10 + {A − (A×0.1)}/10 + {A − (A×0.1)}/10 + ... + {A − (A×0.1)}/10	F_{10} = A − {A − (A×0.1)}/10 − {A − (A×0.1)}/10 − {A − (A×0.1)}/10 − {A − (A×0.1)}/10 − ..... − {A − (A×0.1)}/10 − {A − (A×0.1)}/10
	45,000 = {500,000 − (500,000× 0.1)}/10	450,000 = 45,000 + 45,000 + 45,000 + ... + 45,000	50,000 = 500,000 − 45,000 − 45,000 − 45,000 − ..... − 45,000
計	450,000		

(3) その他の行政統計

イ．化学工業統計年報

　所管官庁を経済産業省として実施される生産動態統計調査は，鉱工業における企業の生産活動を捉えることを目的として，月ごとに調査が実施され，調査結果が公表される。公表されたなかで，化学工業に関する調査結果をまとめて化学工業統計年報が刊行される。生産動態統計調査は，直轄調査であり，行政機関から各企業に調査票が郵送され，企業が調査票に記入して行政機関に返送するという郵送方式による調査である。

例えば化粧品であるとすると，生産・受入・出荷・在庫の各基準により分類を図り，さらに販売は製品の個数・数量・金額等により集計が行われる。メーカーへの返品は，受入という基準で集計が図られる。

ロ．県民経済計算年報

『県民経済計算年報』は，内閣府経済社会総合研究所国民経済計算部で編集が図られ逐次刊行物として毎年刊行される。

行政区画である都道府県・政令指定都市が独自に行政区画内の経済計算の計算を行うことから，例えば京都府が刊行する『京都府民経済計算』においては，京都府の経済における経済計算を基礎とした分析および内容が記載されて解説が図られる。『県民経済計算年報』は，各行政区域内の経済計算の算定方法および算定結果に基づき，内閣府が編集を図り県民経済を明らかにするということで刊行される年報であると解釈される。

計算の根拠となるデータ・資料の整備状況は，各地方公共団体で異なることから，各都道府県に共通した算出方法に基づく計算値としては捉えられずであるが，例えば地域ブロックとして関東ブロックに属する都県・東北ブロックに属する県・九州ブロックに属する県など，各ブロックに属する県について異なるブロックに属する県を比較すると，県民経済に基づき明らかな地域的差異が表される。平成26年4月時点で刊行された調査報告書は，『平成22年版　県民経済計算年報』（メディアランド，平成25年（2013年）。）である。県民雇用者報酬を県民雇用者数で除して算出した1人当たりの県民雇用者報酬の算定が行われることから，各県の1人当たり県民所得および県民雇用者報酬の比較が可能である。

分配の領域に基づき都道府県である地方公共団体が計算する行政区画内の総生産に基づき，各所得は要素費用に属する所得として取り扱われる。雇用者所得，例えば株式配当金などにおける財産所得，混合所得，企業所得からなる合計額を基準として県民所得の計算が行われる。

『県民経済計算年報』の利用上の注意とするページのなかで，「5．各表に

について」における「総括表　5」とした記載に続き，「県民所得は，県民雇用者報酬，財産所得（非企業部門の財産所得の純受取），企業所得（企業の財産所得の純受取を含む）を合計したものである。したがって，個人の所得水準を表すものではなく，企業利潤なども含んだ各都道府県の経済全体の所得水準を表していることに注意されたい。」として解説がなされ，また「総括表　10」とした他の箇所では，「1人当たり県民所得」として，「1人当たりの県民所得（＝当該県の県民所得÷当該県の総人口）を掲載している」として表記がなされる。

　第1次産業・第2次産業・第3次産業からなる各領域で算出される付加価値が行政区画内の総生産に占める割合は，各県の主要産業と経済との絡みにおいて分析され論じられると解釈することで，各県の県民所得を比較対照して粗い段階での分析を図るのには有意であると捉えられ，県民所得を県の人口で除して算定される1人当たり県民所得の指標も同様に，各県の比較対照が有意に図れると解釈される。

　各県の県内における生産に属する領域において各企業が計上する付加価値の算出額を基礎とした総生産と分配の領域に属する要素所得から算定される県民所得および支出に属する消費を基礎として算出される県内総生産が，県ごとに記載され，同様に政令指定都市におけるそれら指標が掲載される。

ハ．一般職業紹介状況（職業安定業務統計）

　厚生労働省が所管する公共職業安定所としてのハローワークに労働者が訪問して求職申込書に記入を図ることで求職の登録を行い，ハローワークから職業紹介を受けることで，求職活動を行うことにより求職者数と求人数との需給関係から有効求人倍率が算定される。

　全国における公共職業安定所であるハローワークへ企業等から求人の申込みがなされて求人件数が表される有効求人数を，有効求職者数で除して算定することから有効求人倍率の算出が行われる。

　月ごとに発表される一般職業紹介状況に基づき，景況と雇用との絡みにおい

て分析が図られることで注意が集まる有効求人倍率は，月間の有効求人数を有効求職者数で除して算定される。有効求人数と有効求職者数は，前月から繰越された求人数・求職者数と当月の新規求人数・求職者数からなる。

　厚生労働省における一般職業紹介状況（職業安定業務統計）は，直近の調査報告としては総務省統計局『職業安定業務月報』として，ウェブサイトで公表される。

　例えば，有効求人倍率が1.0を超えると求人数が求職者数を上回ると捉えられ，労働市場に薄明かりがさし，さらに求人数が求職者数を数の上で大幅に超えると景気に明るさが出たとか，反対に求人数が求職者数を下回ると労働市場における雇用動向が厳しいとか，求人数が求職者数を大幅に下回ると雇用動向がたいへん厳しいと言われたりする。

　有効求人倍率は都道府県ごとおよび地域ブロックごとに集計されて公表されることから，地域経済の景況と連動すると解釈され，県などの行政区画を跨いで主要産業を同じくする地域ブロックなどは，地域経済の景況と緊密な関係を備えることにより，有効求人倍率の指標が算定されると捉えられる。公共職業安定所であるハローワークが取り扱う月間有効求人数を，月間有効求職者数で除した算出値は有効求人倍率である。月間有効求職者数において，当月に求職申込みの手続をしてハローワークが受け付けた求職申込み者数としての新規求職申込件数に，前月から繰越された求職申込み者数である有効求職者数を加えた合計としての求職者数を月間有効求職者数として取り扱い，当月に事業所が求人申込みの手続きをするのに対応してハローワークが求人を受け付け，ハローワークが職業紹介として取り扱う求人数としての新規求人数に前月から繰越された求人数を加えた合計としての求人数を月間有効求人数とする。月間有効求人数を月間有効求職者で除して算出される計算値により，有効という名称を付けた月間有効求人倍率が算定されると解釈される。

　有効求人倍率における平均は，当年1月から12月までの年平均および当年4月から翌年3月までの年度平均で算定され，算定方法としては，年平均また年度平均も同じく12か月において月ごとに算出されることから，月ごとの有効

求人数を12か月分について合計した合計数を，月ごとの有効求職者数を12か月分に基づき合計した合計数により除すことで，年平均また年度平均の有効求人倍率が算出される。

一般職業紹介状況（職業安定業務統計）として，有効求人倍率が表されることから，例えば都道府県別および地域ブロック別有効求人倍率が報道発表される。

正社員である典型労働者としての求人と並んで，パートタイム労働者のほか契約社員，アルバイト等における求人申込みに基づく職業紹介が受け付けられ，典型労働者が占める求人と同等の取扱いで，ハローワークでの職業紹介が行われる。

求職活動を行う労働力のなかには，就業中の労働者が転職を考えることから事業所を退職して求職活動を行う事例があり，失業者数に算入が図られるけれどもそうした失業は摩擦的失業と呼ばれる。

ハローワークが算定する有効求人倍率としての求職者数は，新規学卒者を除く求職者数である。ハローワークが受け付ける企業からの求人申込みは，雇用期間が4か月以上であるなら，正規雇用，パート労働としての雇用，契約社員での雇用，嘱託社員においての雇用，派遣労働における雇用など各雇用形態に関わらず，事業所の担当者がハローワークを訪問して求人申込みの手続を行うとすると，ハローワークは求人申込みを受け付けて求人申込みとして事務処理を行うことから求人票の作成を図り，求職者に職業紹介を行う。派遣労働における雇用の場合，派遣元企業の担当者がハローワークを訪問して，企業における具体的な4か月以上の求人について求人申込み書に記入して求人の手続を行う。

有効求人倍率は，次式で算定される。

有効求人倍率 ＝ 有効求人数／有効求職者数

求職者数は，正規社員である典型労働者とパートタイムの雇用形態また他の雇用形態による就労希望者を含める場合とパートタイムの雇用形態による就労希望者を除く場合とに分類が行われて集計され，社会指標として表示される。

求職者数から，パートタイム雇用での就職を望む求職者数を除くことで算出

第3章　行政統計と民力水準　189

された求職者数には，正規社員での雇用を希望する求職者のほか，契約社員・アルバイト・嘱託社員・派遣労働等での労働を受け入れる求職者が算入される。求職者数から契約社員・アルバイト・嘱託社員・派遣労働等の各雇用形態での就職を受け入れる求職者数を除くとすると，求職者数は正社員での雇用を優先順位の先に置く求職者数のみとなる。

　労働者派遣法に基づき定められた雇用形態に基づく派遣労働は，派遣労働者・派遣元企業・派遣先企業との関係において，描かれる雇用形態である。派遣労働者は，労働者派遣会社である派遣元企業との間で労働契約を締結することで，派遣先企業において労働の提供を行い，派遣先企業から労働における指揮命令を受け，労働の報酬として派遣元企業から賃金を受け取る。派遣労働は，派遣元企業と派遣先企業が，労働者派遣契約を締結することで，派遣労働者における就労条件等を契約内容で定めるという雇用形態である。(『浅倉むつ子「10　非典型労雇用と法」，編著者　大沢真知子・原田順子『21世紀の女性と仕事』放送大学テキスト，財団法人　放送大学教育振興会，2009年。)

二．労働統計年報（労働問題の領域に属する統計等を収録した統計書）
　上記の一般職業紹介状況（職業安定業務統計）に関する統計をはじめとした統計を収録した統計書として労働統計年報を取り上げる。労働経済に属する領域のなかで，重要度において高いとされる統計を収録した逐次刊行物として取り扱われる。厚生労働大臣統計調査部『第65回　労働統計年報　平成24年』(労務行政，平成26年（2014年）。)は，雇用を取り扱うだけでなく，労働問題の領域で扱われる労働時間・労働災害等に関する調査報告書についての概要を表す箇所を掲載することにより基礎的な資料として編集を図り刊行される。

　参照として企業における雇用形態を，パートタイムと労働との絡みにおいて分析を図り，検討を加える。
(A) パートタイム
　労働経済に属する領域において，一般労働者のなかの正規労働者を一般の正

規労働者として表記すると（浅倉むつ子「10　非典型労働雇用と法」大沢真知子・原田順子編著『21世紀の女性と仕事』放送大学教材，財団法人 放送大学教育振興会，2009年。），その前提として労働における分類により，事業所における常用労働者は，一般労働者とパートタイム労働者に分類されるとされ，パートタイム労働者は，（ア）事業所における1日の所定労働時間が一般の正規雇用労働者よりも短い労働者 （イ）事業所における1日の所定労働時間が同じでも，1週の所定労働日数が一般の正規雇用労働者よりも少ない労働者であるとして，用語上の定義がなされる。（厚生労働省大臣官房統計情報部，『第65回　労働経済統計年報』労働行政，平成26年。）

　雇用期間に定めを設けずであるとか，4か月以上の雇用期間を基礎として就労する労働者を常用的パートタイムといい，雇用期間を1か月以上4か月未満として定めるか，4か月未満とすることから一定の期間を設けて就労する労働者を臨時的パートタイムと言う。（参照，厚生労働省『職業安定業務統計』）

（B）パートタイム労働者

　パートタイム労働者は，労働基準法が1年を超えたパートタイム労働の雇用を禁じることから，雇用期間は1か月を超えるか，1年未満の雇用期間で就労する労働者であり，更新するには雇用期間を1年を超えずの範囲で雇用契約の締結が可能とされる雇用形態である。賞与の支給は各企業で支払規定があることでまちまちであり，パートタイム労働者にも支給がなされる企業でも，正社員の受け取る賞与と比較すると少額であるとか支給されずと言う例も見受けられたり，企業のなかには賞与などは支給せずであるが，一時金を労働者に支給する企業もある。

（参照，日本経済新聞 2014年（平成26年）1月5日　朝刊 『正社員と同じ仕事のパート　有期雇用も同じ待遇に　厚労省方針』。）

（C）企業における従業員の雇用形態

　経済団体連合会（略称，経団連）などをはじめとして，財界が設立した団体は経営と人件費との関係において分析を図ることで検討を行い，企業における人件費総額の上昇に慎重となる立場に立つことが多多あると捉えられる。企業

の繁忙期には人員の増加を図り，不況になり例えば製品の売上額が鈍化するなどの経済変動が表れて工場における操業度が下降すると，人員の削減を行うことが，企業経営において採用可能な人事・労務政策であるとする企業は，少なからず見受けられるであろう。（参照，『2013年度 経団連賃金総覧』経団連事務局編，平成25年。）

　日本経済の伸びが海外から注目された経済成長期をはじめとする時期には，日本経済の躍進は日本型雇用にあるとされ，終身雇用・年功序列・企業別労働組合が日本型経営の特徴であるとされ，経済成長と日本企業における経営との絡みにおいて分析が図られ，日本の企業経営に焦点を当てた実践的な研究が行われた。（参照，津田眞澂『人事労務管理の思想』有斐閣新書，1977。）企業の人事制度は，その後変容が図られ，成果給の導入であるとか，成果給と年功序列賃金を混合する賃金制度を職場における被雇用者について，受入れ可能な形式で導入する企業が表れた。

　年功序列賃金は勤務年数に応じて社員が受け取る給料が昇給することに応じて増加する人事制度であり，勤務年数が長期であると昇給額（昇給の幅）は勤務年数に応じて増加が図られて高い賃金が支払われることとなり，近時は賃金制度の見直しから勤続年数が長期になるとしても賃金が勤続年数に応じて増加することを抑制するという政策に基礎を置くことで，社員の企業にたいする寄与度に応じて賃金を決定するという成果給的な賃金政策が採用されたりする。

　典型労働者としての正規雇用労働者は，雇用期間の定めのない社員また被雇用者であり，社員また従業員が自発的に退職せずである場合は，各事業所の定める就業規則により定年まで勤務することができるのにたいして，非典型労働者である非正規雇用労働者は，有期雇用労働者であり，パート労働者，契約社員，アルバイト労働者，派遣労働者等という各雇用形態における労働者からなり，労働者派遣法に基づく派遣労働者を含めて，各労働者は事業所と締結する労働契約により雇用期間を定めて労働の提供を行うという雇用形態である。（佐々木　弘・奥林康司・原田順子『経営学入門』放送大学テキスト，財団法人　放送大学教育振興会，2007年。）

第3節　行政機関が実施する統計調査に基づき刊行された商業統計表の利用事例

　行政機関が実施した統計調査に基づき刊行された商業統計表において，調査結果の利用と応用を図ることから，売上額を人口で除して，一人当たり小売業年間商品販売額の算定を行い，商圏内人口と消費支出額との絡みにおいて分析を図り，商圏内における消費支出額を捉える方法を概観すると同時に各店舗の競合を題材として検討を加える。

(1) 社会指標の加工
(ア) 商業統計調査

　商業統計調査は他の大規模調査である平成26年経済センサス―基礎調査と統合して，商業統計調査における本調査が実施されたが，調査報告書である商業統計表が刊行されるまでには一定期間を要することで，平成27年の上半期時点では刊行されずであることから，各図書館が収蔵する調査報告書は直近よりも1期前の商業統計調査（平成19年実施）に基づく調査報告書である。平成21年に刊行された商業統計表（平成19年実施の商業統計調査に基づく。）によると，小売業年間商品販売額は136兆472億54百万円と算出され，年度ベースによる算定額であることから，平成18年4月1日から平成19年3月31日までに計上した販売額である。

表6　商業統計表における小売業年間商品販売額

領　域	販　売　額
小売業年間商品販売額	132兆8,440億87百万円
卸売業が小売を行った年間商品販売額	3兆2,031億67百万円
計	136兆　472億54百万円

注．平成19年商業統計表に拠る。

上記の販売額として136兆472億54百万円は，内訳として小売業に属する事業所の販売額が132兆8,440億87百万円，その他は卸売業に属する事業所が小売を行ったことで計上された販売額である3兆2,031億67百万円を加えた金額からなる。

　平成19年に実施された商業統計調査による販売額には，通信・カタログ販売等の事業所も調査の対象である。駅改札内の中で例えばキヨスクは鉄道業とは経営主体が異なる企業が運営する事業所であり，平成19年の商業統計調査より小売業販売額の調査対象とされ，販売額は商業統計表における集計値に算入される。（参照，経済産業省『平成19年　商業統計表』）

　インターネットを利用したネット販売を運営する事業所は，調査の対象外であり，通信販売・カタログ販売を行う事業所は調査対象であることから，例えばカタログの配布が全国展開を基礎として新聞の折込み等により撤配を図ることで，カタログ販売の形式で販売された商品販売額が事業所の本社の売上額として計上される。

　カタログ販売に基づく事業所の売上額が多額に上る場合は，事業所が所在する市町村という行政区画においての店舗販売に基づく小売業年間商品販売額に，カタログ販売を収益事業とする企業により例えば全国を対象地域としてカタログを配布することで計上された販売額が，算入される。本社が所在する例えば行政統計における市の小売業年間商品販売額にカタログ販売を業務内容とした本社売上高が算入されることとなり，行政統計における市の小売業年間商品販売額は，実際の市内における店舗販売に基づく小売業年間商品販売額以上に押し上げられて，行政区画に基づく市の小売業年間商品販売額として計上される。

(イ) 日本の人口

　平成22年（2010年）3月31日現在における住民基本台帳人口は127,057,860人であり，国勢調査に基づく確定値として平成22年（2010年）における人口は128,057,352人である。

　経済産業省『平成19年　商業統計表』に記載された小売業年間商品販売額は

136兆472億54百万円であること，平成22年（2010年）における住民基本台帳人口は127,057,860人であり，直近の平成22年（2010年）の国勢調査における日本の人口は，128,057,352人であることで，試みに小売業年間商品販売額をAとして，国勢調査における人口をBとする場合，A／Bに基づき一人当たり小売業年間商品販売額が計算される。全国規模での小売業年間商品販売額を，全国人口で割ると言う算出方法において，住民基本台帳人口と確定値としての国勢調査における人口は，全国規模に基づくマクロな段階での集計値であることから，各調査目的および算定内容の違いに留意することで，どちらを採用しても差し支えあらずと捉えられる。

　小売業年間商品販売額は，平成19年（2007年）における国内の販売額集計であるけれども，国勢調査人口は平成22年（2010年）の調査結果であり，住民基本台帳人口は2010年の全国の市町村の住民基本台帳人口を基に集計された数値であることから，Aは平成19年（2007年）における小売業年間商品販売額であり，Bは国勢調査による平成22年（2010年）の調査結果による確定値に基づき，またCは平成22年における住民基本台帳を基にした平成22年（2010年）の集計結果であると言う3個の社会指標に注意が払われる。Aを割るBが，Aと比較して調査年が同一年に行われた統計に基づく集計値にあらずであるとしても，統計処理として支障は出ずとして理解を図り処理することができる。

　Aによる小売業年間商品販売額が，平成19年（2007年）であるのにたいして，Bに属する国勢調査人口は平成22年（2010年）の調査結果であると同時に，同じくBに属する住民基本台帳人口は平成22年（2010年）の調査結果であり，AはBに先行して行われた調査である。算定方法としてはA／Bの式に基づき，Bに国勢調査人口をあてはめても，住民基本台帳人口をあてはめても一人当たり小売業年間商品販売額は同じ金額となることで適切な計算処理が図られ，計算式の算定は行われる。

（2）消費に関係した社会指標の作成

（ア）小売業年間商品販売額と人口

Aは平成19年（2007年）に実施された商業統計調査に基づき平成21年（2009年）に刊行された商業統計表に基づく小売業年間商品販売額である。

Bを人口とすると，平成22年（2010年）における国勢調査人口および平成22年（2010年）における住民基本台帳人口を参照して表に記載する。

本章では，住民基本台帳に基づき参照・引用を図り，A／Bの計算を行うこと，および商業統計表において小売業年間商品販売額は百万円の単位まで金額記載が図られる。人口はマーケティングに属する分析を行う作業者に，どの桁数の位までの整数部分を四捨五入して，人口数に付きA／BについてのBに当てはめるかということの判断が任される。本節では，千の単位を四捨五入して万の位までを算出することから，128,057,352（人）は約12,806（万人）として表記を図り，A／Bの計算に基づき，一人当たり小売業年間商品販売額を算定する。

表7　一人当たり小売業年間商品販売額の計算

	領　域	金　額
A	平成19年（2007年）商業統計表における小売業年間商品販売額　（参照，販売額の集計期間は平成18年4月1日から平成19年3月31日まで）	136兆472億54百万円
B	国勢調査人口 平成22年（2010年）10月1日	128,057,352（人） （約）12,806（万人）
	住民基本台帳人口 平成22年（2010年）3月31日	127,057,860（人） （約）12,706（万人）
A／B	一人当たり小売業年間商品販売額	（約）1,064,000（円）

（イ）一人当たり小売業年間商品販売額

小売業年間商品販売額は，百万円の単位まで求めた金額であり。人口は1億人を超える総人口により下一桁1人の単位まで求めた人口数であることから，

上の式から千円の単位を四捨五入して，万円の単位まで求める方法に基づき計算された数字に注意を払う．ＡとＢに付き四捨五入した金額・数で表される桁数のうち，例えば千とか万の位を，ＡとＢについて同じ桁数に近づけると，除算による算定値は，容易に計算が行えることで，算定の目的に適合した金額が捉えられ，一人当たり小売業年間商品販売額は，国勢調査人口を採用しても住民基本台帳人口を採用しても，ほとんど同じ算定結果が得られる．

(3) 都市と購買吸引力

　都市が備える購買吸引力に基づき例えば買回品に注意を払うと，都市の居住者は都市内の商業地区で購買を行い，都市の周辺地域に居住する消費者は都市に出向して買物を行うと捉えられる．大都市に属する都市は，周辺地域からの買物出向により顧客吸引力を備えると推定される．

　都市と言う行政区画を単位とした行政人口に基づき算定される一人当たり小売業年間商品販売額は，周辺地域からの買物出向が行われて購買がなされる金額分だけ，高い金額で算出される．

　行政統計に基づき，国勢調査であるとか住民基本台帳である社会指標を基礎として人口を捉え，行政区画としての都道府県・市区町村で表される小売業年間商品販売額は商業統計表に記載されることから，国勢調査また毎年公表の住民基本台帳に基づく行政人口と行政区画における小売業年間商品販売額との絡みにおいて分析を図ると，小売業年間商品販売額を行政人口で除すことにより都市における一人当たりの小売業年間商品販売額が算出されることから，全国における小売業年間商品販売額を日本の総人口で割ることで導かれる全国平均としての小売業年間商品販売額とで比較を図ることができる．

　全国平均を上回る高い金額で算出される小売業年間商品販売額は，都市へ向かう周辺地域からの買物出向者数が多数であることが考えられるほか，ネット運営で商品を販売する会社の売上高はネット事業による各商品の販売高の集計として捉えられ，また前述のようにカタログ等の媒介手段を採ることから通信販売等を主たる事業として運営する企業が，顧客からの注文に応じて商品を販

売することに基づき計上する売上高は，企業がカタログを配布した各地域での売上高を合計した金額からなると捉えられる。

(4) カタログ販売による販売方式

カタログ販売による各地区での販売額は，本社売上高として計上され，本社売上高は本社が所在する県および市の商業統計表における小売業年間商品販売額に算入される。

百貨店を例に取ると，店舗立地による店売りを図ることで来店客である顧客にたいして商品販売を行うほか，法人需要により購買を図る例えば企業等においての法人顧客および大口の買物を行う個人への対応は，百貨店の外商部が顧客担当を行うことで，販売する商品が属するゾーンは価格軸に基づき百貨店ゾーンに対応する商品であると捉えられると同時に，百貨店が事業を行う通信販売は，店売りで取り扱うゾーンに相応する価格帯と比較して低位に位置する価格帯を基礎とした商品により商品構成が図られ，カタログに商品を掲載して商品販売を行うことで事業を運営する。

(5) 店売りと呼ばれる店舗販売以外の事業

(ア) ウェブサイトを立ち上げて衣料品・化粧品等を販売する事業

ウェブサイトを立ち上げて商品販売を図る百貨店の事業として，衣料品・化粧品などに基づきウェブサイトを利用して商品構成を図り販売を行う方法において品揃えを図る商品は，店売りで販売する商品が属する価格帯としてよりも低位に位置する価格帯に属する。

衣料品であると，例えば百貨店の入口に通じる通路の側に開店する専門店街に出店して販売する銘柄は百貨店で取り扱うブランドと比較してロゴタイプの一部が異なる程度であるとしても，商品を製造する工程を基礎にした原価計算に注意を払い，原価を低減することで，商品の外観をあたかも百貨店で販売する商品に近付けて商品製造を図ることで販売を行う商品であるほか，なかには同じ商品を店売りと同時にウェブサイトでも販売するという方法がみられる。

他方，委託製造を行わず，自社ブランドを持たずに，各衣料品メーカーの商品を取り揃えて商品構成を図り，商品販売を行うと言うウェブサイトがみられる。品揃え型になることから，サイト上で販売する商品価格は，店売りで販売する市場価格と比較して同じ価格帯に属する商品価格からなると捉えられる。
　化粧品を販売するサイトは，自社で取り扱う商品をウェブサイト上で商品構成を図り販売する販売方法である。前には，百貨店が百貨店の売場で取り扱う知名度を備えたメーカーの商品というよりは，店売りと比較して低位の価格帯で製造・販売を行う各メーカーの商品を取り揃えて商品構成を行い，ウェブサイトを立ち上げて品揃えを図り販売が行われた。百貨店は店内において，化粧品メーカーの各会社にコーナーを提供することで，各メーカーの美容部員が顧客に商品のカウンセリングを行い販売を図るという販売形式であり，百貨店が事業運営するネットを利用した化粧品における通信販売は百貨店ゾーンにおけるアイテムが属する価格帯よりも低位に位置する価格帯に基づき商品構成を図り販売を行うサイトとして立ち上げられたが，複数の事業年を経たあと，サイトが閉じられて営業は行われずである。
　化粧品メーカーは，百貨店・専門店・ドラッグストア・量販店・コンビニエンスストアといった各業態におけるチャンネルに向けて商品を供給するほか，メーカーが独自にウェブサイトを立ち上げて商品構成を図り商品販売を行う。
　価格を優先順位の最も前に置き，次に商品分類ごとの商品を取り揃えるといった順序で商品構成が図られるとすると，ネットを利用した通信販売は価格構成を優先的に採用するという枠のもとで品揃えを図る販売方法と解釈される。
　銘柄が備える知名度および化粧品を製造する企業の知名度を優先順位の後に設け，商品価格・用途を優先順位の先に置くことで，商品構成を図るのは，ネット事業を行う企業が採用する販売手法であると考察される。
　化粧品メーカーのなかには，化学成分を取り入れずに化粧品の製造を図り，防腐剤等を含まずとする商品に基づき，使用期間において商品劣化を防ぐことなどから容器に入った容量を通常よりも少なくして製造を図り，製品の安全性を消費者に訴求する商品政策のもとで，全国で多店舗の展開を行うことにより，

自社製品を製造販売する方式を採用するメーカーがみられる。（参照，吉森　賢『企業戦略と企業文化』放送大学テキスト，放送大学振興会，2008年）

　化粧品を取り扱う小売市場のなかで化粧品の訪問販売を行う企業とショッピングセンター等においてショップ形式を採用することから化粧品を販売する企業とが経営統合することにより持株会社を設立して事業展開を図る化粧品会社は，化粧品について出荷段階におけるシェアとして10.0％のシェアを占めるメーカーである。化粧品を訪問販売する事業は，販売員が顧客を直接訪問して，顧客に商品解説を図り，カウンセリングを行うことで商品の仕様であるとか商品知識を顧客に提供することにより継続的な販売を図る販売方法である。固定客に重点を置くことで，顧客に適合した商品を販売する訪問販売は，店売りとは異なる販売方式であり，顧客管理を基礎とした販売方式として注意が払われる。（参照，日経産業新聞編『日経シェア調査 2014【年版】』2013年）

（イ）百貨店における展覧会などの企画展を開催する事業

　展覧会等を催して入場客から入場料を受け取るといった企画展の開催を百貨店の収益事業とする部門は，例えば絵画の展覧会であると，企画段階において出品作品の選定を図り出品される各絵画の所有者に，百貨店が交渉を行うことから展覧会の期間また期間中の一部の期間で美術品を借り受けて展示すると言う形式を取ることにより，百貨店で展覧会が開催される。開催期間中は百貨店に来場者が集まることから，商品販売とは異なる方法で百貨店への集客力の増加を図り店舗販売にも繋げる手法であると捉えることが可能である。

第4節　新聞社系列の出版社が編集するデータブックの利用事例
　　── 朝日新聞出版『民力』──

(1)　都道府県の民力指数
①　都道府県の民力指数

　『民力』は，計5個からなる領域に基づき，各領域を表す中分類指数の算出を図ることで，算定された中分類指数を基にして，民力総合指数を算出する。各領域に基づき領域を表すのに適合するとされる社会指標は，領域ごとに6個であることから合計30個の社会指標が選択されて計算を行うことで，『民力』は領域ごとに中分類指数の算出を図る。

　計5個の各領域を表す指数を基本指数・産業活動指数・消費指数・文化指数・暮らし指数からなる中分類指数として取り扱い，中分類指数を基に民力の総合指数が算定される。中分類指数は，各領域を表す6個の社会指標を基にしてデータ処理を図り，『民力』を編集する目的で組み立てた式から算出値の計算を行い，それら各中分類指数を基にして民力総合指数を作成するとした内容が，『民力』のなかの解説で記述される。

②　民力指数
　a　民力指数の算定方法に基づく算定結果の相関

　民力水準に基づき都道府県の民力を表す指数は，『民力』に記載され，「独立方式」と「積上げ方式」により，各方式の算出手順が異なるとした解説が『民力』のなかで記述される。「独立方式」は，各5個の領域における中分類指数を基に，指数を表す変数について計算に基づく処理方法である重み付け，またその他の手法を用いて，「各指数の全国を1,000とした都道府県別の構成比率を総合化（単純算術平均）したもの」（『民力　2012』）」として算出する方式であると記載すると同時に，都道府県に関する民力指数としての積上げ方式は市区町村ごとに算出した民力指数を積み上げて都道府県ごとに総合民力指数を表す

方式（『民力 2012』）であると解説される。

　都道府県の民力指標において，「独立方式」と「積上げ方式」に基づき算出された各算定値の相関は，相関係数が1である場合は全く同じ内容を表す指数であることを念頭に置くとすると，同書における解説の記述は，都道府県ごとの民力指数における相関係数において0.9を超える0.99を表すことが，『民力 2013』に記載され，各計算方式により計算してもほぼ同じ算定結果が算出されるといった内容が記述される。

　都道府県の民力指数に注意を払うと，「独立方式」で導かれた民力指数と「積上げ方式」で導かれた民力指数の間で，0.99以上の相関が表されることから，各方式から算出された民力指数は，高い相関を備えるとして解説される。

　b　中分類指数および総合指数
　中分類指数および総合指数が量的な水準を表す指数であるのにたいして，質的な領域に基づき民力を表す計算式の作成を基礎とすることで，1人当たり民力水準を表す指数であるとした計算値が『民力』に記載され，計算により導き出された数値に付き，『……「1人当たり民力水準」は，全国の1人当たり数値を基準にした相対的水準値であるとして，民力のレベルを示す。』（『民力 2013』）として記載が行われ質的な差を論じるデータであるとされる。

　統計処理を図り，5個からなる各領域を表す各中分類指数は領域ごとに各領域を表す最適な社会指標を選択して採り上げたと解釈される。各領域を表す社会指標は，他の領域に属する社会指標とは原則的には無相関であることを前提とした上で，各領域ごとに抽き出された6個の社会指標を合計した数である計30個からなる社会指標は，例えば社会指標に付き計算処理を図る上で，数量化における変数として取り扱うことから変数相互間で相関係数の算定を図るなどすると，高い相関を備えずと言う計算結果が得られるということが変数の選択で不可欠であり統計的処理の前提となることが要請される。

　例えば5個の領域のうちの基本指数は，人口・世帯数・県民所得・民営総事業所数・国税徴収決定済額・地方税収入額という各社会指標からなり，各指標

を基にして，各指標を変数として取り扱うことで基本指数の算出における計算処理を図る。計算処理を図ることで得られた5個の領域を表す中分類指数を基にして，さらに計算処理を行うことで総合指数の算定を図り，算出された指数は民力総合指数として取り扱われる。

要約を図ると，領域は基本指数・産業活動指数・消費指数・文化指数・暮らし指数の5個からなり，各領域を表わす社会指標である変数は領域ごとに6個からなることで，領域ごとに計算処理を施して中分類指数の算定が行われ，各中分類指数に基づき計算処理を図ることで総合指数が算出される。

c　都道府県における各領域を表す社会指標

都道府県における1人当たり民力水準に注意を払うと，例えば基本指数は県民所得，国税徴収決定済額また地方税収入額，民営総事業所数といった指標および住民基本台帳に基づく住民基本台帳人口および住民基本台帳世帯数を地域の特性を表す社会指標として取り扱うことで計算処理を図り，基本的な領域における中分類指数が算出されるとする。『民力』に記載される民力指数は，『民力』が組み立てた計算式に基礎を置き計算を行うことで算定結果が算出されるとして解説される。

産業活動指数は第1次産業に属する農業・林業においての各産業の産出額を表す各指標ならびに漁獲総量と水産加工生産量との合計量を水産業における産出量とすることで『民力』に取り入れられたと解釈される指標と，工場の数・工業製品年間出荷額・就業者総数からなり，第1次産業と第2次産業に属する社会指標とすべての産業に従事する就業者数に注意を集めて選択された社会指標を基にして計算処理が図られたと解釈される。

消費指数は商業統計調査における小売業年間商品販売額に基づく商店年間販売額，景気の先行指標となる新設着工住宅戸数としての『民力』記載の新設着工住宅数，所得・預貯金残高と相関を備えるとされる乗用車保有台数，地域経済を浮揚させる効果を持つ一般公共事業費という名称の指標は公共機関からの受注工事額とした社会指標からなると解釈され，景気が上向くことで比例的に

費消される傾向が描かれるとされるオフィス・工場・店舗および自家需要としての電灯年間使用量からなる。

　文化を表す領域に基づく中分類指数は，地域における文化・教育の水準を表す各社会指標を基に算出された中分類指数として解釈され，文化・教育の水準と関係性を持つとされる『民力』記載の新聞頒布数，書籍雑誌年間小売販売額，図書館数，インターネット接続によるプロバイダーとの契約数としてのブロードバンドサービス契約数と言う各社会指標を基に，その他の社会指標は，教育・文化が属する領域により教育費総額と引受郵便物等物数で表される各社会指標から中分類指数が算出される。

　暮らし指数を表す領域には，地域における居住者の買物とか公共料金の支払いといったインフラの整備にも繋がるとして捉えられるコンビニエンスストアの合計数について『民力 2013』はコンビニエンスストア数という名称で記載を行い，保育所数・公民館数・都市公園面積といった地方自治体による地域住民への行政サービスを表すと解釈される社会指標，メディカルサービスを運営する病院の数，地域の安全性を表す社会指標と解釈される刑法犯認知件数と言う社会指標に基づき，統計的処理を行うことで中分類指数の算出を図ると解釈される。

　『民力』における記載内容として基本指数・産業活動指数・消費指数・文化指数・暮らし指数の各中分類指数を基に統計的処理を施すことから都道府県の総合指数が算出されるとして記載。

③　民力水準の計算に採用された社会指標

　同じ領域に属する社会指標により，同じ傾向を表す複数の社会指標を採用することで，社会指標に基づき統計処理を施して指数を計算することは，実際以上に高い算出値を導くこととなり，例えば都市の特徴を所得に関係した社会指標で描き出す場合，社会指標に高額所得者数と所得税の納付額などにおける高額納税者数に関係した指標を採用して統計的処理を施すと，各社会指標は相関を持つ社会指標であり相関係数が高く表されることから，計算結果が実際以上

引用・参照　朝日新聞出版『民力 2013』に拠る。

領　域	基本条件	産　業	経　済	文　化	暮らし	総　合
領域を表わす中分類指数の名称	基本指数	産業活動指数	消費指数	文化指数	暮らし指数	総合指数
社会経済指標	人　口	農業産出額	商店年間販売額	教育費総額	コンビニエンスストア数	表における上欄に記載した各中分類指数を基にして総合指数を算出する。
	世帯数	林業産出額	電灯年間使用量	書籍雑誌年間小売販売額	保育所数	
	民営総事業所数	水産業（漁獲総量＋生産加工生産量）	預貯金残高総額	新聞頒布数	公民館数	
	県民所得	工業総数	一般公共事業費	図書館数	都市公園面積	
	国税徴収決定済額	工業製品年間出荷額	新設着工住宅数（注 新設住宅着工戸数）	ブロードバンドサービス契約数	病院数	
	地方税収入額	就業者総数	乗用車総保有台数	郵便物引受数	刑法犯認知件数	

注：『民力 2013』は，都道府県の民力に関係する指数の算定により，社会指標を「新設着工住宅数」と記載。国土交通省『建築着工統計調査報告』に基づき公表される社会指標の名称は，新設住宅着工戸数であるが，『民力 2013』は新設着工住宅数と記載することから，上表は欄内に社会指標により「新設着工住宅数」として表記を図り，括弧を付して注と記すことから新設住宅着工戸数として，社会指標の名称を記入する。
　上表は『民力2013』における記載内容および「民力指数構成図」の内容を損わずとすることに注意を払い加工表示した図表。

に比喩的な表現をするなら，おおげさに高い計算値として表される。各社会指標を採用して統計処理を行うと実際的な統計値以上の数値が算定される。

統計的な計算処理の手続きに従い導かれる都道府県における各民力は，都道府県という各行政区画ごとに比較が可能な各社会指標を基にして計画処理された指標としての数値と捉えられ，各社会指標における相関は低い相関係数であることを前提として採用された社会指標であると推測される。

注 民力指数の意義および算定方法は，『民力 2013』における解説に該当する記述箇所を参照した。

(2) 市区町村の民力指数

a 市区町村の民力指数

市区町村の民力総合指数を表す方法は，都道府県の民力総合指数を表す方法と同じ方法であると記述され，基本指数・産業活動指数・消費指数・文化指数・暮らし指数からなる計 5 個の領域に基づき計算され『民力』に記載される。各領域のなかで，抽き出された社会指標は計 3 個からなり，各領域を表す指数を領域ごとに計 3 個の社会指標を基に計算を図り中分類指数として算出することで，各領域の中分類指数の算出を図り，各中分類指数に基づき総合指数の算定を行うとする解説が『民力』に記載される。

b 市区町村における民力指標の算定

都道府県の各領域に基づく中分類指数の算定により，各領域の数は計 5 個であることから領域の数として市区町村は都道府県と同数であるが，社会指標に基づき各領域で計 3 個の社会指標の採用を図ることで，各領域における中分類指数の算出が行われる。

例えば，都道府県における基本指数を算定する指標のなかの県民所得は，市区町村の行政区画を単位としては公表されずであることから，県民所得と高い相関を持つ社会指標としての県民所得に代替する社会指標として市区町村を単位として公表される課税対象所得が所得における社会指標として取り上げられ

る。都道府県における中分類指数の算定を行うことで基礎となる社会指標とつながり，それら各社会指標と同じ内容を表す社会指標また高い相関を備える社会指標が，市区町村では代替指標として取り上げられて中分類指数の算定が図られることにより，各中分類指数を基に算定された総合指数が民力総合指数であるとして，『民力 2013』のなかの「民力指数の考え方と算出方法」と題する箇所で解説される。

(3) 都道府県と市区町村における各民力指数

『民力』における各市町村の中分類指数は，5個の領域に基づき，各領域に属する各3個の社会指標を基にして計算され，計5個の中分類指数を基にして民力総合指数が算定される。

『民力』に記載する総合指数は，都道府県と同様に，基本指数・産業活動指数・消費指数・文化指数・暮らし指数という5個の領域に基づき計算処理を図ることで算定を行い，重み付けなどの手法を導入して計算値を算定すると解釈される。

各領域を表す中分類指数の算定に関係して，都道府県における中分類指数は計5個の領域に属する社会指標により，計5個の中分類指数と各中分類指数を基にして総合指数の算出を図ることから計6個の指数を表すのにたいして，市区町村は計5個の各領域を表す社会指標として各3個の社会指標を採用して各領域における中分類指数を表し，各中分類指数を基にして総合指数を算出するとした記述が『民力 2013』に記載される。

各市区町村が他の各市区町村と境界を接してつらなることにより相互依存関係が構築されて地理的空間が形造られるとした見解を設けるとすると，各中分類指数および総合指数は地理的空間を測る尺度として利便性を備えると解釈される。町村であると例えば消費における都市への寄与度に基づき，区であると都市中心部に位置するか否かという分析また都市中心部への寄与度を検討することにおいて地理的区分は都市圏を構築する各部分から構成されるとする仮説が成り立ち，都市を包括した地理的空間においてネットワークの構築を図る拠

引用　朝日新聞出版『民力 2013』における「民力指数構成図」を参照することにより記載

領　域	基　本	産　業	経　済	文　化	暮らし	総　合
領域を表わす中分類指数の名称	基本指数	産業活動指数	消費指数	文化指数	暮らし指数	総合指数
社会経済指標	人口 民営総事業所数 課税対象所得	農業産出額 工業製品年間出荷額 就業者総数	商店年間販売額 新設着工住宅数(注 新設住宅着工戸数) 乗用車総保有台数	教育施設数 書籍文房具小売業事業所数 図書館数	保育所数 公民館数 病院数	左記の各中分類指数を基にして民力総合指数を算出する。

注：『民力2013』は，市区町村における『民力』を表す中分類指数を計算することにより採り上げた社会指標のなかで「新設着工住宅数」と記載する指標と関係して，国土交通省『建築着工統計調査報告』で公表される社会指標の名称は，新設住宅着工戸数である。『民力 2013』は新設着工住宅数と記載することから，上表は欄内に社会指標の名称を「新設着工住宅数」として記入を図り，括弧を付して注とすることから，「新設住宅着工戸数」として社会指標の名称を記入する。上表は，『民力 2013』に記載された記述および「民力指数構成図」の内容を損わずとすることに注意を払い加工表示した図表である。

点として都市は位置付けられると考えられる。

　各市区町村を基礎として形造られる地理的空間のなかで経済活動が行われるという仮説を設けると，地域市場に関する需要と供給についての均衡における調整過程に基づき調整機能を図る装置は都市圏であるとして捉えられる。

(4)　市区町村の民力指数の取扱い

　各都道府県における民力総合指数は，各行政区画で比較が行われる有益な指標として利用が図られるとしても，市区町村に基づき計5個の領域を表す中分類指数および中分類指数を基にして計算された民力総合指数は，例えば所得水

準が高いとみられる市区町村において，産業活動指数・消費指数が高い指数で表されるとか，社会資本が整備された市区町村であるとしても，文化水準を表す中分類指数では他の市区町村と比較して低い計算値で表されて記載されるという例がみられる。各領域で計3個の社会指標に基づき各領域を表す中分類指数の計算が図られ，市区町村の特徴を描くのに使用される社会指標の数が都道府県における『民力』を表すのに採用される社会指標の数と比較して少数であることから，市区町村について社会指標を基にして算出された中分類指数および総合指数は参考程度に留めることで，他の統計資料を参照して分析に有益と判断される粗い段階でのデータを市区町村の経済・社会・文化等の各領域を表す資料として捉えて，市区町村の分析を図ることが適切な分析方法と考えられる。

(5) 地域における経済力としての民力水準

通勤・通学は地理的空間的移動であるとすると移動手段として公共交通機関を利用しての移動および道路網の整備による車両での移動が反復的継続的に行われることで，地理的空間的広がりが形造られるとして解釈され，購買行動は店舗を基軸として購買者における居住地から店舗までの購買に要する距離を測ることで商圏における広狭を基礎として，その規模が確定される。店舗が取り扱う業種・商品に基づき商品構成に組み入れられた商品が消費者の購買に適したアイテムであるか，また購買予算に適した価格であるかという買易さ感は，消費者の合理的な購買行動によって表される。地域的文化水準を表すとされる公共施設を地域に建設するという案が仮に作成されるとすると，どの程度において住民が公共施設を利用するかなどという地域開発における政策的判断に関係して，市区町村に居住する住民に利便性が一定水準まで提供されるか否かが判断材料となるであろう。

各市区町村における行政区画を基礎として，市区町村に接する他の市区町村との協働的関係のもとで，行政サービス・商業施設の整備が行われ，行政・消費・事業所の立地等・雇用機会の提供と言った各領域での市区町村を単位とし

た機能的特化が行われるとすると，市区町村間において空間的移動を行う住民が，各市区町村との比較の上で特化した行政サービス・商業施設・文化施設・雇用機会等に基づき各施設の利用とか事業所での就労機会を得ることにより，各市町村を包括して形造られた地理的空間のなかで，市区町村における居住者は安定的な居住および環境を得たとして満足感を表すであろうと解釈される。

(6) 『民力』が編集した都市圏の民力総合指数と1人当たり民力水準

計算処理を行い指数化した5個からなる中分類指数は『民力』（朝日新聞出版）において，例えば『民力 2013』が独自に集計して編集を図ることで設けた各都市圏について5個からなる指数の表記を行い，同書の始めにおける都市圏紹介としたページでは都市圏ごとに各中分類指数と民力総合指数の表示を図り，レーダー図を使用して各領域を表す5個からなる中分類指数を図示することから民力総合指数の記載を行い，各都市圏の概要を表す。

(7) 『民力』における1人当たり民力水準

朝日新聞出版『民力 2013』は，「民力指数の考え方と算出方法」で1人当たり民力水準を，都道府県と市区町村で其其算出を行い，民力として算出を図る民力指数は地域ごとの民力を量的に表す数値化した指標であるとして，前述のように「1人当たり民力水準は全国の1人当たり数値を基準にした相対的水準値」であるとした解説を図り，太字で質的な測定を試みたものとして記述を行い，民力水準の算出を図ると言う内容で記載される。

『民力 2013』によると例えば市区町村の1人当たり民力水準の算定方法は，市区町村における民力指数について『民力 2013』で算定された市区町村における人口の個別指数で除算を行うことから算出された数値に100を乗じて算定を図るとする。都道府県における1人当たり民力水準は，都道府県の間で比較を図るとか100を全国水準として表されることで100を超えるとか下回るとかに注意を払い，各都道府県の民力水準の考察を図るとすると，指数化された1人当たり民力水準の利用範囲は広いと捉えられる。

政府機関における統計調査の実施に基づき公表された段階での社会指標を市区町村の概要を表す数値化された指標であるとして取扱うとか，市区町村の分析に用いられる社会指標と同じ社会指標を市区町村と周辺市区町村との間で比較して分析を図ることから有機的な関係を備える連続体として市区町村を捉えるとすることは，市区町村を包括した地域としての分析を行うことに繋がり，市区町村における分析に広がりを提供すると考えられる。

　『民力』により記載された市区町村における1人当たり民力水準という指標は，マーケティングに属する領域において分析作業を行う上で，分析に役立たせるために参照を図り，補助的に利用するという範囲内であるとすると，有益であり利便性が提供される指標であろう。

(8) 『民力』が設定する都市圏と1人当たり民力水準の算定

A 『民力』が設定する都市圏

　『民力 2013』において記載された都市圏は，市区町村からなる行政区画を基礎的単位とすることで，拠点となる各市区町村と各市区町村に接する周辺の市区町村等に基づき表され，市区町村を基礎とした各行政区画の間の繋がりなどに重点を置き分析を図る場合など，また広域性を基礎とした各行政区画における特徴を概観することなどに役立つ書籍であろう。

　『民力 2013』では，ブロック紹介およびエリア紹介とするページで，各都市圏を繋ぐようにして輪郭付けられることで描かれた計112のエリアが，国土における構成部分による略図としての地図上に記入され，国土を計7のブロックに分類を行い，ブロックごとに描かれた略図としての地図上に各エリアが粗描されることから記入されて，各ブロックおよび各エリアにより概況として解説が記載される。

B 都道府県と市区町村における1人当たり民力水準の算定

　a．民力を算出する各領域

　基本指数は経済の基礎的指標である民営総事業所数とか課税対象所得であり，

地域の基礎的経済を表す上で最適な社会指標は県民所得であり，各市区町村による行政区画において，例えば市区町村における所得を表す統計は作成されずであることは既述であることから代替として採用される社会指標は「課税対象所得」であり，産業活動指数は，工業製品年間出荷額とか就業者総数における統計が備わり，消費の領域に属する指標として，「商店年間販売額」「新設着工住宅数」「乗用車保有台数」の各指標が『民力』に記載する民力指数を算出する社会指標として採用される。「商店年間販売額」という指標は，小売店における商品の販売額であり，卸売業等において小売を行うことにより計上された販売額は小売業年間商品販売額に算入せずとすることにより算定された販売額であり，商店年間販売額であるとして『民力』が中分類指数の計算に取り入れた指標である。

　小売業および卸売業を対象とした商業統計調査に基づき小売業年間商品販売額は調査が図られ，商業統計表に調査結果が収録されて刊行される。小売業における年間商品販売額は小売業年間商品販売額と卸売業が小売を行うことで集計される年間商品販売額の合計額からなるが，『民力 2013』は小売業年間商品販売額に重点を置くことで商店年間販売額とする名称で消費を表す指標として，また景気の動向と関係して景気の先行指標となる国土交通省発表の建築統計に基づく新設住宅着工件数という名称の社会指標を新設着工住宅数という名称を付した指標で，および地域における所得であるとか交通の利便性等に関係すると推測される『民力』記載の乗用車総保有台数という各社会指標を基にして，経済に属する領域において民力指数の算出を図り，文化に属する領域についての文化指数をデータ処理を基礎として表すことで採用される社会指数は，書籍文房具小売業事業所数・教育施設数・図書館数とした各社会指標を基にして民力指数の計算を行い，暮らしに属する領域は，保育所数・公民館数・病院数という各社会指標を基に民力指数を算出する。

b．都道府県と市区町村

　都道府県と比較して文化水準を表すのに最適な，また適した社会指標は，市

区町村ごとに共通して作成された社会指標であるが，市区町村すべてに共通した名称で算出されて公表された適切な社会指標は揃わずであるとか，他方，社会指標を分析することから市区町村が設ける公共施設の数に市区町村間で偏りがあると言う事例がみられ，一定数の公共施設が整備される市区町村がある一方で，例えば公民館が建設・整備されずであることから地方自治体のなかには零として『民力』に記載されると言う事例が市区町村と言う行政区画でみられる。

　c．市区町村における公共施設の建設・整備
　市区町村のなかで公共的施設の建設および整備が行われる地域としての行政区画がある一方で，他の市区町村では建設および整備が行われずということは，市区町村に居住する住民が隣の市区町村に出向して公共的施設を利用することにつながると解釈され，市区町村が隣の市区町村にたいして依存関係を備えると言う例であり，市区町村を単位として各領域を表す社会指標を採取することにより計算処理を図るには，市区町村と言う行政区画においては広義におけるデータの不揃いにより適合性を備えずとして解釈される。
　暮らし指数としては例えば行政区画における公民館数という社会指標について計算処理に取り入れるのは，地方自治体による行政サービスを表す指標としては肯けるけれども，公民館を設けずとする地方自治体もあることから計算処理を行う上で市区町村ごとの行政サービスを表す指数の算出において統計上の歪みが表れると推測される。市区町村の民力総合指数は，各領域を表す中分類指数に基づき計算されることから市区町村によっては偏った総合指数が導き出されるとして考えられる。

　d．1人当たり民力水準
　市区町村を単位として算出された1人当たり民力水準により，同じ都市圏に属する市区町村間で比較を行うことは差し支えあらずとしても，市区町村における行政区画を同列に論じられる単位として取り扱い比較するとか，個々の市

区町村において各領域を表すとされる中分類指数を基にして計算された1人当たり民力水準に過度の信頼性を置くことで，マーケティング上の作業を図るのは慎重に行われねばならずであるとして捉えられる。データ分析にあたり個々の市区町村に焦点を当てて当該行政区画の特徴を表す社会指標およびその他のデータを採集することから，当初は粗いデータのままで市区町村における特性を概観することが適切な分析方法であると捉えられる。

第5節　社会指標および資料の加工

(1) 商業統計表と1人当たり民力水準

　商業統計表に基づく小売業年間商品販売額と行政統計で公表された各都市の人口との絡みにおいて分析され算出された各都市における一人当たり小売業年間商品販売額に注意を払うと，一人当たり小売業年間商品販売額が高く算定される都市が，1人当たり民力水準においても高い民力指数を表すことから，一人当たり小売業年間商品販売額と1人当たり民力水準との間で相関が備わると捉えられる場合と，一人当たり小売業年間商品販売額が高く表される都市であっても，一人当たり小売業年間商品販売額と比例的に1人当たり民力水準が高く表されずと言う都市があるとして捉えられる。

(2) 行政区画における小売業年間商品販売額

　各行政区画として東京都と都下の区市に焦点を当てて分析を図ると，一人当たり小売業年間商品販売額は，都下の商業施設が集積する特別区部においては，非常に高い金額で表されると同時に，例えば主要都市の周辺に位置する都市のなかには，全国平均を下回る例があり，行政区画の段階で小売業年間商品販売額は人口に応じて販売額の規模が定まるというよりも，地区における商業集積の規模と顧客吸引力との絡みにおいて分析が図られ，小売業年間商品販売額の規模が輪郭付けられるとする解釈が成り立つ。

(3) 東京都および特別区とその周辺

a 東京都における特別区

例えば下記記載の東京都特別区また特別区に属する区のように一人当たり小売業年間商品販売額が高い金額で表されると同時に，区により財政の自由度に余裕が備わることで，居住者にとっては住民サービスが適切とされる水準また水準以上にあると推察せられる行政区画がある。また大都市の中心部に位置して昼夜間の人口に差が表れることから，昼間がオフィスで仕事をする勤労者で人口が膨らむのにたいして，夜間はビジネス街における勤労者が退勤する時間であり，賑わいが稀薄となる地区としてオフィス街が上げられる。オフィス街から距離を置くという位置関係を備えた立地のなかで，商業施設が整備されて暮らし易さを表すことで1人当たり民力水準が高く表される地域がある一方で，郊外に位置する衛星都市のように一人当たり小売業年間商品販売額が，全国平均を上回ることで，衛星都市に居住する住民の購買について，域内で商品購買に基づく需要が賄えると推察される行政区画があり，また顧客吸引力を備えて賑わいのある地域という特性を持つにしても，『民力』に記載する1人当たり民力水準は下方に位置した数値で表される行政区画があることが，『民力 2013』の記載内容により概観される。

b 商業統計表に基づき算出された一人当たり小売業年間商品販売額

商業統計表における小売業年間商品販売額と人口との絡みにおいて分析され算出された一人当たり小売業年間商品販売額が行政区画ごとに算定が図れるのにたいして，都市およびその周辺地域に居住する住民が通勤・通学等を行うことにより形成された行動範囲と地理的空間との絡みにおいて分析を図り，市区町村を行政区画と言う単位に基づき消費者の購買行動を論じることで分析を図る方法と，地域住民が市区町村を行動の基軸に置くとしても，地域住民が行動する距離的範囲を複数の市区町村に跨る地理的空間として捉えることで，消費者の購買行動を論じるとすると分析方法においては分析結果に差が表れるであろう。

c 『民力』における都市圏

　『民力 2013』が作成を図り記載した内容において，『民力』は行政区画を単位とした約800余りからなるとされる地理上の区分を都市圏および地区として設定を図り，各都市圏または各地区の名称のはじめには，中心となる市または区，中心となる町または村の名称を冠して，都市圏名または地区名を記載する。

　市区町村という各行政区画のなかで，市または区に基づき単独の行政区画からなる都市圏，中心となる市に基づきその周りに位置する市町村について，市・町・村という各行政区画，またいくつかの各行政区画とで設定された都市圏，また地区においては，中心となる町と周りの町また村という各行政区画とで，または周りの町とで設定される地区さらに中心となる村と周りの村とで設定される地区，島または島嶼部は，町と町，町と村と言う各行政区画から設定される地区に基づき，『民力』に記載する。

　『民力』に記載する都市圏および地区は行政区画における市区町村に基づき，周りに位置する市町村にたいして，商業経済的な繋がりを表そうとすることから作成された地理上の区画と捉えられるであろう。

第6節　マーケティングを基礎とした分析に採用される概括的な計算
―1人当たり民力水準を利用した計算―

　行政区画に属する各市区町村および各市区町村の上位に位置する行政区画を基礎とした各都道府県における小売業年間商品販売額について分析を図り検討することを作業目的として，商業統計表および『民力』の参照により1人当たり民力水準の加工データを利用して，マーケティングが属する領域において簡単な計算を試みる。

　経済活動が盛んな地域を下記に記載することから，東京都は大商圏として地理的空間的広がりを持つ事例として取り扱われ，一人当たり小売業年間商品販売額が高い金額で表された大商圏の基軸となる地域であり，周辺地域から大都市に買物による出向者が多数であると推測される地域である。

行政区画に基づく都道府県について特徴を捉えることから，統計資料に基づきデータの選択採取を行い，小売業年間商品販売額と一人当たり民力水準との絡みにおいて分析を図り，商圏内における小売業年間商品販売額により検討を行うことで，都市の規模に基づき大都市および中小規模の都市を例として消費支出額を概観する。

資料編
資料
（A）　室井鉄衛著『新・日本の商圏』（ダイヤモンド社，1976年）を参照・引用することで，同書に記載する関東市場について，関東市場を構成する行政区画としての都と県を抽き出すことで，各行政区画を下記に表す。

参照表　東京都を基軸として関東地方に広がる商圏

エリア	市　場　の　名　称
関東地方	関東市場（東京都を基軸とした市場）
行政区画	東京都および千葉県，埼玉県，神奈川県からなる各県の全域またはほぼ全域と茨城県，栃木県，群馬県，山梨県，静岡県，長野県，新潟県，福島県に広がる。

注：上記の表の右欄における関東市場の名称は，室井鉄衛著『新・日本の商圏』（ダイヤモンド社，1976年。）を引用・参照。

（B）　東京都および都下における任意に選び出した区市の分析

東京都および都下における任意に抽出した区市の分析を図ることから，東京都および都下における特別区・新宿区・町田市の各行政区画について一人当たり小売業年間商品販売額を試みに算出する。

表8に拠り，平成22年における国勢調査人口をA，平成19年商業統計調査における小売業年間商品販売額をBとしてA／Bに基づき一人当たり小売業年間商品販売額の算定を図る。東京都の国勢調査人口であるAは約1300万人，小売業年間商品販売額（B）は約17兆2,789億円であることから実数による一人当たり小売額年間商品販売額（A／B）は，約131万3千円であり，特別区部に焦

表8　国勢調査に基づく人口と商業統計表における小売業年間商品販売額

府県	都市	国勢調査人口（人）（確定値）（平成22年）（A）	小売業年間商品販売額（平成19年）（百万円）（B）	1人当たり小売業年間商品販売額（B／A）（千円未満を四捨五入して表記）
東京都（例）		13,159,388	17,278,905	131.3（千円）
	特別区部	8,945,695	13,323,804	148.9（千円）
	新宿区	326,309	1,349,297	413.5（千円）
	町田市	426,987	504,840	118.2（千円）

参照：総務省『平成22年　国勢調査報告』日本統計協会，平成23年。
　　　経済産業省『平成19年　2007　商業統計表』「第3巻　産業編（市区町村表）」経済産業統計協会，平成21年。
　　　東京都総務局統計部調整課編『第64回　東京都統計年鑑（平成24年）』東京都統計協会，平成26年。
　注：上記の表における欄内に記入した小売業に属する「小売業年間商品販売額」は，「商業統計表　第3巻　産業編（市区町村表）」に記載された用語であり，記載用語に準拠して表を作成。
　　　A／Bによる算定値は，百円の単位を四捨五入して千円の単位まで算出した。

点を当てるとAは約895万人でありBは約13兆3,238億円であることから，実数としてのA／Bは約148万9千円と算定され，新宿区におけるAは約33万人でありBは約1兆4,000億円であることから実数の計算では，A／Bは413万5千円と算出され，町田市としてAは約43万人でありBは約5,000億円であることで実数計算としてのA／Bは，約118万2千円と算定される。

研究と分析
1　考察
　消費支出額をテーマとすることから練習問題を設ける。
（A）　都市における小売業年間商品販売額
a．設問
　広域な平野部を備える大商圏のなかで例えば100万人以上の人口規模を容す

る大都市は，都市が容する人口数と商業統計表に基づく小売業年間商品販売額との絡みにおいて分析を図ると，算出される一人当たり小売業年間商品販売額が全国平均を超えます。一人当たり小売業年間商品販売額が，なぜ全国平均を上回る年間商品販売額として算定されるかを述べて下さい。

b．解答例
　商業施設が整備されることで，大都市に居住する消費者は購買客として地元の大都市で購買するほか，大都市の周辺地域に居住する消費者は顧客吸引力に基づき大都市へ買物出向して商品を購買する。
　都市が属する規模を大都市とする行政区画に基づき人口と小売業年間商品販売額との絡みにおいて分析を図るとすると，大都市における一人当たり小売業年間商品販売額は，全国平均を上回る金額として算出される。
　大都市が容する人口（A）に基づき大都市の小売業年間商品販売額（B）を除すことで，全国平均を上回る一人当たり小売業年間商品販売額が算出される。
　大都市は多数の人口を容する地域であると同時に人口密度が稠密であり，商業地区では商業施設の整備が図られることで，買回品に属する商品の販売は，都市外からも購買者を吸引すると推測される。
　衣・食・住が属する各領域に基づき地域住民の多くが，最寄品に属する商品およびその他同種類の商品を地元で購買するという推測がなりたつことに加え，買回品に属する商品は，地域住民のみならず，各県，市町村などの行政区画を基礎として，それら各行政区画を超え，顧客が商業集積へ出向して購買することで，大都市における小売業年間商品販売額を押し上げると推測される。

(B) 算定式の組立てと各変数における算定式への組入れ
a．設問
　商圏人口は，商圏を広域に捉えずという想定により100,000人の商圏人口として設定を行い，店舗は一人当たり消費支出額に基づき計10,000円からなる業種に属する商品種類により品揃えを図ると想定します。

商圏内需要額はいくらになるかを算定式を組み立てることにより計算して下さい。

なお，商圏内消費支出額は，商圏内需要額と同等額とします。

b．解答例
(a) 店舗が構築する商品構成と業種に属する商品品目ごとの一人当たり消費支出額

　店舗販売における売上高予測を行うとすると，商品構成の構築を図ることにより，業種に属する各商品品目を抽き出して各商品品目を店舗が取り扱う業種としての品揃えに加えるか否かと言うことについて検討が行われる。店舗が取り扱う業種について業種に属する各商品品目は消費者における需要に裏付けられた消費支出額により金額が表される。

　店舗が取り扱う業種を基礎とした業種ごとに取り揃える各商品品目について一人当たり消費支出額を積み上げることにより算出された金額は店舗が商圏内で取入れの対象とした業種における一人当たり消費支出額の合計額であると解釈される。

　店舗が取り扱う各商品品目について，消費者における一人当たり消費支出額を合計することにより算出された金額は，店舗が構築した商品構成により基礎付けられた店舗における商品力についての規模を表すと捉えられる。

　店舗販売に基づく業務の従業者等において，各商品品目における消費者についての一人当たり消費支出額に関する推定額が，実証的にまた経験的に見積もられることで算出されるとすると，推定額の積上げにより算定された合計金額は，店舗が構築した商品構成に基礎付けられた店舗の商品力における規模を表すと捉えられる。

　店舗が立地する地理的区分のなかで商圏が設定されることにより商圏人口が算出されるという前提的条件のもとで，店舗が構築した商品構成に基づき各商品品目における消費者についての一人当たり消費支出額に関する推定額と商圏人口を乗じることで計算される算定額は，店舗が地域により立地する市場のな

かで商圏内消費支出額であるとして取込みを図ることからターゲットとして射程の範囲に収めることが可能な消費者においての消費支出額の総額であると捉えられる。

(b) 売上予想額の算定と算定式の組立て

　店舗が取り扱う品揃えに基づき，品揃えに加える各商品種類の一人当たり消費支出額における推定額を積み上げることで，商圏内における消費支出額は店舗の取り扱う商品を基礎として，積上げ式に加算することにより合計額として算出される。店舗における売上予想額の算定に基づき，店舗の売上予想額をFとすると，FはA×B×C×D×Eで計算される。A・B・C・Dの各項は，

計算の手順

	店舗が取り扱う業種に基づき商品品目ごとの一人当たり消費支出額における推定額を積み上げて算出した合計金額(A)，商圏人口(B)	商圏内消費支出額（C）	商圏内消費支出額に基づき金額調整に使用する指標（D）	市場占拠率（E）	店舗における売上予想額（F）
算定	Aは，店舗が取り扱う業種に基づき商品種類としての商品品目の数に応じて増減する。Bは，店舗を基軸とした地理的範囲の広狭に応じて増減する。	店舗の立地に基づき算定される商圏内消費支出額は，C＝A×Bにより計算される。	『民力』記載の1人当たり民力水準を100で除した算出値を，消費に関する調整指数として使用する。Dは，D＞1.0 D＝1.0 D＜1.0からなる。	Eは，特定の店舗を中心として設定された商圏に基づき商圏内消費支出額が算定され，商圏内消費支出額に占める自店売上額の割合として算定される。	Fは，(A×B)×D×Eで算定される。

下記の変数として表される。

　下記において，消費者についての一人当たり消費支出額における推定額と商圏人口を乗じて算出される金額は商圏内における消費支出額の合計額に相当する金額とみなすことで，商圏内消費支出額として取り扱う。

A　店舗が構築した商品構成に基づき算定された業種に属する各商品品目についての消費者における一人当たり消費支出額に関する推定額
B　店舗が立地する地点を中心に据えて，地図上に商圏の輪郭を描くことで，商圏内における居住者として算定される人口は，商圏人口として表せる。
C　商圏内消費支出額を表す。
D　『民力』記載の1人当たり民力水準は全国平均を100とする算定値であることから，1人当たり民力水準を100で除して導き出された算出値を，消費についての地域における調整指数として算定式に組み入れる。
E　商圏内においての消費支出額に占める店舗売上高の割合
F　店舗における売上高

(c) 商圏内消費支出額の算定

　下記の計算から商圏内消費支出額を算出する。商圏内消費支出額は，店舗が取り扱う業種を基礎とした商品種類として表せる各商品品目について，商品品目ごとの一人当たり消費支出額における推定額を積み上げて算出した合計金額と商圏内人口を乗じて計算される。

（算定式）
　　$C = A \times B$
　　　但し，$A = 10,000$（円），$B = 100,000$（人）
　　$C = 10,000$（円）$\times 100,000$（人）
　　　$= 1,000,000,000$（円）

（解答）
　解答は10億円です。

(d) 店舗が取得した市場占拠率における算定式への組入れ
店舗が取得した市場占拠率を10%としたときの売上予想額を検討します。

(e) 解答の手引き
商圏内の消費支出額は10億円と算定されます。
商圏内における自店の市場占拠率は10%とします。
店舗の取扱い商品を基礎として算定される商圏内消費支出額にたいして、店舗の売上額が占める割合は市場占拠率として表されます。
小売業における商圏は店舗が立地する地点を基点として、商品購買を図ることで顧客を吸引する地理的範囲として表します。(参照、木地節郎『流通業マーケティング』中央経済社、平成2年)

自店の売上予想額についての計算における算定式は下記の計算式であり、答えは1億円と算定されます。算定式のなかで、市場占拠率はEで表します。

(f) 算定式と解答
（算定式）
　　C＝（A×B）×E
　　　但し、A＝10,000（円）　　B＝100,000（人）、D＝0.1
　　C＝（10,000（円）×100,000（人））×0.1
　　　＝100,000,000（円）

（解答）
解答は1億円です。

2　『民力』に記載する1人当たり民力水準を利用した商圏内消費支出額の算定
　『民力』に記載した1人当たり民力水準を100で除した算出値を調整指数として利用する方法を検討します。

a．考察の手引き

　開店する店舗が立地する地域により例えば『民力』記載の１人当たり民力水準が90.0である場合，『民力』記載の１人当たり民力水準を100で除した算出値を商圏内消費支出額の算定により，消費についての地域における調整指数として利用を図ることで，商圏内消費支出額の計算を行います。

　但し，商圏人口を100,000人とすることから，店舗は市区町村内に位置標示された地区に出店が行われるとします。参考として，商圏が描く地理的範囲（参照，木地節雄『流通業マーケティング』中央経済社，平成２年。）は，店舗が立地する市区町村の行政区画と近接するとされることが書籍（参照，車　公平『個客を摑め！』PHP出版，1986年。）の記載内容から参照され，商圏における規模の拡大としては，店舗が立地する市区町村のみならず，市区町村を超えて他の市区町村に跨ることが想定されます。

　商圏内消費支出額を，『民力』記載の１人当たり民力水準を基礎にして，１人当たり民力水準／100で計算された算出値を消費についての地域における調整指数として利用を図り，計算式に組み入れることから，商圏内消費支出額を算定します。

b．算定式の組立て

　Cを商圏内消費支出額，Dは『民力』記載の１人当たり民力水準を100で除した算出値であり，市場占拠率をE，店舗の予想売上額をFとします。店舗における予想売上額を算定する計算式は，$F = C \times D \times E$で表せます。

　但し，Aは，店舗が取り扱う業種に基づき商品種類としての商品品目ごとの一人当たり消費支出額における推定額を積み上げて算出した合計金額であり，Bは商圏人口を表すことから，Cは$A \times B$で算定します。

3　例題

例題（1）　商圏内消費支出額の算定

　下記の条件のもとで商圏内消費支出額を計算して下さい。

図 店舗を基礎とした売上予想額を組立てる手順

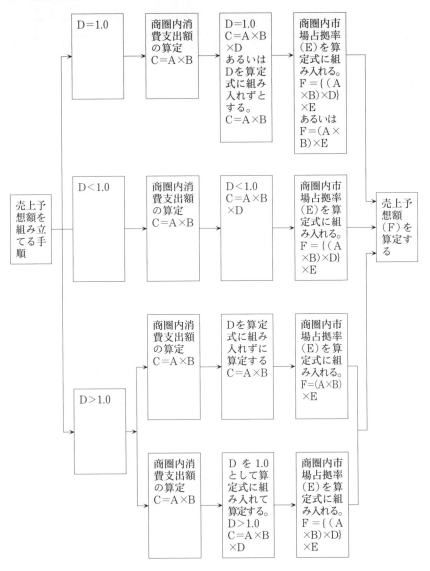

商圏内消費支出額の算定において、店舗が取り扱う業種に基づき、商品種類としての商品品目ごとの一人当たり消費支出額における推定額を積み上げて算出した合計金額（A）を10,000（円），商圏人口（B）を100,000（人），『民力』記載の1人当たり民力水準は全国平均の100.0と表されるとします。消費についての地域における調整指数（D）は，100.0／100＝1.0であることから1.0と算定されます。商圏内における店舗の市場占拠率（E）は10%であるとします。

a．商圏内消費支出額の算定
　（算定式）
　　C＝A×B
　　但し，A＝10,000（円），B＝100,000（人）
　　C＝10,000（円）×100,000（人）
　　　＝1,000,000,000（円）

　（解答）
　　　　解答は10億円です。

b．『民力』記載の1人当たり民力水準の利用
　　－調整指数（D）が1.0で表される場合－
　消費に関した地域における調整指数として『民力』記載の1人当たり民力水準を100で除した算定値を計算式に当て嵌めます。
　消費に関した地域における調整指数を利用して，商圏内消費支出額を計算して下さい。なお，『民力』記載の1人当たり民力水準は全国平均の100.0と仮定します。消費に関した地域における調整指数（D）は，100.0／100＝1.0であり，計算式からD＝1.0と算定されるので，算定式により答えは10億円と算定されます。

（算定式）

C＝（A×B）×D

但し，A＝10,000円，B＝100,000人，D＝1.0

C＝（10,000（円）× 100,000（人））× 1.0

　＝1,000,000,000（円）

（解答）

　　解答は10億円です。

c．店舗における売上予想額の算定を図ることで市場占拠率を算定式に組み入れます。

店舗の市場占拠率は10％とします。

（算定式）

F＝{（A×B）× D}× E

但し，A＝10,000（人），B＝100,000（人），D＝1.0，E＝0.1

F＝{（10,000（人）× 100,000（人））×1.0}× 0.1

　＝100,000,000（円）

（解答）

　　解答は1億円です。

例題（2）　店舗における売上予想額の算定
　　　　　── 調整指数（D）が1.0未満の場合 ──

下記の条件のもとで店舗における売上予想額を計算して下さい。

店舗における売上予想額の算定に，店舗が取り扱う商品種類に基づき，商品種類ごとの一人当たり消費支出額における推定額を積み上げて算出した合計金額（A）を10,000（円），商圏人口（B）を100,000（人），『民力』記載の1人当たり民力水準は85.0と仮定します。消費に関した地域における調整指数（D）

は，85／100＝0.85であり，0.85と算定されます。商圏内における自店の市場占拠率（E）は10％であるので，10（％）／100（％）＝0.1と表された算定式からE＝0.1と計算されます。

a．商圏内消費支出額の算定
　（算定式）
　　C＝A×B
　　但し，A＝10,000（円），B＝100,000（人）
　　C＝10,000（円）×100,000（人）
　　　＝1,000,000,000（円）

　（解答）
　　　　解答は10億円です。

b．調整指数における算定式への組み入れ
　消費に関係して，地域における調整指数を『民力』記載の1人当たり民力水準を利用することで算出を行い，商圏内消費支出額を計算して下さい。
なお，『民力』記載の1人当たり民力水準は85.0とします。消費に関した地域における調整指数（D）は，85／100＝0.85であり，D＝0.85と算定されます。

商圏内消費支出額の計算

商　圏　内　消　費　支　出　額　の　計　算		
商圏内消費支出額　×	『民力』記載の1人当たり 民力水準÷100 →	調整指数（D）を式に組み入れて算定した商圏内消費支出額
1,000,000,000（円）	×　0.85	＝850,000,000（円）

参照：車 公平『個客を摑め！』PHP出版，1986年，『民力』朝日新聞出版を参考に
　　　著者作成。

c．商圏内消費支出額の算定

　－調整指数（D）における算定式への組み入れ－

（算定式）

　F＝（A×B）×D

　但し，A＝10,000円，B＝100,000人　D＝0.85　（85／100＝0.85）

　F＝（10,000（円）× 100,000（人））× 0.85

　　＝850,000,000（円）

（解答）

　　　解答は8億5,000万円です。

d．店舗が取得した市場占拠率における算定式への組入れと算定された商圏内消費支出額

　店舗の市場占拠率（E）は10％です。

（算定式）

　F＝〔（A×B）×D〕× E

　但し，A＝10,000（円），B＝100,000（人）　D＝0.85　E＝0.1

　F＝｛(10,000（円）× 100,000（人））× 0.85｝× 0.1

　　＝85,000,000（円）

（解答）

　　　解答は8,500万円です。

例題（3）店舗における売上予想額の算定

　　　－調整指数（D）が1.0を超える場合－

　『民力』記載の1人当たり民力水準が150.0の地域で営業する場合の店舗売上額の計算をして下さい。市場占拠率は10％とします。

　算定に基づき一人当たり小売業年間商品販売額（A）を10,000円，商圏人口

（B）を100,000人，『民力』記載の1人当たり民力水準は150.0であり，消費に関した地域における調整指数（D）において150.0／100＝1.5である計算式からD＝1.5と算定されて，市場占拠率（E）は10%であることから，10／100により，Eは0.1と算出されます。

『民力』記載の1人当たり民力水準が100を超えると仮定する場合は，計算上商圏内消費支出額を実際以上に膨らませることになるとされます。消費に関係した地域における調整指数（D）は150.0／100＝1.5であり，D＝1.5と算定されます。過度な売上予想額が算定されるのを回避することから『民力』記載の1人当たり民力水準を100で除した算出値を，消費についての地域における調整指数であるとして利用を図らずとします。計算に基づき算出される売上予想額は下記です。

a．商圏内消費支出額の算定

　（算定式）

　　C＝A×B

　　但し，A＝10,000（円），B＝100,000（人）

　　C＝10,000（人）×100,000（円）

　　　＝1,000,000,000（円）

（解答）

　　　　解答は10億円です。

b．『民力』に記載された1人当たり民力水準の利用における算定式への組み入れ

　『民力』記載の1人当たり民力水準を100で除すことで計算される算出値を，消費に関した地域における調整指数（D）とすることで，Dが1.5と計算されても，D＝1.0とすることで計算式を組み立てます。

(a) 調整指数（D）を1.0として取り扱うことで算定式に組み入れます。
　（算定式）
　　C＝（A×B）×D
　　但し，A＝10,000（円），B＝100,000（人），D＝1.0
　　　＝（10,000（円）×100,000（人））×1.0
　　　＝1,000,000,000（円）
　（解答）
　　　　解答は10億円です。

(b) 調整指数（D）は，1.5と算定されることから，算定式に組み入れずとします。
　（算定式）
　　C＝A×B
　　但し，A＝10,000（円），B＝100,000（人）
　　D＝1.0であることから算定式に組入れずとして計算します。
　　　＝10,000（円）×100,000（人）
　　　＝1,000,000,000（円）

　（解答）
　　　　解答は10億円です。

c．市場占拠率における算定式への組み入れ
(a) 調整指数（D）を1.0とすることによる算定式への組み入れ
　市場占拠率（E）を式に組み入れます。市場占拠率は10%とします。
　調整指数（D）を1.0として算定式に組み入れます。

　（算定式）
　　C＝｛（A×B）×D｝×E

但し，A＝10,000（円），B＝100,000（人）

調整指数（D）を利用するとしても1.0として取り扱います。

市場占拠率のEは，0.1です。

　＝｛(10,000（円）× 100,000（人))× 1.0｝× 0.1

　＝100,000,000（円）

（解答）

　　解答は1億円です。

(b) 調整指標（D）は，算定式に組み入れずとします。

（算定式）

　C＝(A×B)×E

　但し，A＝10,000（円），B＝100,000（人）

　＝(10,000（円）× 100,000（人))× 0.1

　＝100,000,000（円）

（解答）

　　解答は1億円です。

参照　社会指標にデータ処理を施して作成された数値における考察

　『民力』のみならず，他の機関においてはその機関が，社会指標のなかから適切と判断される社会指標を選び出すことにより分析を図りデータ処理を施すことで，行政区画により具体的には都道府県・市区町村の特徴を表す指標の作成が行われる。

　資料編で『民力』記載の1人当たり民力水準を地域における調整指数として取り上げることから，商業に属する領域においての分析手法に適するかというテーマを基礎として，地域と消費支出額との絡みにおいて分析を図り考察した。

　行政区画の特徴を表すことから計算式に基づき作成された算出値が，商業に属する領域を基礎とした分析により，社会的・経済的発展に基づき行政機能と

して発揮された市区町村における実際と乖離すると判断される場合，作成された上記の指標を使用することにおいて，慎重な検討が要請されるであろう。

　任意の社会指標に基づき公表された，直近のデータから数えて計3回分程度のデータの収集を図り，時系列的に並べて分析を行い，データが表す数値についての傾向を概観することで，消費に基づく分析を図る場合などにおいて，社会指標におけるデータの分析から有意情報は取得されるとする考察が行える。

　消費に属する領域により，データを静学的に分析する方法が上げられ，また任意の社会指標として公表されたデータについて，調査周期において，調査と直近の調査との間に設けられた時日が，例えば時間の刻みを年単位とする調査実施年の間隔であるとしても，当回の調査に基づくデータから直近の調査に基づくデータへと数えることで計3回分のデータの収集を図り時系列的に並べて，全体の傾向等を分析することにより，特徴および傾向等を捉える方法が数量的な分析を施さずと言う分析手法であるとしても顧慮するに値する分析の方法である。

　社会指標に基づき公表されたデータについて，全数調査および標本抽出による調査の実施等から取得された調査結果を基にして統計処理が図られ，統計上の歪みが表れずとした計算処理が行われることを通して計算結果が得られたという前提のもとでは，なにがしかの処理を施さずに基のデータが表す数値をそのままの数値として分析を図ることは，分析結果として作為が表れずとして良質な分析結果の取得が可能になるとする解釈が行われる。

　さらに市区町村を訪れて，消費に属する領域に基づき，商業施設を実地に見学することにより取得されたデータおよび採取された資料，また商業に属する領域を基礎とした動向から，公的機関また民間団体に照会することで取得されたデータおよび採集された資料等は，現地でのリサーチにより収集された情報であることから，資料を基に分析資料として取り上げて地域的分析を図ることにおいて，適切な分析方法であると考えられる。

第7節 まとめ

(1) 行政統計の概観

　行政統計としては，国勢調査・住民基本台帳・商業統計表・家計調査・就業構造基本調査・労働力調査年報・雇用動向調査・国民経済計算年報・県民経済計算年報・一般職業紹介状況（職業安定業務統計）を取り上げて概観した。経済社会の領域に属する代表的行政統計として，次記の行政統計を取り上げた。

　（ア）国勢調査
　　　参照として，『財団法人 入管協会　在留外国人統計』が挙げられる。
　（イ）住民基本台帳
　（ウ）商業統計表
　（エ）家計調査
　（オ）就業構造基本調査
　（カ）労働力調査
　（キ）雇用動向調査
　（ク）国民経済計算年報
　（ケ）化学工業統計年報
　（コ）県民所得計算年報
　（サ）一般職業紹介状況（職業安定業務統計）

　行政統計として，調査方法と調査報告書の作成に基づき，次記に注意を払うことで，行政統計の概要を捉えた。

　　（a）調査領域　　（b）統計資料の名称　　（c）調査機関
　　（d）調査目的　　（e）調査内容　　　　　（f）調査方法
　　（g）統計調査と統計調査報告書
　　（h）調査の実施年　（i）調査報告書の発行年

　商業統計調査の概観を図る記述箇所では，小売業年間商品販売額をテーマとして分析を図った。商業施設の売場面積を題材として，小売業における増床に

ついて分析を行い，コンビニエンスストアが属する業態について考察した。

(2) 経済に属する領域においての代表的行政統計である国民経済計算年報
　国民経済計算年報を概観することにより経済計算の枠組みを捉え，国内総生産を成り立たせる各部門を列挙して表示した。
　国内総生産との繋がりにおいて農林水産省の生産農業所得統計を取り上げることにより，同書に記載する生産農業所得の図を引用して検討を図ると，生産農業所得における物的経費を基礎として，固定資本減耗が行われることを概観した。さらに同書が取り扱う農産物で野菜に属する葉茎菜類を例に上げ，葉茎菜類を基礎として，農業産出額の価格と産出物の数量を乗じることで農業生産の産出額を計算する算定式について組立てを試みた。
　国内総生産を構成する要素としての固定資本減耗は，会計が属する領域において財務により会計年度ごとに売上額を計上するごとで売上額の獲得に寄与する固定資本を償却年数内で時価により償却を図る方法であることを分析した。固定資本減耗とは異なり帳簿価額で償却を行う減価償却は，償却年数で定める期間内で償却を図ると言う方法であり，比喩的に表現すると積立て式に償却期間内に償却基礎価額に達するまで減価償却費について溜め置きを図る方式であると言え，減価償却累計額は固定資産の更新に備える勘定であることを概観した。
　減価償却における，残存価額・償却基礎価額・償却方法について概観を図り，定額法に基づく減価償却費における算出式により分析を図ることで減価償却費を算定する方法を概観した。
　鉱工業における企業の生産活動に基づき調査を実施して調査結果を公表する生産動態統計，例えば化粧品といった化学に属する領域において化学工業品における生産活動をまとめた統計書は化学統計年報であり，企業の生産動向を表した統計書であるとして取り上げ，化粧品の製造企業における生産動向等に重点を置くことにより記載された集計データの表示方法等において参照を図り検討した。生産動態統計調査は，直轄調査であり，行政機関から各企業に調査票が郵送され，企業が調査票に記入して行政機関に返送するという郵送方式によ

る調査であることを捉えた。

(3) 一般職業紹介状況（職業安定業務統計）

　一般職業紹介状況（職業安定業務統計）を取り上げることにより，調査目的，調査方法，調査内容等について特徴を捉え，有効求人倍率と経済学との絡みにおいて分析を図り検討を加えた。また労働の領域に属する労働統計年報において収録された統計について概要を摑むと同時に，参照書籍などに基づき，パートタイム労働者をはじめとした企業における従業員の雇用形態と雇用形態における特徴を捉えた。

(4) 朝日新聞出版『民力』

　朝日新聞出版『民力』は，主要な社会指標に基づき収録を行い編集したデータブックであることを概観した。都道府県ごとの中分類指数は基本指数・産業活動指数・消費指数・文化指数・暮らし指数の計5個の領域からなり，各領域に6個の社会指標が採用されて，5個の領域から各民力指数が算定されることで，各中分類指数を基に計算処理を図り，総合指数が算定されることを捉えた。

　市区町村の民力指数は，都道府県と同様に計5個の領域により，各領域に3個の社会指標を採用して中分類指数としてまた中分類指数を基に総合指数として各民力指数がデータ処理を基礎として算出されることを捉えた。各中分類指数としての民力指数を基に計算処理を図り，市区町村における総合指数の算出を行う方法と同時に，1人当たり民力水準を算出する考え方を概観した。

　市区町村が各民力指数のなかで高い民力指数を表す領域を備えるとしても，経済力が備わる市区町村を重点的に取り上げたとしても，各民力指数のすべてで高い民力指標が算出されたりはせずであると捉えられ，隣の市区町村と補完性を持つと解釈されることを考察した。

(5) 会計学の領域に属する減価償却

　固定資本減耗は，減価償却という償却方法とは異なる計算方法であり，固定

資本における減耗分を時価としての再調達価格で計算する評価方法である。本書では固定資本における償却方法とは何かについて概観することから，参照として減価償却における償却方法を取り上げて考察した。

　減価償却に基づき定額法を例に上げることから分析を図り，減価償却は固定資本の更新を促す方法であると同時に，資金の流通を促進するという政策に基づき規則として定められた方法であることを捉えた。減価償却費の償却方法について定額法を例に上げ，償却期間内で会計処理を図る計算方法と計算結果を基礎として計算式により表示した。農業の領域における固定資本が，農業所得の稼得に寄与することから，減価償却により固定資本としての設備が更新されることを概観した。

(6)　農業所得における費用と収益

　農業生産所得を概観することで，農林水産省の生産農業所得統計に基づき農家所得の収入について会計学に属する領域から概観を図り，利益の獲得を基礎として，収益と費用について分析を図り検討した。農業所得は，農業生産物の種類と生産物における数量を基礎として取得されることから検討を行い，農業生産物の種類と生産量に基づき収益が計上される算出式について分析を図り検討した。

(7)　商業施設の売場面積・小売業における増床・コンビニエンスストアが属する業態

　商業統計調査を実施することで刊行された調査報告書である商業統計表に基づき，商業施設の売場面積および小売業における増床により検討を図ることでサブテーマとして資料等により分析した。商業施設が売場の増床を図るとしても，商業施設が立地する地区のなかで売場面積における総合計が需要にたいして適正規模として枠付けられるかと言うことをサブテーマとして論考した。

　商業統計表において『平成19年　業態別統計編（小売業）』に基づき，コンビニエンスストアという業態に属すると同時に，食料品小売業として格付けさ

れた小売業において，コンビニエンスストアの数および年間商品販売額における合計額は，コンビニエンスストアという業態に基づき算出された総枠してのコンビニエンスストアの総数および年間商品販売額の総額にたいして占める割合が，コンビニエンスストア数においても，年間商品販売額においても各95.0％以上の高い構成費を占めることを経済産業省のウェブサイトで発出された情報により確かめ，コンビニエンスストアにおける動向として分析を図り検討した。(参照，経済産業省ウェブサイト『平成19年 商業統計表（二次加工統計表）』「業態別統計編（小売業）」)

(8) 社会指標としての有効求人倍率
(a) 社会指標としての有効求人倍率

　各地域で表される有効求人倍率の算定式は，有効求人数を有効求職者数で割ることで表れる計算式であり，有効求人倍率は社会指標に属する。各地域に設けられたハローワークにおける求人数・求職者数を基に算出される有効求人倍率は，地域経済と相関を持つことを考察した。

　求人数と求職者数が同じであると，有効求人倍率は1.0である。有効求人倍率は地域経済と解しがたく絡むことから，地域における雇用について有効求人倍率が1.0を超えると，景気に薄明かりがさしたと報じられたり，有効求人倍率が1.0を下回ると，地域経済における雇用は厳しさが表されたと報道されたりして，地域経済における景況を表す社会指標とされることを概観した。

　有効求人倍率は，ハローワークが受け付けた求職申込み者数に，前月から繰越された求職申込み者数を加えた合計としての求職申込み者数を有効求職者数として，当月に事業所が求人申込みの手続きをして，ハローワークが職業紹介として取り扱う求人申込みの数については前月から繰越された求人申込み数を加えた合計としての求人申込みの数を有効求人数とすることから，有効求人数を有効求職者数で除して算出されて計算値により，有効という名称を付けることで算定される計算式であることを考察した。

　ハローワークは職業紹介業務を行う機関であり，求職申込みにおける求職者

数において，ハローワークに何件の求人申込みが受け付けられたかを計算して有効求人倍率が算定される。有効求人倍率を算定することにおける求職者数は，新規学卒者を除く求職者数である。ハローワークが受け付ける企業からの求人申込みは，雇用期間が4か月以上であるなら，正規雇用，パート労働としての雇用，契約社員での雇用，嘱託社員としての雇用，派遣労働における雇用，アルバイトでの雇用など各雇用形態に関わらず，事業所の担当者がハローワークを訪問して求人申込みの手続をとるとすると，ハローワークは求人申込みとして受付けを行うことから求人票の作成を図り，求職者に職業紹介を行うことを捉えた。派遣労働における雇用の場合，派遣元企業の担当者がハローワークを訪問して，派遣先企業における具体的な4か月以上の求人について求人申込み書に記入して求人の手続を行う。

　有効求人倍率は，次式で算定される。

　有効求人倍率＝有効求人数／有効求職者数

　有効求人倍率における平均は，当年1月から12月までの年平均および当年4月から翌年3月までの年度平均で算定され，算定方法としては，年平均また年度平均も12か月において月ごとに算出されることから，月ごとの有効求人数を12か月分合計した合計数を，月ごとの有効求職者数に基づき12カ月分を合計した合計数で除すことで，年平均また年度平均の有効求人倍率が算出されることを概観した。

　厚生労働省職業安定局が，月報として発行する『一般職業紹介状況（職業安定業務統計）』により月ごとの全国および都道府県別・地域ブロック別有効求人倍率は公表される。有効求人倍率は，都道府県ごと，地域ブロックごとに算定される指標であり，指標が表す数値は地域経済における景気動向と解しがたく絡むことで変動が図られて増加・減少することを考察した。

(b)　各地域で表される有効求人倍率と地域経済との関係

　典型労働者としての正規雇用労働者は，雇用期間の定めのない社員また被雇用者であり，社員また従業員が自発的に退職せずである場合は，各事業所にお

ける就業規則に基づき定年まで勤務することができるのにたいして，非典型労働者である非正規雇用労働者は，有期雇用労働者であり，パート労働者，契約社員，アルバイト労働者，嘱託社員，派遣労働者等という各雇用形態に属する労働者からなる。労働者派遣法に基づく派遣労働者を含めて，各有期雇用労働者は事業所と締結する労働契約により雇用期間を定めて派遣先企業で労働の提供を行うという雇用形態であることを捉えた。

　事業所における常用労働者は，一般労働者とパートタイム労働者に分類されるとされ，パートタイム労働者は，ａ，事業所における１日の所定労働時間について正規雇用労働者よりも短い労働者　ｂ，１週の所定労働日数が，事業所における正規雇用労働者よりも少ない労働者と分類されるとして，ａ，ｂの何れかである労働者がパートタイム労働者であるとされ，用語上の定義がなされる。雇用期間に定めを設けずであるとか，４か月以上の雇用期間を基礎として就労する労働者を常用的パートタイムといい，雇用期間を１か月以上４か月未満として定めるか，４か月未満として一定の期間を設けて就労する労働者を臨時的パートタイムということを考察した。労働基準法は１年を超えたパートタイム労働の雇用を禁じることから，雇用期間は１か月を超えるか，１年未満の雇用期間で就労する労働者であり，雇用を更新するには雇用期間を１年を超えずの範囲で締結されることが可能とされる雇用形態であり，雇用期間において１年を超えずである期間の満了により更新がなされる場合は，更新期間は１年までの期間で更新の契約がなされることを考察した。臨時的パートタイムは，雇用期間を１か月以上４か月未満として雇用期間を定めて就労を行う労働者であることを捉えた。（参照，厚生労働省　ウェブサイト）

　労働者派遣法に基づき定められた雇用形態である派遣労働は，派遣労働者・派遣元企業・派遣先企業との関係において，定められる雇用形態であることを捉えた。派遣労働者は，労働者派遣会社である派遣元企業との間で労働契約を締結することで，派遣先企業で労働の提供を行い，派遣先企業から労働における指揮命令を受けて業務を行い，労働の報酬として派遣元企業から賃金を受け取るという特徴を備えた雇用形態であることを捉えて，派遣元企業と派遣先企

業は，労働者派遣契約を締結することで，派遣労働者における就労条件等を契約内容で定めるという雇用形態が派遣労働であることを考察した。(浅倉むつ子「10 非典型労雇用と法」，編著者 大沢真知子・原田順子『21世紀の女性と仕事』放送大学教材，財団法人 放送大学教育振興会，2009年。)

(9) データの加工方法，マーケティングにおける分析手法，百貨店が運営する事業などにおける考察

ア　データの加工

①経済産業省『商業統計表』に基づき小売業年間商品販売額と人口との絡みにおいて分析を図ることにより算出された各都市における一人当たり小売業年間商品販売額は，焦点となる行政区画としての都市を基軸としてその周辺都市およびその周辺地域からも購買客を吸引するということで高く表されるとして考えられる。

②資料編で，店舗の売上予測額を算定する式について組立てを図り検討した。商圏内に立地した店舗における売上予想額を計算する式により，店舗が取り扱う商品種類に基づき，商品種類ごとに推定された一人当たり消費支出額を積み上げて算定した合計金額をA，商圏人口をBとすると，商圏内消費支出額であるCは，$C = A \times B$ とする計算式で算定される。朝日新聞出版『民力』記載の1人当たり民力水準を100で除した算出値を，消費について地域における調整指数であると想定してDで表すと，DはD＞1.0，D＝1.0，D＜1.0からなる。Dを計算式に代入して算定を行うことで売上予想額において適切な計算結果が導き出せるかを試行して分析した。自社の市場占拠率をEとすることで，売上予想額は $F = \{(A \times B) \times D\} \times E$ における算定式で表されることを考察した。

③資料編で，東京都および都下における特別区並びに任意の区市における一人当たり小売業年間商品販売額を算定することから，各行政区画における算定値を比較して分析した。

イ　マーケティングが属する領域において採用される分析手法，百貨店が運営する店舗販売以外の販売方法による商品販売および美術展などの企画展の開催が集客に寄与することについて概観した。

　マーケティングが属する領域において採用される分析手法などを流通業を基礎として考察することで，下記の①〜⑤に基づき分析を図り検討すると同時に，店舗販売における販売方法以外の販売方法および百貨店が開催する展覧会等の企画展が百貨店における集客に寄与することなどについて，下記の⑧⑨⑩を取り上げることにより概観した。

①商圏内消費支出額

②市場の地域的特徴

③市場占拠率

④都市と購買吸引力

⑤市場規模

⑥商品政策

⑦社会経済指標

⑧百貨店が運営するカタログ販売を基礎とした販売方式

⑨百貨店における店舗販売に基づき店売りとされる販売方法以外の商品販売における事業

（ア）ウェブサイトを立ち上げることにより，住の領域に属する商品として取り扱われる化粧品等を販売する事業

（イ）百貨店が事業運営を図る通信販売およびウェブサイトを利用した商品販売

　商品カタログを媒体として通信販売の事業を行うことは百貨店における売上高において一定の構成費を占める。他にウェブサイトを立ち上げて販売を図る販売方式が採用された例では，化粧品を取り扱うウェブサイト上で上記（ア）における事業を立ち上げて営業が行われたが，そのあとサイトが閉じられてネットにおける化粧品の販売事業から撤退が図られたという例を取り上げた。

⑩百貨店が企画する展覧会などの企画展を開催する事業は，百貨店の店舗販売における集客に寄与することを概観した。

(10) 地域性の考察

商業が属する領域に基づき地域性について検討を図り考察した。

地形および気象条件を与件として，就業上の生活空間が築かれることにより，就業空間に対応した地理的範囲が形造られるという見解を明らかにして，地理的範囲は歴史的沿革を特徴として備える地域からなり，地域住民は，自然的条件に属する風土で歴史的に醸成された行動傾向・行動規範が備わるかということについて検討を図り考察した。地域に根付いた産業で就労を行い，稼得収入の取得により消費支出を継続的に行うことで地域的な消費様式が形造られ，地域における住民の行動様式が習慣的に積み上げられることにより，地域的特性は築かれるとする仮説を基礎として，地域的特徴を具体的に捉えることはマーケティングに属する領域においての学習を図る上で必須であることを考察した。

参照文献

行政統計および調査報告書

総務省統計局『平成22年　国勢調査』財団法人　日本統計協会。平成24年。

総務省統計局『住民基本台帳』独立行政法人　統計センター。

財団法人　国土地理協会『住民基本台帳人口要覧』財団法人　国土地理協会。

経済産業省『平成19年　商業統計表　第1巻　産業編（総括表）』社団法人　経済産業統計協会，平成21年。

経済産業省『平成19年　商業統計表　第2巻　産業編（都道府県表）』社団法人　経済産業統計協会，平成21年。

経済産業省『平成19年　商業統計表　第3巻　産業編（市区町村表）』社団法人　経済産業統計協会，平成21年。

経済産業省『平成19年　商業統計表　第4巻　品目編』社団法人　経済産業統計協会，平成21年。

経済産業省『平成19年　商業統計表　業態別統計編（小売業）』社団法人　経済産業統計協会，平成21年。

経済産業省『平成19年　商業統計表　流通経路別統計編（卸売業）』社団法人　経済産業統計協会，平成21年。

経済産業省『平成19年　商業統計表　立地環境特性別統計編（小売業）』社団法人　経済産業統計協会，平成21年。

総務省統計局『家計調査年報〈1家計収支編〉平成28年』一般財団法人　日本統計協会，2017年。

総務省統計局『平成19年　就業構造基本調査　全国編』日本統計協会，2009年

総務省統計局『平成28年　労働力調査年報』独立行政法人　統計センター，平成29年。

厚生労働省『一般職業紹介状況（職業安定業務統計）PDF公表，逐次公表。

厚生労働省『職業安定業務月報』独立行政法人，統計センター，逐次刊行。

内閣府『平成27年版　国民経済計算年報』メディアランド株式会社，平成29年。

内閣府『平成26年度　県民経済計算年報　平成25年版』メディアランド株式会社，平成29年。

京都府政策企画部調査統計課『平成25年度　京都府民経済計算』平成28年3月。

厚生労働省『平成27年　第65回　労働統計年報』労務行政，平成29年。

経済産業省『平成24年　化学工業統計年報』財団法人　経済産業調査会，平成25年。

農林水産省『平成22年　生産農業所得統計』財団法人　農林統計協会。平成24年。

書籍

朝日新聞出版『民力　2013』2013年。

経団連事務局『2013年版　経団連賃金総覧』経団連出版，平成26年。

井上ひさし『井上ひさしのコメ講座』岩波ブックレット，岩波書店，1989年。

西村　理『経済学入門〔改訂新版〕』放送大学教材，放送大学教育振興会，2013年。

津田眞澂『人事労務管理の思想』有斐閣新書，1977年。

佐々木　弘，奥林康司，原田順子編著『経営学入門』放送大学教材，放送大学教育振興会，2007年。

原　純輔，浅川達人『社会調査』放送大学教材，放送大学教振興会，2007年。

飯野利夫『財務会計論〔三訂版〕』同文舘，平成18年。

新井清光『第7版　財務会計論』中央経済社，2003年。

東洋経済新報社『大型小売店舗総覧2014年版』2013年。

著者紹介

小川純一（おがわじゅんいち）
　同志社大学法学部政治学科卒業
　筑波大学大学院修士課程経営・政策科学研究科修了
　大阪芸術大学短期大学部准教授

マーケティングの実際と考察
―― 商業力は分析の実践から培われる ――

2018年10月25日　初版発行

著　者　小川純一
発行者　長谷雅春
発行所　株式会社五絃舎
　　　　〒173-0025　東京都板橋区熊野町46-7-402
　　　　TEL・FAX：03-3957-5587
検印省略　Ⓒ　2018　Ogawa Junichi
組版：Office Five Strings
印刷・製本：モリモト印刷
Printed in Japan
ISBN978-4-86434-085-4
落丁本・乱丁本はお取り替えいたします。
本書より無断転載を禁ず。